古代歷史文化 研究輯刊

二 編

王 明 蓀 主編

第 12 冊

西漢宮廷婦女形象研究

黃 淑 貞 著

國家圖書館出版品預行編目資料

西漢宮廷婦女形象研究／黃淑貞 著 — 初版 — 台北縣永和市：
花木蘭文化出版社，2009〔民98〕
目 8+252 面；19×26 公分
（古代歷史文化研究輯刊 二編；第 12 冊）
ISBN：978-986-6449-90-1（精裝）
1. 西漢史　2. 女性　3. 形象　4. 宮廷制度
622.1　　　　　　　　　　　　　　　98014194

ISBN - 978-986-6449-90-1

9 789866 449901

古代歷史文化研究輯刊
二 編 第十二冊　　　　　ISBN：978-986-6449-90-1

西漢宮廷婦女形象研究

作　　者　黃淑貞
主　　編　王明蓀
總 編 輯　杜潔祥
出　　版　花木蘭文化出版社
發 行 所　花木蘭文化出版社
發 行 人　高小娟
聯絡地址　台北縣永和市中正路五九五號七樓之三
　　　　　電話：02-2923-1455／傳眞：02-2923-1452
網　　址　http://www.huamulan.tw 信箱 sut81518@ms59.hinet.net
印　　刷　普羅文化出版廣告事業
初　　版　2009 年 9 月
定　　價　二編 30 冊（精裝）新台幣 46,000 元

西漢宮廷婦女形象研究

黃淑貞　著

作者簡介

黃淑貞，國立高雄師大國文學系博士、碩士，現任亞洲大學通識教育中心助理教授；計有博士論文《西漢宮廷婦女形象之研究》、碩士論文《《淮南子》天道觀之研究》，及單篇論文〈台灣老人的見證者——談黃春明及其《放生》〉、〈試述杜十娘與莘瑤琴一悲一喜的人生結局對現代通識教育的啟示〉、〈試述后妃參政之影響〉、〈盛妝下的控訴—劉蘭芝與杜十娘最後尊嚴的捍衛〉、〈柳宗元傳記散文之作法與藝術特色〉上下、〈漢樂府詩中的婦女問題〉、〈論漢初學術發展之因由〉、〈「醉臥古藤陰下，了不知南北」——論秦觀詞的悲愴情調〉、〈淺析〈救風塵〉中所呈現的主題〉、〈陶淵明〈飲酒〉詩試探〉等等。

提　要

　　本論文共分為六章，並附錄參引書目及附錄，各章內容簡述如下：

　　第一章〈緒論〉：本章分為五節說明本論文的研究動機、研究目的、研究範圍、研究步驟及論文架構。

　　第二章〈西漢參政類宮廷婦女之形象〉：本章分為四節，第一節探討西漢宮廷婦女「以孝立國」及「母權至上」的參政背景，與「積極爭取」、「間接攝惑」及「被動利用」的參政手法；第二節將西漢參政的宮廷婦女分為「主導朝政型」、「干涉人事型」、「謀略操控型」及「政治糾葛型」四類；第三節論述西漢宮廷婦女參政的成敗原因，及史家的評論；第四節則是論述西漢宮廷婦女參政的結果對後世的影響，其中「外戚權力高漲」影響深遠。

　　第三章〈西漢哀怨類宮廷婦女之形象〉：本章分為三節，第一節敘述西漢宮廷婦女哀怨肇因，分為五點分析：妻妾成群、育子之悲、巫蠱迷信、重親婚姻及和親外交；第二節則是將西漢宮廷婦女哀怨分為三類型：「深宮怨婦型」、「異域悲涼型」及「含冤而死型」；第三節則是敘述唐朝文人士大夫以西漢宮廷婦女為主題所作的詩歌，從中見其悲情。

　　第四章〈西漢荒淫類宮廷婦女之形象〉：本章分為三節，第一節主要是探討西漢宮廷婦女荒淫的原因：情慾的放縱與傳宗接代的壓力；第二節則是敘述西漢宮廷婦女荒淫的代表型人物：「淫亂致禍型」的宣帝敬武公主，與「奢侈荒淫型」的成帝趙氏姊妹。第三節主要是以趙氏姊妹的荒淫所造成的影響為論述要點：女禍之說的完成，及劉向《列女傳》成書之由正是因為趙氏的荒淫無道，並且闡述《列女傳》的思想內容及其對後世的影響——中國婦女逐漸受到條文規範。

　　第五章〈西漢才德類宮廷婦女之形象〉：本章分為三節，第一節婦女才德思想的探源，這是上層社會對婦女的教育；第二節將西漢宮廷婦女才德類分為五類：「仁善無爭型」、「謹慎無寵型」、「外交才女型」、「才德兼備型」及「婉孌有節型」；第三節分析班昭依西漢之前的才德觀念與女教情形，撰寫《女誡》七章，從此明文確立中國妻範母儀的典型，卻也開始中國婦女成為次級人類的命運。

　　第六章〈結論〉：綜合敘述本論文的研究心得，一來自我檢視，二來則作為日後研究的方針。

目

次

第一章 緒 論

本章分爲五節，分別敘述本論文的研究動機、研究目的、研究範圍、研究方法及論文架構。

第一節 研究動機

近年來有線電視頻頻放映大陸製作的歷史劇，從早期的《三國演義》、《武則天》，一直到《春秋五霸》、《戰國七雄》、《亂世英雄呂不韋》、《太平公主》，及最近的《康熙帝國》、《雍正王朝》、《成吉思汗》、《清宮遺恨》、《太平天國》等等，筆者於閒暇時偶爾會觀賞，除了驚嘆拍攝的寫實逼眞、氣勢壯闊外，也引發對歷史劇的好奇。而平常於教學的過程中，基於「文史不分家」，每每對學生先分析其歷史背景，再將他們帶進文學的殿堂，因此研究的重心逐漸轉移對史學的偏好，這也是筆者將研究的觸角延伸至中國古代宮廷生活的原因。

觀看歷史劇之餘，對集天下之權力於一身的帝王，其在呼風喚雨之際的家庭生活究竟與尋常百姓有何不同，擁有眾多妻妾及兒女是否就是一種幸福？也在筆者的心中產生問號。現代人道：成功的男人背後一定有一個推動他進步的女人，這個女人有時是他的母親，有時是他的妻子。封建帝王身邊的女人除了太后、后妃，還有他的女兒。以現代的眼光來看這群女人是不是促使帝王成功的因素？萬人之上的皇帝是不是就可以給她們想要的幸福？探討歷史的結果，這似乎不是一個肯定的答案。

一、宮廷婦女之界定

「宮廷」或作「宮庭」，指帝王居住和處理朝政的處所〔註1〕，「宮廷婦女」

〔註1〕 《荀子‧禮論》：「是君子之壇宇宮廷也。」見〔清〕王先謙《荀子集解》，臺

乃指與帝王有關之婦女，如帝王之祖母、帝王之母、帝王之妻妾、帝王之女，因此本文「宮廷婦女」的界定在后妃（含太皇太后、太后）與公主，其中影響帝王或受帝王影響最深的莫過於后妃，這亦是本文著重之處。

二、探討宮廷婦女之因

後宮嬪妃無數，出身不一定顯貴，但是帝王的女兒顯然出身高貴，后妃與公主可說是帝王最親近，也是最寵愛的人，在宮中享盡華富貴，物質生活極為奢華，但是她們的精神生活是否也如此？《開元天寶遺事》記載：「內庭嬪妃，每至春時，各於禁中結伴，三人至五人，擲金錢為戲，蓋孤悶無所遣也。」〔註2〕又「至秋時，宮中妃妾輩，皆以小金籠捉蟋蟀，置之枕函畔，夜聽其聲。庶民之家，皆效之也。」〔註3〕看來后妃們雖然過著錦衣玉食的生活，但她們的精神卻很貧乏，擲金錢、捉蟋蟀只是在消磨時間，排解內心的寂寞。

至於金枝玉葉的公主，雖為帝王之女，但與皇位的繼承並無直接利害關係，卻也因此保障她身份地位的高貴與穩固。公主的經濟來源在出嫁前由宮廷支出，出嫁後則由賞賜或封地作為衣食之資，只要沒有其他意外，公主應該是可以榮華富貴的過一生。但是后妃就不同了，后妃的命運是最不穩定的，容易受到政治事件的牽連與帝王的愛弛恩絕，而且政治權力的鬥爭與家族勢力的擴張，亦往往為她帶來殺身之禍，甚至國勢恰巧衰弱或是不幸亡國，更會背上「女禍」的罪名而遺臭萬年。

后妃的產生是建立在與帝王的婚姻關係上，其命運是隨著帝王的喜好而有所轉變，因此地位互有升降是正常的事，今天頂著皇后的頭銜，明天說不定就挨在冷宮受盡嘲諷。因此為了鞏固在帝王心目中的地位，后妃們彼此爭

北：藝文印書館，1988年，卷13，頁598～599。《史記‧始皇紀》：「咸陽人多，先王之宮廷少。」〔漢〕司馬遷撰、〔南朝宋〕裴駰集解、〔唐〕司馬貞索隱、〔唐〕張守節正義，楊家駱主編《新校本史記三家注》，臺北：鼎文書局，1990年，卷6，頁256。《荀子‧儒效》：「是君子之所以騁志意於壇宇、宮庭也。」前引書，卷4，頁300。《楚辭‧招魂》：「宮庭震驚，發激楚些。」見傅錫壬《新譯楚辭讀本》，臺北：三民書局，1978年，卷9，頁161。《史記‧商君列傳》：「築冀闕宮庭於咸陽。」前引書，卷68，頁2232。是宮廷、宮庭兩名之使用原應有別，唯後世多混用。

〔註2〕〔五代〕王仁裕撰，《唐朝小說大觀》，臺北：新興書局，1960年，〈戲擲金錢〉條，頁248。

〔註3〕同前注，〈金籠蟋蟀〉條，頁243。

寵奪愛，就是希望獲得帝王的青睞，表面上似乎是后妃們的爾虞我詐，實際上這何嘗不是一夫多妻所造成的悲哀，美麗動人的后妃們不過是封建制度的犧牲品罷了。

　　富麗堂皇的後宮，卻潛藏著各種勾心鬥角，權力傾軋，於不同的時空背景下，一場場激烈的生存鬥爭不停地展開，有些后妃任憑命運擺佈，於是乎悲劇上演了，有些則不甘心被命運捉弄，勇於向命運的主宰者挑戰，企圖開創屬於自己的人生，因此透過參政的方式，掌握實權，打破以帝王為主的後宮迷思。

　　即使如此，所謂的「六宮粉黛」少則成百上千人，多則幾萬人，對這個龐大的后妃群體的研究分析，將有助於我們對中國封建社會「家天下」〔註4〕的皇帝制度有深入的了解。《後漢書・皇后紀》記載嚴格的封建等級和倫理觀念：「后正位宮闈，同體天王。夫人坐論婦禮，九嬪掌教四德，世婦主喪、祭、賓客，女御序于王之燕寢。頒官分務，各有典司。女史彤管，記功書過。居有保阿之訓，動有環佩之響。進賢才以輔佐君子，哀窈窕而不淫其色。所以能述宣陰化，修成內則，閨房肅雍，陰謁不行也。」〔註5〕這樣的觀念維繫著皇室，使它成為封建皇室統治的重要象徵。

三、為何以西漢為斷限

　　中國專制制度延續了二千餘年，它最殘酷的特點之一，就是對女性極端嚴厲的束縛，婦女不僅被封建制度過度壓抑，而且還被男性統治。但是在封建制

〔註4〕　岳慶平〈保障中國傳統家庭與國家模式的法律制度〉：「『家天下』如籠統說來是指『天下』為君主家庭所擁有，如具體說來可分為三層含義：第一，與讓賢的『公天下』相對而言，『家天下』是指世襲制。第二，就君主廣義家族的角度說，『家天下』是指君主與宗室、外戚、宦官共同擁有天下。在政治上表現為宗室、外戚、宦官在國家政權中佔有重要地位。第三，就君主狹義家族的角度說，『家天下』是指君主與宗室共同擁有天下。在政治上表現為宗室在國家政權中佔有重要地位。從『家天下』的前二層含義看，可以說傳統中國始終盛行『家天下』，變化不是太大。而從『家天下』的第三層含義看，只能說戰國前實行的是『家天下』，而秦代後實行的是『君天下』，變化十分明顯。因為秦代後一方面君主在國家政權中舉足輕重，另一方面宗室在國家政權中受到重重限制。不僅在地方系統是分封制與郡縣制交替出現或雙軌並行，分封宗室的總趨勢是由實封向虛封過渡，而且在中央系統一般限制宗室任公卿。」收錄在《中國人的家國觀》，香港：中華書局，1989年，頁60～61。

〔註5〕　〔劉宋〕范曄撰，楊家駱主編《校本漢書并附編十三種》，臺北：鼎文書局，1999年，卷10上，頁397。

度確立之前，儘管中國社會也曾出現過對婦女的壓迫，但是婦女的地位並沒有淪落到最底層，此時男女之間的地位相對後世而言，尚有平等之處，婦女沒有受到條文的種種限制，也沒有封建道德的重重約束。這是本文之所以選定「西漢」（前206年～8年）為研究的原因，因為西漢是中國歷史自戰國時代以來，社會經濟、政治、文化等等在發展過程中第一個鼎盛的朝代〔註6〕，而且是中國第一個由平民起來革命而創建的朝代，最主要的是此時正是女性思想由鬆散至定型的關鍵時期。

自周公制禮作樂以來，一切以男性為主，女性逐漸漸變成陪襯的地位。在西漢之前，對女性的要求較為鬆散，當時的女子可以自由戀愛、夫死可以再嫁，社會並不會認為這是非禮或非法的行為，甚至於從《左傳》、《國語》、《戰國策》等可見當時的男女之間竟還有通姦或亂倫的不當行為。無論如何，當時的女性行為是不受約束規範的。

秦朝自商鞅變法後，下令改革男女雜處之風〔註7〕，《史記・始皇本紀》秦始皇三十七年會稽刻石云：「有子而嫁，倍死不貞。防隔內外，禁止淫泆，男女絜誠。夫為寄豭，殺之無罪，男秉義程。妻為逃嫁，子不得母，咸化廉清。」〔註8〕已明白點出男女雙方應互相守節，對於改嫁者，則必須與夫家子女斷絕親子關係，明文規定妻子不得任意離開夫家，此對春秋戰國以來男女不良的風氣已有些規範，但是秦朝國祚太短，因此改良風氣遂為漢代所承襲，禮的觀念經過漢儒的提倡，逐漸發展成完善的理論。

西漢正處於這一曖昧時期，雖然漢武帝時已獨尊儒術，設置五經博士，然而儒家之禮除了朝儀外，尚只是案頭文章，並未落實於日常生活，東漢則不同，東漢的建國已歷經重視儒術的新莽時代，且有鑑於西漢的亡國，更加強儒家的精神。以后妃出身而言，西漢後宮來源似無定制，除重親關係外，多出微賤，「微賤」是指身份及社會地位，如：武帝衛后，武帝李夫人，成帝趙氏姊妹，且立后標準純屬帝王好之，這應與漢室本身亦起於微賤，對后妃的出身不甚重視。但是東漢則不同，東漢的建國，乃由豪族勢力抵抗新莽而

〔註6〕 中國歷史自戰國時代以來，社會經濟、政治、文化等等在發展過程中出現過三次高潮，即三次鼎盛局面：第一次在西漢，第二次在唐代，第三次在明清。

〔註7〕 《史記・商君列傳》：「商君曰：『始秦戎翟之教，父子無別，同室而居。今我更制其教，而為其男女之別，大築冀闕，營如魯衛矣。』……」前引書，卷68，頁2234。

〔註8〕 前引書，卷6，頁262。

成功，因此爲了掌控整個東漢政權，最具體的表現即是掌握后妃的出身：

> 及光武中興，斲彫爲朴，六宮稱號，唯皇后、貴人。貴人金印紫綬，
> 奉不過粟數十斛。又置美人、宮人、采女三等，並無爵秩，歲時賞
> 賜充給而已。漢法常因八月算人，遣中大夫與掖庭丞及相工，於洛
> 陽鄉中閱視良家童女，年十三以上，二十已下，姿色端麗，合法相
> 者，載還後宮，擇視可否，乃用登御。〔註9〕

東漢后妃之人選標準已不似西漢的漫無定制，而是具備「良家子」的身份，
西漢后妃亦有良家子選入者。何謂良家子？《漢書‧地理志》：「漢興，六郡
良家子選給羽林、期門，以材力爲官，名將多出焉。」如淳曰：「醫、商賈、
百工不得豫也。」〔註10〕又〈李廣傳〉記「廣以良家子從軍擊胡」。〔註11〕因
此良家子指的是「身家清白」，非巫醫商賈百工之家，也非富豪之家。如：

> 孝文竇皇后，景帝母也，呂太后時以良家子選入宮。〔註12〕

> 元帝以後宮良家子王牆字昭君賜單于。〔註13〕

武帝時曾提出理想的後宮出身在於具有「王侯有土之士女」的身份〔註14〕，
因爲出身微賤不懂禮法，這種主張直到王莽時才變成具體的主張，時王莽欲
以己女爲平帝后，乃上奏：

> 莽既尊重，欲以女配帝爲皇后，以固其權，奏言：「皇帝即位三年，
> 長秋宮未建，掖廷媵未充。乃者，國家之難，本從亡嗣，配取不正。
> 請考論五經，定取禮，正十二女之義，以廣繼嗣。博采二王後及周
> 公孔子世列侯在長安者適子女。〔註15〕

直到此時，漢室選妃才逐漸脫離「配取不正」的微賤出身。至於東漢的良家
子，「身家清白」僅是基本條件，更重視其家族的聲望地位，因爲「良家」才
「有德」，如：

> 永平三年春，有司奏立長秋宮，帝未有所言。皇太后曰：「馬貴人德

〔註9〕　《後漢書‧皇后紀》，前引書，卷10上，頁400。

〔註10〕　〔漢〕班固撰、〔唐〕顏師古注，楊家駱主編《新校本漢書》，臺北：鼎文書
　　　　　局，1991年，卷28下，頁1644。

〔註11〕　同前註，卷54，頁2439。

〔註12〕　同前註，卷97上〈外戚傳‧孝文竇皇后〉，頁3942。

〔註13〕　同前註，卷94下〈匈奴列傳〉，頁3803。

〔註14〕　《史記‧外戚世家》：「及李夫人卒，則有尹婕妤之屬，更有寵。然皆以倡見，
　　　　　非王侯有土之士女，不可以配人主也。」前引書，卷49，頁1981。

〔註15〕　《漢書‧王莽傳》，卷99上，頁4051。

冠後宮，即其人也。」遂立爲皇后。〔註16〕

這是針對西漢「微賤無德」而來。西漢曾發生儒生劉輔勸諫成帝立趙飛燕爲
后之事：

> 臣聞天之所與必先賜以符瑞，天之所違必先降以災變，此神明之徵
> 應，自然之占驗也。昔武王、周公承順天地，以饗魚鳥之瑞，然猶君
> 臣祗懼，動色相戒，況於季世，不蒙繼嗣之福，屢受威怒之異者虖！
> 雖夙夜自責，改過易行，畏天命，念祖業，妙選有德之世，考卜窈窕
> 之女，以承宗廟，順神祇心，塞天下望，子孫之祥猶恐晚暮，今乃觸
> 情縱欲，傾於卑賤之女，欲以母天下，不畏于天，不媿于人，惑莫大
> 焉。里語曰：『腐木不可以爲柱，卑人不可以爲主。』天人之所不予，
> 必有禍而無福，市道皆共知之，朝廷莫肯壹言，臣竊傷心。〔註17〕

「腐木不可以爲柱，卑人不可以爲主。」正是對后妃出身微賤的攻擊。又

> 順帝欲立皇后，而貴人有寵者四人，莫知所建，議欲探籌，以神定
> 選。廣與尚書郭虔、史敞上疏諫曰：「……宜參良家，簡求有德，德
> 同以年，年鈞以貌，……」帝從之，以梁貴人良家子，定立爲皇后。
>
> 〔註18〕

此處提出立后的四大標準，依序爲「良家」、「有德」、「年」、「貌」，「良家」
在「有德」之前，梁貴人之所以立后，其因梁氏一門乃東漢之大戶人家，因
此有其優勢。《後漢書・應奉傳》記桓帝竇后之所以勝選田貴人，正因爲田貴
人出身微賤，且被比之趙飛燕：

> 及鄧皇后敗，而田貴人見幸，桓帝有建立之議。奉以田氏微賤，不
> 宜超登后位，上書諫曰：「臣聞周納狄女，襄王出居于鄭；漢立飛燕，
> 成帝胤嗣泯絕。母后之重，興廢所因。宜思關睢之所求，遠五禁之
> 所忌。」帝納其言，竟立竇皇后。〔註19〕

兩漢選妃標準截然不同，東漢的「良家」實際是「富豪」重於「有德」，西漢
的「良家」則是家世清白即可，即使是官爵「王侯有土之士女」的觀念亦是
在王莽時代，可見兩漢社會的差異。這正是筆者單只是選擇西漢的宮廷婦女

〔註16〕《後漢書・皇后紀》，前引書，卷10上〈明德馬皇后〉，頁409。
〔註17〕《漢書》，前引書，卷77〈劉輔傳〉，頁3251～3252。
〔註18〕《後漢書》，前引書，卷44〈胡廣傳〉，頁1505。
〔註19〕同前註，卷48，頁1608。

為研究對象，而不以兩漢宮廷婦女為研究對象的原因，因為二者出身背景差距太大，難以同標準視之，西漢雖然早在武帝時獨尊儒術，但是儒家之禮是否確實在執政者提倡下首先於宮中落實，則是令人玩味之處。

　　基於這個緣由，在與指導教授　方師俊吉教授的幾番討論下，決定以西漢宮廷婦女形象作為研究方向。

第二節　研究目的

　　近年來由於受到西方提倡女性主義的影響，國內有關婦女問題的研究已蔚為風潮，各種專著、論文和學術刊物不斷問世，數量不僅可觀，水準亦有提昇，婦女問題本身所涵蓋的範圍相當廣大，若以時間為縱軸來看，可自上古的母系社會開始，延續至現代西方思潮衝擊之下的女權運動，以空間為橫軸部分，則包括整個社會對於女性的價值觀，這種價值觀考量的條件，大約可分為思想、經濟、社會人口結構……等方面，非單一因素〔註 20〕。鮑家麟在《中國婦女史論集續集·序言》提及婦女史的研究範圍包括文學、歷史、哲學、藝術、宗教、法律、教育、經濟、政治、人類學、社會學、心理學、生理學、和醫學〔註 21〕。早在民初，從徐天嘯《神州女子新史》開始，爾後歷經陳東原《中國婦女生活史》、陳顧原《中國婚姻史》及謝无量《中國婦女文學史》的開拓，已為中國歷史上飽受忽視與誤解的女性問題，開創出一片廣闊的研究天地。自 1987 年臺灣解嚴之後，婦女運動更是風起雲湧，婦女問題的研究亦隨之蓬勃發展。

　　筆者利用現今網路科技之便，以「婦女」、「女性」為關鍵字，進東海大學圖書館查尋〔註 22〕，專書各有 276 筆、464 筆；進入中華民國期刊論文索引查尋，期刊發表篇數各有 1127 筆、1481 筆，進入全國博碩士論文資訊網查尋，博碩士論文各有 402 筆、649 筆。從上述資料顯現，婦女問題的研究在臺灣確實呈現一片欣欣向榮的景象。

　　雖然以傳統中國婦女為主題的專書或博碩士論文不絕如縷，但是以漢代婦女研究的著作卻不多，更遑論是有關於漢代宮廷婦女的相關議題。茲述目

〔註20〕杜慧卿《漢代社會婚喪禮法中女性地位之研究》，成功大學歷史語言研究所碩
　　　　士論文，1994 年），頁 6。
〔註21〕臺北：稻鄉出版社，1999 年，頁 1。
〔註22〕據以東海大學圖書館藏書。

前針對宮廷婦女研究的專書、漢代婦女研究的專書、與漢代婦女有關的博碩士論文，作一簡介如下：

一、宮廷婦女研究專書

王慶祥《末代后妃》華嚴出版社 1998 年

向斯《宮禁后妃生活》老古文化事業有限公司 1995 年

李貞德《公主之死》三民書局 2001 年

呂方齋《紅顏與政治：解開性與政治的糾葛》咸陽出版社 2001 年

門巋《中國后妃的生死歌哭》科學出版社 1989 年

董恩林《后妃爭寵：道是有情卻無情》文津出版社 1996 年

楊友庭《后妃外戚專政史》廈門大學 1994 年

關四平《后妃的命運》山東文藝出版社出版年月不詳

顧久幸《后妃干政：宮闈難禁權利夢》華中理工大學 1994 年

至於董蓮池《中國帝王后妃外傳》、李甲孚《中國歷代名女人》、姚文輝《宮廷后妃精華傳記》及臺灣麥田出版社出版一系列【白話中國古典短篇小說全集】中的有關帝王后妃紀聞的《雲想衣裳花想容》、《多少樓台煙雨中》、《大風起兮雲飛揚》等等，則是以傳記小說的筆法，記述歷代宮廷帝王與后妃的軼聞，內容則是正史與稗官野史夾雜。

二、漢代婦女研究專書

張修容《漢唐貴族與才女詩歌研究》文史哲出版社 1985 年

彭衛《漢代婚姻型態》三秦出版社 1988 年

黃嫣梨《漢代婦女文學五家研究》河南大學出版社 1993 年

劉增貴《漢代婚姻制度》華世出版社 1980 年

劉詠聰《德才色權：論中國古代女性》麥田出版社 1998 年

三、與漢代婦女有關之博碩士論文

宋昌基《中國古代女性倫理觀 —— 以先秦兩漢為中心》政治大學歷史研究所博士論文 1977 年

杜慧卿《漢代社會婚喪禮法中女性地位之研究》政治大學歷史研究所碩士論文 1994 年

黃美玉《唐人以漢代婦女為主題詩歌之研究》政治大學中文研究所碩士論文 1988 年

其他與漢代宮廷婦女有關的期刊論文，計有安作璋〈秦漢時期的公主〉

及〈中國古代婦女的典範——班昭〉、柯夋伶〈從班昭「女誡」與「世說、賢媛篇」淺探漢魏婦女之風貌〉、胡品清〈班婕妤怨歌行中的扇子和普呂多姆的裂瓶中的扇子之比較〉、許欣薰〈呂后與漢初政治〉與譚潤生〈讀「史記」——呂后掌權〉等及其他零星幾篇關於王昭君和親的探討。

由此觀之，並無專門探討宮廷婦女的形象，有的也只是從單一角度著手，而且偏重在參政的婦女，然而宮廷婦女眾多，絕非單一形象可以歸類。

宮廷處在中國古代社會的最上層，長期的君主專制統治使她的影響早已輻射到社會各個角落，這也是窺探中國自秦始皇開始的兩千餘年君主專制文化的綱領所在，迄今為止，仍是史學研究中尚待開墾的處女地。近年來，社會開放，生活充實，使人們對貴族生活產生好奇，宮廷文化儼然成為熱門的研究課題，然而如果僅是《皇室秘聞》或《後宮艷事》，則難免給人見木不見林之憾，因此我們有責任對這塊處女地重新作一番立體透視、系統掃描，使大家對這種專制文化有更深一層的認識與理解、批判與揚棄。

在富麗堂皇的宮殿中，美麗端莊的后妃們，雖然身為全國最有權力者的妻妾，但必須與眾多女人分享一個人的愛情，其生命情境在 e 世紀的現代，或許是難以想像的，然而透過文字的讀解，時空的虛擬穿越，千年前封建宮廷中婦女的愛恨情仇、悲歡離合，是可以攤在陽光下理性地感同身受的。封建史家為宮廷婦女作紀或立傳，難免失之簡略，評之偏頗，不足以概括宮廷婦女的全貌，因此有必要在觀點上重新研究及釐清。因此本文研究的目的主要是在西漢眾多的后妃及公主中，分類其形象，分析背後因素及其影響，並且提供探討對宮廷婦女形象的另類思考空間。

第三節　研究範圍

后妃可以說是中國古代婦女中最特殊的一群，因為她們是擁有至高無上權力的帝王之妻妾，這種特殊地位在封建社會中，決定了她們在歷史上具有一般婦女及帝王之外的人無法相比的作用。因此想要了解整個中國的封建社會概況，后妃制度是一定要了解的。

所謂后妃制度，就是以帝王為中心，依照尊卑的等級，由帝王的正妻——后，及眾妾——妃所組成的一套階級嚴謹，名分分明的後宮制度。這個制度在周朝時基本架構已成型：

夏、殷以上，后妃之制，其文略矣。《周禮》王者立后，三夫人，九
嬪，二十七世婦，八十一女御，以備內職焉。后正位宮闈，同體天
王。夫人坐論婦禮，九嬪掌教四德，世婦主喪、祭、賓客，女御序
于王之燕寢。頒官分務，各有典司。〔註23〕

到了封建君主專制政體的漢代，更是依照朝廷百官的俸秩與爵位明定等級。
《漢書・外戚傳》記載：

漢興，因秦之稱號，帝母稱皇太后，祖母稱太皇太后，適稱皇后，
妾皆稱夫人。又有美人、良人、八子、七子、長使、少使之號焉。
至武帝制倢伃、娙娥、傛華、充依，各有爵位，而元帝加昭儀之號，
凡十四等云。昭儀位視丞相，爵比諸侯王。倢伃視上卿，比列侯。
娙娥視中二千石，比關內侯。傛華視真二千石，比大上造。美人視
二千石，比少上造。八子視千石，比中更。充依視千石，比左更。
七子視八百石，比右庶長。良人視八百石，比左庶長。長使視六百
石，比五大夫。少使視四百石，比公乘。五官視三百石。順常視二
百石。無涓、共和、娛靈、保林、良使、夜者皆視百石。上家人子、
中家人子視有秩斗食云。〔註24〕

可見這一套封建宮廷制度相當完整，後世的后妃制度也大都沿襲這個格局，
只不過有更動而已〔註25〕。

〔註23〕《後漢書》，前引書，卷10上〈皇后紀〉，頁397。

〔註24〕前引書，卷97上，頁3935。

〔註25〕《三國志・魏書・后妃傳》：「魏因漢法，母后之號，皆如舊制，自夫人以下，
世有增損。太祖建國，命王后，其下五等：有夫人，有昭儀，有倢伃，有
容華，有美人。文帝增貴嬪、淑媛、脩容、順成、良人。明帝增淑妃、昭華、
脩儀；除順成官。太和中始復命夫人，登其位於淑妃之上。」見〔晉〕陳壽
撰、〔劉宋〕裴松之注，楊家駱主編《新校本三國志附索引》，臺北：鼎文書
局，1997年，卷5，頁155。《舊唐書・后妃傳》記載在玄宗時：「於皇后之下
立惠妃、麗妃、華妃等三位，以代三夫人，為正一品；又置芳儀六人，為正
二品；美人四人，為正三品；才人七人，為正四品；尚宮、尚儀、尚服各二
人，為正五品；自六品至九品，即諸司諸典職員品第而序之，後亦參用前號。」
見〔後晉〕劉昫撰，楊家駱主編《校本舊唐書》，臺北：鼎文書局，1976年，
卷44，頁1867。清初，皇后稱「福晉」；至康熙以後，典制大備，后妃名號
較前代多所有更動，人數也不同，《清史稿・后妃列傳・序言》：「皇后居中宮；
皇貴妃一，貴妃二，妃四，嬪六，貴人、常在、答應無定數，分居東、西十
二宮。」見楊家駱主編《新校本清史稿》，臺北：鼎文書局，1978年，卷214，
頁8897。基本上，清代制度仍遵循漢代的后妃體制。見本論文〈附錄〉表4

公主，帝王之女〔註 26〕，周稱王姬〔註 27〕，戰國稱諸侯之女爲公主〔註 28〕，亦稱君主〔註29〕，直至秦始皇兼併天下，才稱帝王之女爲公主〔註30〕，漢承秦制：

> 漢制：帝女曰「公主」，儀比諸侯；姊妹曰「長公主」，儀比諸侯王；姑曰「大長公主」，儀比諸侯王。〔註31〕

> 三月，詔曰：「吾立爲天子，帝有天下，十二年于今矣。與天下之豪士賢大夫共定天下，同安輯之。其有功者上致之王，次爲列侯，下乃食邑。而重臣之親，或爲列侯，皆令自置吏，得賦歛，女子公主。〔註32〕

〈歷代后妃制度表〉，頁 258。辛亥革命以後，隨著帝制的取消，后妃制度也成爲歷史名詞了。

〔註26〕《淵鑑類函》：「昔帝堯娥皇、女英，舜妹有戲手，舜女有宵明、燭光，湯有帝乙歸妹，周武王之女嫁于陳，故公主未有封邑之號，至周中葉天子嫁女于諸侯，天子至尊不自主，婚必使諸侯同姓者主之，始謂之公主。秦代因之，亦曰公主，史記云李斯男皆尚公主是也，漢制帝女爲公主，帝之姊妹爲長公主，帝姑爲大長公主，後漢制皇女皆封縣公主，……自晉之後帝女依西漢曰公主，帝之姑姊並曰長公主，……唐制皇姑爲大長公主，姊爲長公主，女爲公主皆封國視正品，……宋制帝女封公主沿襲漢唐。」〔清〕康熙御製，臺北：新興書局，1978 年，卷 58〈后妃部二・公主一〉，頁 1065。

〔註27〕周王之女皆姬姓，後世因稱帝王之女曰王姬。《詩經・召南・何彼襛矣》：「曷不肅雝，王姬之車。」見〔清〕阮元刻本，《十三經注疏》，臺北：藝文印書館，1965 年，頁 67。《資治通鑑》記載義熙五年：「遺子華至孝，乾歸欲以女妻之，辭曰：『凡娶妻者，欲與之共事二親也，今以王姬之貴，下嫁蓬茅之士，誠非其匹，臣懼其闕於中饋，非所願也。』」見〔宋〕司馬光撰，臺北：商務印書館，1975 年，卷 115〈晉紀〉37，頁 1097。

〔註28〕《史記・孫子吳起列傳》：「田文既死，公叔爲相，尚魏公主，而害吳起。」前引書，卷 65，頁 2167。

〔註29〕《史記・六國年表》：「初以君主妻河。」《索隱》：「謂初以此年取他女爲君主，君主猶公主也。妻河，謂嫁之河伯，故魏俗猶爲河伯取婦，蓋其遺風。」前引書，卷 15，頁 705。

〔註30〕根據《史記・秦始皇本紀》記載，秦王嬴政二十六年，初併天下，令丞相、御史詔告天下，其尊號爲皇帝，皇帝之妻爲皇后，皇帝之子爲太子、公子或皇子，皇帝之女爲公主。前引書，卷 6，頁 236。《史記・李斯列傳》：「諸男皆尚秦公主，女悉嫁秦諸公子。……公子十二人僇死咸陽市，十公主矺死於杜。」前引書，卷 87，頁 2547～2552。

〔註31〕《史記・高祖本紀・集解》，前引書，卷 8，頁 345。

〔註32〕《漢書・高帝紀》記載，如淳曰：「《百官表》『列侯所食曰國，皇后、公主所食曰邑』。帝姊妹曰長公主，諸王女曰翁主。」師古曰：「天子不親主婚，故

為列侯食邑者，皆佩之印，賜大第室。〔註33〕

《後漢書·皇后紀》對公主敘述更詳細：

> 漢制，皇女皆封縣公主，儀服同列侯。其尊崇者，加號長公主，儀服同蕃王。諸王女皆封鄉、亭公主，儀服同鄉、亭侯。肅宗唯特封東平憲王蒼、琅邪孝王京女為縣公主。其後安帝、桓帝妹亦封長公主，同之皇女。其皇女封公主者，所生之子襲母封為列侯，皆傳國於後。〔註34〕

自此之後，歷代稱皇帝的姑姑、姊妹與女兒為「公主」，遂成定制〔註35〕。

歷史家對於這些帝王妻妾的事跡當然會有記錄，司馬遷《史記》將呂后與漢高祖并列，作〈呂太后本紀〉，其餘后妃則置於〈外戚世家〉；班固《漢書》沿襲其體例，唯獨將元后立傳，列於〈王莽傳〉之前，以示其關係；而陳壽《三國志》與范曄《後漢書》均作〈后妃紀〉，附在帝紀之後，《晉書》開始列〈后妃傳〉，置於列傳之首，遂成為正史記載后妃事跡之通例。

筆者研究的西漢宮廷婦女主要是以《史記》與《漢書》所出現的后妃及公主為主，且有具體事蹟者；至於有些只是出現名字，並沒有具體事蹟則不在研究範圍內〔註36〕。試將《史記》與《漢書》所記載之西漢后妃列簡表如下：

謂之公主。諸王即自主婚，故其女曰翁主。翁者，父也，言父主其婚也。亦曰天主，言王自主其婚也。」前引書，卷1下，頁78。

〔註33〕同前註。

〔註34〕《後漢書》，前引書，卷10下附〈皇女〉，頁457。

〔註35〕唯宋徽宗、明代及清朝略有損益：《宋史·禮志》：「徽宗改公主為姬，下詔曰：『在熙寧初，有詔釐改公主、郡主、縣主名稱，當時，臣不克奉承，近命有司稽考前世，周稱『王姬』，見於詩雅。『姬』雖周姓，考古立制，宜莫如周，可改公主為帝姬、郡主為宗姬、縣主為族姬。其稱大長者，為大長帝姬，仍以美名二字易其國號，內兩國者以四字。」見〔宋〕錢若水撰，楊家駱主編《新校本宋史》，臺北：鼎文書局，1978年，卷115，頁2733。《明史·禮志》：「洪武九年七月命使冊公主。……使者至華蓋殿，公主拜受，其儀略與冊太子妃同。凡皇姑曰大長公主，皇姊妹曰長公主，皇女曰公主，親王女曰郡主，郡王女曰縣主，孫女曰郡君，曾孫女曰縣君，玄孫女曰鄉君。郡主以下，受誥封，不冊命。」見楊家駱主編《新校本明史》，臺北：鼎文書局，1975年，卷54，頁1376。《清史稿·公主表》：「太祖初起，諸女但號『格格』，公主、郡主，亦史臣緣飾云爾。厥後始定：中宮出者，為『固倫公主』；自妃、嬪出者，及諸王女育宮中者，為『和碩公主』。」前引書，卷166，頁5302。見本論文〈附錄〉表5〈歷代公主制度表〉，頁259。

〔註36〕如高祖唐山夫人，《史記》與《漢書》均無傳，其他文獻也不見載述，因此事跡不詳，僅《漢書·禮樂志》記載：「房中祠樂，高祖唐山夫人所作也。周有

西漢后妃：（有※號，其事蹟史籍可尋者）

皇　帝	后妃稱號	姓　名	籍貫	親　屬	子　女	備註
高祖劉邦	※高皇后	呂雉（娥姁）	單父	父：呂文	劉盈（惠帝） 魯元公主	
	※夫人（姬）	戚懿	定陶		劉如意（趙王）	被殺
	夫人	趙子兒				
	夫人	管				
	※孝文太后（姬）	薄	吳國	母：魏氏 弟：薄昭 前夫：魏豹		
惠帝劉盈	※孝惠皇后	張嫣	大梁	父：張敖 母：魯元公主		幽死
少帝劉弘	少帝皇后	呂		父：呂產		
文帝劉恒	※孝文皇后	竇	清河 觀津	兄：竇長君 弟：竇廣國（少君）	劉啓（景帝） 劉武（梁孝王） 劉嫖（館陶公主）	
	夫人	慎	趙國			
	妃	尹				
景帝劉啓	※孝景皇后	薄	吳國	姑祖：孝文太后		被廢
	※孝景皇后	王娡	扶風 槐里	父：王仲 母：臧兒 前夫：金王孫 弟：田蚡	平陽公主 南宮公主 隆慮公主 劉徹（武帝） 修成君	
	※姬	栗	齊國		劉榮（臨江王）	憂死
武帝劉徹	※孝武皇后	陳嬌	東陽	父：陳午 母：館陶公主		被廢
	※思皇后	衛子夫	平陽	母：衛媼 弟：衛青 姊子：霍去病	劉據（衛太子）	自殺
	倢伃	尹				
	※夫人	李	中山	兄：李延年 兄：李應利	劉髆（昌邑王）	
	夫人	王	邯鄲		劉齊懷	
	※鉤弋夫人（孝昭太皇）（倢伃）	趙	河間	姑：趙君姁	劉弗陵（昭帝）	

房中樂，至秦名曰壽人。凡樂，樂其所生，禮不忘本。高祖樂楚聲，故房中樂楚聲也。」前引書，卷22，頁1043。故不論述。

昭帝劉弗陵	※孝昭皇后	上官	隴西上邽	祖父：上官桀 外祖父：霍光 父：上官安		
衛太子劉據	※戾皇后	史	魯國	兄：史恭 尊：貞君	劉進（史皇孫）	被殺
史皇孫劉進	※悼皇后	王翁須	涿郡蠡吾	父：王迺始 兄：王無故	劉詢（宣帝）	
宣帝劉詢	※恭哀皇后	許平君	昌邑山陽	父：許廣漢	劉奭（元帝）	毒死
	※孝宣皇后	霍成君	河東平陽	父：霍光		廢死
	※孝宣皇后 （邛城太后） （倢伃）	王	長陵	父：王奉光		
元帝劉奭	※孝元皇后 （長信宮）	王政君	魏郡元城	父：王禁 母：李親 侄：王莽	劉驁	新室文母
	※孝元皇后 （昭儀） （永信宮）	傅	河內溫縣	侄：傅喜 侄：傅晏	子：劉康（定陶王） 孫：劉欣（哀帝）	
	※中山太后 （昭儀）	馮媛	上黨潞縣	父：馮奉世 弟：馮參	子：劉興（中山王） 孫：劉衎（平帝）	自殺
成帝劉驁	※孝成皇后	許	昌邑山陽	父：許嘉 姑：許平君		被殺
	※孝成皇后	趙飛燕		父：趙臨		自殺
	※昭儀	趙合德		父：趙臨 姊：趙飛燕		自殺
	※倢伃	班	安陵	兄：班彪 侄：班固 侄：班超		
	中宮	曹		母：曹曉（官婢）		自殺
	美人	許				被殺
定陶恭王劉康	※孝哀太后 （中安宮）	丁	山陽瑕丘	兄：丁忠 兄：丁明	劉欣（哀帝）	
哀帝劉欣	※孝哀皇后	傅	河內溫縣	父：傅晏		自殺
中山孝王劉興	※中山王后	衛	中山盧奴		劉衎（平帝）	
平帝劉衎	※孝平皇后	王	魏郡元城	父：王莽	黃皇室主	自焚

　　根據《史記》與《漢書》記載，西漢的后妃共有三十七位，這是史書上有明確記載稱號的后妃，但是有明確事蹟僅有二十九位，這是本文研究的範圍。由此推論，更多的妃妾在史書中不僅沒有事蹟記載，連出現稱號都沒有，其生命歷程一輩子也與帝王勾不上邊，白髮宮女終其一生，其命運悲慘實非外人所能理解。

　　至於《公主傳》與其他歷史人物傳記比較起來，最大的難題是資料奇缺。《遼史・公主表序》：「古者，婦諱不出門，內言不出梱，公主悉列于傳，非禮也。」〔註37〕《元史・公主表序》亦云：「昔者史臣有言，婦人內夫家，雖天姬之貴，史氏獨外而弗詳。」〔註38〕只因為她們是皇親國戚，所以才不得不列表敘述，而〈公主表〉也只是簡單地列出其所適者，至於生平梗概，幾乎毫無所記。以正史二十五史中，只有《後漢書》有〈皇女列傳〉，附於〈皇后紀〉之後，《新唐書》、《宋史》、《明史》雖有〈公主傳〉，但是多半語焉不詳，其他正史大都囿於男尊女卑的封建觀念，並不為公主立傳，以致於其事跡散見於他人紀傳者，因此有關公主的史料是少之又少。試將《史記》與《漢書》所記載之西漢公主列簡表如下：

西漢公主：（有※號，其事蹟史籍可尋者）

父	母	公主稱號	姓　名	夫	夫爵位	備　註
高祖劉邦	高皇后呂雉	※魯元公主	劉	張敖	趙王張耳子	女張嫣為惠帝后
文帝劉恒	孝文皇后竇氏	※館陶公主（竇主）	劉嫖	陳午	堂邑侯陳嬰孫	女陳嬌為武帝劉徹后
		昌平公主	劉	周勝之	絳侯周勃子	
景帝劉啓	孝景皇后王娡	※平陽公主	劉	1 曹壽 2 衛青	1 平陽侯 2 大將軍	
		南宮公主	劉	耏申	張侯	
		隆慮公主	劉			子：昭平君
武帝劉徹		※鄂邑公主（蓋主）	劉	王充	蓋侯	謀反被殺

〔註37〕〔元〕托克托撰，楊家駱主編《新校本遼史》，臺北：鼎文書局，1975 年，卷 65，頁 999。

〔註38〕〔明〕宋濂撰，楊家駱主編《新校本元史》，臺北：鼎文書局，1979 年，卷 109，頁 2757。

		※衛長公主	劉	欒大	五利將軍	欒大腰斬
		陽石公主	劉			坐巫蠱為武帝所殺
		諸邑公主	劉			坐巫蠱為武帝所殺
		夷安公主	劉		昭平君	
武帝劉徹	思皇后衛子夫	※江都公主漢公主	劉細君	岑陬	烏孫王	憂死
		※漢公主（楚主）	劉解憂	1 岑陬 2 翁須靡 3 狂生	烏孫王	1 楚王劉戊孫女 2 劉解憂年七十返國 3 劉相夫未婚
		漢公主（少主）	劉相夫	元貴靡	劉解憂子	
宣帝劉詢		※敬武公主	劉	1 張臨 2 薛宣	1 富平侯 2 高陽侯	王莽逼迫自殺
		陽邑公主	劉	張建	博成侯	
元帝劉奭	宮女（非劉奭女兒）	※閼氏	王昭君	1 呼韓邪 2 復株桑若	匈奴單于	史實與民間流傳不盡相符，是個傳奇性人物 ※王昭君因在歷史上扮演著和親的重要角色，所以將她歸屬為「和親公主」
		平陽公主	劉	夏侯頗	夏侯嬰曾孫	
		穎邑公主	劉			

　　本文研究的西漢公主，在《史記》與《漢書》中並無傳記，只有零星記載。在《史記》、《漢書》中所出現的西漢公主，有高祖魯元公主、文帝館陶公主、文帝昌平公主、景帝平陽公主、景帝南宮公主、景帝隆慮公主、武帝鄂邑公主、武帝衛長公主、武帝陽石公主、武帝諸邑公主、武帝夷安公主、宣帝敬武公主、宣帝陽邑公主、元帝平陽公主、元帝穎邑公主等；另有和親公主，如江都公主劉細君、漢公主劉解憂、漢公主劉相夫。史籍中記載西漢公主雖有十九位，但是真正有事跡可探尋者僅九位：高祖魯元公主、文帝館陶公主、景帝平陽公主、武帝鄂邑公主、武帝衛長公主、宣帝敬武公主、江都公主劉細君、漢公主劉解憂及和親公主王昭君，因此本文以此九位公主為論敘範圍。加上前述二十九位后妃，本文所研究之西漢宮廷婦女共有三十八位。

第四節　研究步驟

本論文的研究方法主要是依照　方師俊吉教授的提示，並參酌前輩學者的研究方法，依下列步驟進行：

一、確定主題：由於筆者對傳統婦女問題興趣濃厚，因此首先將研究的範圍限於傳統婦女的議題，而後發現宮廷婦女尚未有專著論之，在與指導老師溝通討論後，認為漢代是中國第一個由平民建立的封建王朝，其宮廷婦女形象有一定的指標作用，然而深入探討後，發現西漢與東漢對於后妃的出身要求差距甚大，西漢后妃的選入顯然是較為「多元化」，且筆者對於西漢的歷史也較為熟稔，於是擬定研究主題為「西漢宮廷婦女形象之研究」。

二、研讀史籍：由於宮廷婦女是歷史上真實出現過的人物，西漢距現在亦有二千餘年，為避免失真，因此以史書上明確記載的人物為研究範圍。西漢的歷史記載就正史而言，分別載於司馬遷《史記》與班固《漢書》，因此本文所分析的后妃、公主及和親公主主要是從《史記》與《漢書》中的〈本紀〉、〈外戚世家〉、〈外戚傳〉檢索而得，為恐遺漏，再配合《西漢會要》及《中國帝王・皇后・親王・公主世系錄》，以有具體事蹟可分析的婦女為主，拜當今電腦網路之現代科技的方便，善加利用中央研究院漢籍電子文獻網站，只要輸進關鍵字，即可快速取得相關的歷史事件在《史記》或《漢書》中哪一傳，再翻原點閱讀即可，這省下筆者非常多的檢索時間。

三、進行分類：在研讀史籍的過程中，即逐漸作分類，每一形象的分類標準主要是以其生命歷程中最為突出、最為顯目的事件為主，其次再依其性格特徵，最後則以生命結束的方式。如：在本論文中，西漢的和親公主，史籍有明確事蹟記載的有劉細君、劉解憂、王昭君、及侍女馮嫽。這四個人的婦女形象，有研究學者皆歸納為「才女」，如周宗盛〔註39〕與張大農、戴露〔註40〕，然而「才女」過於寬泛，有政治才能、文苑才能或智謀才能等等，無法明確突顯其特色，因此筆者根據其最為突出的生命歷程，將劉細君與王昭君歸為「哀怨類」形象，劉解憂則歸為「才德類」形象，侍女馮嫽則不論。

因為細君公主嫁至烏孫後，無法適應新環境，與烏孫王言語不通，並未為烏孫與漢朝建立實質密切的外交關係，最後憂鬱而死，因此將她歸為「哀怨類」；而王昭君根據正史記載，死後其子並未繼位，以其美貌竟未獲得單于

〔註39〕《中國才女》，臺北：大林出版社，1984年。
〔註40〕《打開中國智慧黑盒子——才女篇》，臺北：21紀文化，2001年。

青睞，且漢胡風俗不同，嫁至漠北水土不服，其悲哀可想而知，再加上後代文人士大夫詩詞歌賦，賦予其悲劇形象，因此本文將她置於「哀怨類」。

至於解憂公主有膽識及政治才能，到烏孫國後，聯繫烏孫上層的政治人物，發揮了左右政局的影響，其立足點是站在漢朝與烏孫國的親善關係，並非個人權力慾望的滿足，因此將她歸於「才德類」，而非「參政類」或「哀怨類」。馮嫽身爲劉解憂的貼身侍女，當劉解憂遠嫁烏孫時，與其同往，因爲熟悉邊事，嫁給烏孫右將軍後，以其智慧，善於運用人脈關係，竟然說服了與漢朝爲敵的烏就屠投降，爲漢朝與烏孫的和平建立了大功，當劉解憂年老返國後，她仍然留在烏孫國，以鎮撫烏孫小昆彌，對國家貢獻頗大，堪稱外交才女。然而馮嫽雖然封爲馮夫人，但是她並非后妃、亦非公主，也非內廷女性職宮，不屬於宮廷婦女，因此本文並無對其形象記上一筆。

四、蒐集資料：待三十八位宮廷婦女分類完畢後，開始依研讀原典時所發現的問題蒐集相關資料，分爲三個步驟進行：第一個步驟，舉凡造成每一類形象的原因及其影響，找出相關的專著，或相關的學術論文或單篇論文；第二個步驟，尋找稗官野史中有關宮廷婦女的記載，再與正史做仔細核對；第三個步驟，利用網路科技之便，搜集相關網站，以便撰寫論文時，方便而迅速檢索資料。

五、擬定大綱：將相關資料與閱讀心得歸納整理後，進而構思論文大綱及細目，並與指導老師討論章節次第。

六、分章撰寫：首先完成第二章至第五章，先分析撰寫每一類型的宮廷婦女，分析之餘，再度思索置於此類是否得當，這是本論文最用心之處，力求其形象能清楚呈現，並且以周全資料，客觀態度重新分析前人不恰當的說法，接著依序完成第二章、第三章、第四章、第五章，最後撰寫第六章結論與第一章緒論。參引考書目與附錄則已於撰寫期間隨時輸入電腦檔案中。

第五節　論文架構

本論文共分爲六章，並附錄參引書目及附錄，各章內容簡述如下：

第一章〈緒論〉：本章分爲五節，說明本論文的研究動機、研究目的、研究範圍、研究方法及論文架構。

第二章〈西漢參政類宮廷婦女之形象〉：本章分爲四節，第一節探討西漢

宮廷婦女「以孝立國」及「母權至上」的參政背景，與「積極爭取」、「間接撮惑」及「被動利用」的參政手法；第二節將西漢參政的宮廷婦女分爲「主導朝政型」、「干涉人事型」、「謀略操控型」及「政治糾葛型」四類；第三節論述西漢宮廷婦女參政的成敗原因，及史家的評論；第四節則是論述西漢宮廷婦女參政的結果對後世的影響，其中「外戚權力高漲」影響深遠。

第三章〈西漢哀怨類宮廷婦女之形象〉：本章分爲三節，第一節敘述西漢宮廷婦女哀怨肇因，分爲五點分析：妻妾成群、育子之悲、巫蠱迷信、重親婚姻及和親外交；第二節則是將西漢宮廷婦女哀怨分爲三類型：「深宮怨婦型」、「異域悲涼型」及「含冤而死型」；第三節則是敘述唐朝文人士大夫以西漢宮廷婦女爲主題所作的詩歌，從中見其悲情。

第四章〈西漢荒淫類宮廷婦女之形象〉：本章分爲三節，第一節主要是探討西漢宮廷婦女荒淫的原因：情慾的放縱與傳宗接代的壓力；第二節則是敘述西漢宮廷婦女荒淫的代表型人物：「淫亂致禍型」的宣帝敬武公主，與「奢侈荒淫型」的成帝趙氏姊妹。第三節主要是以趙氏姊妹的荒淫所造成的影響爲論述要點：女禍之說的完成，及劉向《列女傳》成書之由正是因爲趙氏的荒淫無道，並且闡述《列女傳》的思想內容及其對後世的影響——中國婦女逐漸受到條文規範。

第五章〈西漢才德類宮廷婦女之形象〉：本章分爲三節，第一節婦女才德思想的探源，這是上層社會對婦女的教育；第二節將西漢宮廷婦女才德類分爲五類：「仁善無爭型」、「謹愼無寵型」、「外交才女型」、「才德兼備型」及「婉嫕有節型」；第三節分析班昭依西漢之前的才德觀念與女教情形，撰寫《女誡》七章，從此明文確立中國妻範母儀的典型，卻也開始中國婦女成爲次級人類的命運。

第六章〈結論〉：綜合敘述本論文的研究心得，一來自我檢視，二來則作爲日後研究的方針。

本文依據散見於史書中的一些資料，對西漢這個中國第一個封建王朝的宮廷婦女之形象作一探討，是否得當，敬請各位先進大家指教。

第二章　西漢參政類宮廷婦女之形象

　　中國在兩千多年的封建制度下，政治可以說是男人專屬的權力，但有一群婦女雖在朝廷中沒有擔任任何的職務，卻能憑藉著本身的特殊地位，及與帝王的特殊關係而參與朝政，那就是「宮廷婦女」。

　　杜芳琴在〈中國歷代女主與女主政治略論〉一文說：舉凡直接或間接參與朝政，而構成一定影響的後宮婦女爲「女主政治」，包括太后、皇后、公主與內廷女性職官〔註1〕。本文宮廷婦女參與政治的主角正是以太后、皇后及公主爲主。

　　就后妃而言，她們是中國傳統社會中最特殊的一群婦女，因爲她們是唯一有機會參與政治的婦女，又是最直接受到政治愚弄的婦女。中國封建制度特有的「家天下」，使得這群后妃有機會以其特殊的身份號令天下，尤其是在皇帝早逝時，身爲皇太后更可以抱著「兒皇帝」垂簾聽政，甚而臨朝稱制〔註2〕，這種情形從西漢建國就開始，直到滿清末年爲止。由於她們參與了政治，因此她們的作爲對當時的社會政治、經濟發展也有直接或間接的影響。

　　至於公主，雖是帝王之女或帝王之姊妹、帝王之姑母，但其生長在宮廷，即使已出嫁，仍對帝王的想法與生活，或是朝廷政治的運作有相當程度的影響力。

　　顧久幸在《后妃干政：宮闈難禁權利夢》〔註3〕中說，封建社會時期的後

〔註1〕　收錄於鮑家麟所編《中國婦女史論集四集》，臺北：稻鄉出版社，1995年。
〔註2〕　《漢書・高后紀》注引顏師古曰：「天子之言一曰制書，二曰詔書。制書者，謂爲制度之命也，非皇后所得稱。今呂太后臨朝行天子事，斷決萬機，故稱制詔。」前引書，卷3，頁95。
〔註3〕　臺北：文津出版社，1996年，頁7。

宮女性與政治的關係出現複雜和多樣的表現，主要可以用「輔政」和「干政」
這兩類來概括。輔政主要是由封建制度的特點所決定，原因之一：封建社會
嫡長子繼承制，造成皇帝如果英年早逝，幼子即位，就出現母后垂簾聽政的
情況；原因之二：封建社會的男權政治，使得女子雖然無法直接參與政治，
但她們有德有才，因此可以對皇帝丈夫提出自己的看法，幫助皇帝治理國家，
這種情況通常是發生在開國之初。至於「干政」，則是后妃們主觀上懷有某種
自私自利的目的，而主動參與政事，她們不甘心被安排命運而要掌握朝政，
這種例子在歷史上也不少。本文以「參政」一詞含蓋「輔政」與「干政」，即
無論是主動或被動，甚至間接方式，都有「參與政事」之意。

　　西漢的宮廷婦女在政治舞臺上，可以說是很活躍的，本章主要是以西漢
擁有參政權或左右皇帝決定權的后妃及公主爲對象，論述她們參與朝政過程
及其所呈現的形象。

第一節　西漢宮廷婦女參政之背景與手法

　　漢儒對后妃職責的認定乃在協助皇帝，進賢，退不肖：

> 卷耳，后妃之志也。又當輔佐君子，求賢審官，知臣下之勤勞，內
> 有進賢之志，而無險詖私謁之心，朝夕思念，至於憂勤也。〔註4〕

而后妃的本分，則是處理後宮之事：

> 葛覃，后妃之本也。后妃在父母家，則志在於女功之事，躬儉節用，
> 服澣濯之衣，尊敬師傅，則可以歸安父母，化天下以婦道也。〔註5〕

依此看來，后妃的職責本分乃在求賢臣以輔佐帝王，與敬謹婦道，母儀天下。
本節主要是以論述西漢宮廷婦女參政的背景及其參政手段，由於西漢公主史
料殘缺不全，因此所論有限。

一、西漢的政治環境

　　西漢前後的後宮女子與后妃，兩者的地位是頗有差異的，先秦及其前的
婦女，由於還未受到男尊女卑思想的荼毒，及宮廷中對后妃們種種戒律的規
定，這些女子是可以對國家的政治發表個人的見解，而不被批評的，當時參

〔註4〕《詩經・國風・周南・卷耳・序》，〔清〕阮元校勘，《十三經注疏》，1815
　　　年阮元刻本，臺北：藝文印書館，1989年，卷1之2，頁33。
〔註5〕同前註，卷1之2〈葛覃・序〉，頁30。

與政事大多出於對丈夫事業的關心與幫忙，不帶任何特殊目的。中國后妃出於個人野心參與政事，大概始於戰國末年秦初之際左右，歷史上記載最早因個人野心而參與政事的后妃是秦昭襄王時的羋太后：

> 自古雖主幼時艱，王家多釁，必委成冢宰，簡求忠賢，未有專任婦人，斷割重器。唯秦羋太后始攝政事，故穰侯權重於昭王〔註6〕，家富於嬴國。〔註7〕

「漢仍其謬，知患莫改」（同上），以致愈演愈烈。終二千多年的中國封建歷史，宮廷婦女參與國政的話題始終不衰。

近代學者趙鳳喈認為婦女主政的「合法」或「不合法」是有條件與歷代差異的：

> 中國雖無成文之《沙烈律》（Salic Law）而女子不得為皇帝，乃歷代共同默守之禁例。考之史乘，自夏禹傳位子啟，以後歷代君主，莫不傳位於子，而無一傳位於其女者，可以知矣。即皇太后攝政一事，吾國經典上，既有警誡之文，歷代亦無成文法可稽；且有禁止皇太后干政者，如明代即其為顯例。唯此種事例，起自西漢之呂后，迄於前清末季慈禧太后止，有二千餘年之歷史，決不可以偶然之事實目之；蓋自漢代以後，凡有皇太后攝政之事發生，類多援引先代故事，以為成規。是太后攝政之事，在漢代創制，在後代為至少有習慣法之效力。降至清代，竟將太后「垂簾聽政」一項列入《大清會典》之中，視為一代之大典，其成為一代政治制度，似無庸疑。太后攝政雖為一代之制度；然非謂凡屬太后，皆可攝政，蓋必具備相當之條件而後可。所謂相當之條件者，亦無成文法為之明白規定；稽諸史策所載，約有下列三者：（1）皇帝年幼（2）帝疾不能視事（3）先帝卒崩或有遺詔。〔註8〕

〔註6〕 《史記‧穰侯列傳》：「秦武王卒，無子，立其弟為昭王。昭王母故號為羋八子，及昭王即位，羋八子號為宣太后。宣太后非武王母。武王母號曰惠文后，先武王死。宣太后二弟：其異父長弟曰穰侯，姓魏氏，名冉；同父弟曰羋戎，為華陽君。而昭王同母弟曰高陵君、涇陽君。而魏冉最賢，自惠王、武王時任職用事。武王卒，諸弟爭立，唯魏冉力為能立昭王。昭王即位，以冉為將軍，衛咸陽。誅季君之亂，而逐武王后出之魏，昭王諸兄弟不善者皆滅之，威振秦國。昭王少，宣太后自治，任魏冉為政。」前引書，卷72，頁2323。
〔註7〕 《後漢書》，前引書，卷10上〈皇后紀〉，頁400～401。
〔註8〕 趙鳳喈《中國婦女在法律上之地位》，臺北：食貨出版社，1977年，頁111～

以趙氏之言，試觀西漢婦女得以參與政治，除了本身貪戀政權與先帝崩逝之因外，皇帝年幼亦爲她們創造最佳的機會，當然最重要的是西漢是標榜以孝立國的朝代，及自古以來民間傳統的尊母風尚有關。

（一）以孝立國

漢初逐步設置「孝弟」名目的鄉官〔註9〕，此時朝廷主要是遵循黃老清靜無爲之道，推崇孝悌是民間社會傳統的風尚〔註10〕。然而漢代爲何會重視孝道，甚至後來將這種傳統的倫理價值與儒家思想結合在一起，並且體現爲政治與社會的制度？

這是因爲秦朝對孝道的否定，而接受韓非「忠孝不能兩全」的說法〔註11〕，法家不講孝道，不重倫理道德，卻以戰爭手段兼併了六國，賈誼分析這是秦之所以爲漢所代的原因〔註12〕，因此漢武帝在元朔元年（前128年）十一月，決

114。

〔註9〕 《漢書‧惠帝紀》記惠帝四年（前191年）春正月：「舉民孝弟力田者復其身。」前引書，卷2，頁90；〈高后紀〉記呂后元年（前187年）春二月：「初置孝弟力田二千石者一人。」卷3，頁96。〈文帝紀〉記文帝十二（前168年）年三月：「孝悌，天下之大順也；力田，爲生之本也。三老，眾民之師也；廉吏，民之表也。朕甚嘉此。……以戶口率置三老孝悌力田常員。」卷4，頁124。

〔註10〕 先秦諸子皆主張孝弟是人生的根本，如《尚書‧酒誥》：「遠服賈，用孝養厥父母。」《十三經注疏》，前引書，卷14，頁208。《詩經‧小雅‧蓼莪》：「哀哀父母，生我劬我。…哀哀父母，生我勞瘁……。無父何怙，無母何恃。……父兮生我，母兮鞠我。拊我畜我，長我育我，顧我復我，出入腹我。欲報之德，昊天罔極。」同前註，卷13，頁436。至於法家韓非雖對親情有所質疑，但不否認其有一定程度的社會作用，而《呂氏春秋‧孝行覽》以孝爲人倫的基石，已隱含「孝治」的觀念，與《孝經》相近。先秦以來對於孝道的重視，己成爲社會的共識。

〔註11〕 《韓非子‧五蠹》：「楚之有直躬，其父竊羊而謁之吏，令尹曰：『殺之。』以爲直於君而曲於父，報而罪之。以是觀之，夫君之直臣，父之暴子也。魯人從君戰，三戰三北。仲尼問其故，對曰：『吾有老父，身死莫之養也。』仲尼以爲孝，舉而上之。以是觀之，夫父之孝子，君之背臣也。故令尹誅而楚姦不上聞，仲尼賞而魯民易降北，上下之利若是其異也，而人主兼舉匹夫之行，而求致社稷之福，必不幾矣。」見楊家駱《新編諸子集成》第五冊〈第四部分〉，臺北：世界書局，1983年，頁344～345。

〔註12〕 《漢書‧賈誼傳》：「商君遺禮義，棄仁恩，并心於進取，行之二歲，秦俗日敗。故秦人家富子壯則出分，家貧子壯則出贅。借父耰鉏，慮有德色；母取箕箒，立而誶語。抱哺其子，與公併倨；婦姑不相說，則反脣而相稽。其慈子者利，不同禽獸者亡幾耳。然并心而赴時，猶曰　六國，兼天下。功成求得矣，終不知反廉愧之節，仁義之厚。信并兼之法，遂進取之業，天下大敗；

定舉「孝廉」，元朔六年（前123年）六月下詔「諭三老孝弟以爲民師」〔註13〕，「孝」成了地方官與基層之師，而且漢代從惠帝開始，歷代皇帝（除東漢光武帝外）的諡號中都加一個「孝」字，以示皇帝以孝治理天下之意。至於皇帝對於行孝者的種種賞賜與優待，更是史不絕書。再者，從儒家經典《孝經》在漢初開始盛傳〔註14〕，更可見漢代統治者對孝的重視。

（二）母權至上

　　自古在中國即有賤視婦女的偏見，但卻又有尊母的傳統，所以古代的中國沒有女權而有母權。

　　古代神話，盤古開天，女媧造人，誰先誰後，已無法稽考，但是女媧煉石補天，孕育天地萬物，可說是生命始祖的象徵，這是古人借此以表達對母親的崇敬與愛戴。古籍已數見知其母而不知其父的記載：

　　　　天地設，而民生之，當此之時也，民知其母而不知其父。〔註15〕

　　　　民知其母，不知其父，與麋鹿共處。〔註16〕

　　　　古之時，未有三綱六紀，人民但知其母，不知其父。〔註17〕

可知古代是母系社會。傳說中的夏朝，約在四千年前，禹傳位給他的兒子啓，一向被認爲是中國的母系社會逐漸轉變到父系社會的標誌〔註18〕。因此在商代已確知爲父系社會，且已有重男輕女的觀念，但是對母親極爲尊崇。商代最大

眾掩寡，智欺愚，勇威怯，壯陵衰，其亂至矣。是以大賢起之，威震海內，德從天下。曩之爲秦者，今轉而爲漢矣。」前引書，卷48，頁2244。

〔註13〕　《漢書》，前引書，卷6〈武帝紀〉，頁164與頁180。

〔註14〕　《孝經》一書的作者與成書年代雖很難確定，但是在西漢之初開始流傳，是不需置疑的。《漢書・藝文志》：「孝經者，孔子爲曾子陳孝道也。夫孝，天之經，地之義，民之行也，舉大者言，故曰孝經。漢興，長孫氏、博士江翁、少府后倉、諫大夫翼奉、安昌侯張禹傳之，各自名家，經文皆同；唯孔氏壁中古文爲異。」前引書，卷30，頁1719，一經之說絕不是短期間可以作出來的，所以《孝經》是在漢初諸經逐漸出現的過程中出現的。

〔註15〕　〔周〕商鞅《商君書》，臺北：商務印書館，王雲五主編，1956年，卷2〈開塞〉，頁16。

〔註16〕　〔周〕莊周《莊子》，《新譯莊子讀本》臺北：三民書局，黃錦鋐註譯，1992年，〈雜篇・盜跖〉，頁338。

〔註17〕　〔漢〕班固《白虎通義》，〔清〕紀昀等撰《景印文淵閣四庫全書》850，子部156雜家類，臺北：商務印書館，1983年，〈號〉，頁8507下。

〔註18〕　李又寧〈中華文明與婦女角色〉，收錄在鮑家麟《中國婦女史論集　三集》，臺北：稻鄉出版社，頁4。

的鼎是司母戊鼎（下圖），重八百七十五公斤。其次為司母辛大方鼎〔註19〕，重一百十七又半公斤。此二鼎屬於兩位母親，鼎是財富與地位的象徵，生前為食器，死後陪葬其主。

圖：商代河南安陽出土司母戊鼎〔註20〕

「母」的地位與「孝」的觀念有很密切的關係，在中國的倫理中，孝是百德之先，《說文》：「孝，善事父母者。从老省，从子。子承老也。」〔註21〕提及事親盡孝，兼及父母，由此可知「母」在中國的地位是如何崇高，即使是貴為天子，位極人臣，在其母面前，也還只是兒子。因此太后可以臨朝，可以左右皇位的繼承，也可以罷黜朝臣，可見身為太后的母親角色，不僅家庭地位重要，對國家政治或社會安定更有一定的指標作用，不是一般母親所能望塵的。

中國的封建政治制度雖然排斥女性，但從歷代的女主頻頻出現，為數之

〔註19〕1976年在安陽小屯村西發現的5號墓中，隨葬的銅器上大多有「婦好銘文」，故可知該墓的墓主人為「婦好」。她的廟號稱「辛」，即乙辛周祭卜辭中所稱的「姘辛」。墓中出土的司母辛大方鼎，是她死後子嗣（祖庚、祖甲）為她作的祭器。摘自「中華萬年超級媒體」網站：http://www.china.10k.com/。

〔註20〕本圖出自「中國材料科學學會」網站：http://pilot.mse.nthu.edu.tw/。

〔註21〕〔清〕段玉裁《說文解字注》，臺北：黎明文化事業股份有限公司，1991年，頁402。

多，可見母親角色的重要不無道理。漢朝重視孝道，母親的權威在政治上是可以透過「臨朝稱制」表現出來，因此太后之權重可想而知，如果太后再配合幼主，兩者身份的結合，已具備帝王血統與天命條件，足以支配天下。

二、參政手法

西漢宮廷婦女參與政治的手法，大略可分為「積極爭取」、「間接搧惑」與「被動利用」三種手法：

（一）積極爭取

所謂「積極爭取」是指參與政治的宮廷婦女有明確目標，亦採取實際行動，而且也掌握實權，或是一定程度主導而影響朝政，前者如高祖呂后，後者如元帝王后。

呂后是歷史上有名的后妃，高祖在世，即影響其殺害開國功臣韓信等人，待劉邦崩後，先殺曾一度危及其子帝位的趙王如意，再殺劉邦生前的寵妃戚夫人，手段殘忍，曠古未聞！其子劉盈繼位後，大權卻掌握在呂后手中，為了捍衛自身地位，不惜導演甥舅重親的亂倫，而且大封外戚為王，惠帝死後，竟自立，以致劉氏天下岌岌可危，呂后對權勢的貪戀是不滿足的。

至於元后，在元帝死後，亦發覺權勢對鞏固自身地位的重要，但是能力不及呂后，所以只能靠重用外戚來治理國家，本身並沒有政治才能，最後因識人不清而將劉氏江山拱手讓給虎視眈眈已久的王莽。

（二）間接搧惑

所謂「間接搧惑」是指從旁將事情挑撥起來，而且一開始就有明顯的動機，這種手段當然是利用與皇帝之間的親情或愛情，甚或帝王本身的猜忌之心。這種間接搧惑的方式，影響力往往更強，但是如果後果嚴重，歷史罪名卻都是由帝王一肩挑起。西漢的宮廷婦女中，以間接搧惑而達成目的，不乏多人，如文帝竇后、文帝館陶公主、景帝王夫人、景帝平陽公主、武帝李夫人，及元帝傅昭儀與定陶丁姬。

文帝竇后利用景帝的孝心，欲更改漢制的帝位傳承方式，希望景帝將帝位傳給她喜愛的幼子梁孝王，且因本身雅好黃老之學，竟以此干預愛好儒術朝臣的廢退；文帝館陶公主則是為求自己女兒的幸福，及在宮中地位的更上一層樓，誣陷先前拒絕其女婚事的栗姬，使得栗姬在景帝心目中留下壞印象，而後其子皇位遭廢；景帝王夫人則是為使自己順利登上后位，搧動朝臣鼓動

景帝應立栗姬爲后，促使景帝誤以爲是栗姬所爲，而對其大肆反感；景帝平陽公主在家訓練女子，爲的就是送進宮中，替武帝生下一兒半女，亦間接影響後宮生態，劉氏的傳承；至於武帝李夫人，病榻中仍不忘以武帝對其容貌的眷戀，爲自己的弟兄謀得一官半職；而元帝傅昭儀與定陶丁姬，爲爭奪太子之位，不惜賄賂當時成帝的寵妃趙昭儀及曲陽侯王根，在其孫劉欣順利登上帝位後，爲求后位之尊號，掮惑哀帝，任意罷黜朝臣百官。

（三）被動利用

所謂「被動利用」是指參與政治的宮廷婦女迫於情勢，身不由己地被人利用，卻渾然不知覺或無可奈何，這種人其實不易握有權柄，但是最容易捲入政治風暴，西漢宮廷婦女中無端捲入朝政，最有名的就是高祖魯元公主與武帝鄂邑公主，及昭帝上宮皇后。

魯元公主一直是高祖與呂后手中一顆爲鞏固自身地位而利用的棋子，首先是劉邦爲平息匈奴寇邊，魯元公主差點成爲西漢第一位塞外的和親公主，後來劉邦爲鞏固其地位，將她嫁給趙王之子張敖爲妻，最後呂后爲確立呂氏勢力，將魯元公主之女嫁給自己的兒子劉盈，成就一樁甥舅結親的人倫大悲劇。

鄂邑公主則是受到上官父子誘惑，欲借鄂邑之手以除掉權勢凌駕其上的霍光，結果政變未發動，鄂邑公主即因事蹟敗露而自殺身亡。

至於上官皇后以六歲沖齡登后位，是因其父上官安貪戀權貴所致，未滿十六歲即貴爲皇太后，卻成爲霍光迎廢昌邑王劉賀與立宣帝的工具。

魯元公主、鄂邑公主與上官皇后雖然貴爲帝王之女與后妃，但一生皆受人擺佈利用，被動地捲入西漢的政治風暴圈。

第二節　西漢宮廷婦女參政之類型

整個西漢的政治史上，宮廷婦女可以說扮演著非常重要的角色，長達四分之一的國祚，朝政是由后妃主導，其餘還有間接干預人事，或略施手段以改變朝政，當然還有無端捲入政治風暴的，本文將敘述西漢后妃及公主共十一位，論其在西漢歷史上的參政形象。

一、主導朝政型

在西漢歷史長達四分之一的時間，朝政可說是由后妃一手把持：

后　妃	關　係	參政方式	臨　朝　時　間	備　註
呂后 （呂雉）	高祖后 惠帝母	臨朝〔註22〕	共 7 年（西元前 194 年～前 188 年）	高祖崩，惠帝即位，然號令一出呂后；惠帝即位七年崩，太后稱制，立諸呂爲王，約八年呂后崩。
		稱制〔註23〕	共 8 年（西元前 187 年～前 180 年）	
元后 （王政君）	元帝后 成帝母 王莽姑母	輔　政	共 27 年（西元前 32 年～前 6 年）	元帝崩，成帝即位，大封外戚十侯、五大司馬；哀帝即位，特臨朝，卻委政王莽，歷平帝、孺子嬰，至王莽代漢。
		臨　朝 （委政王莽）	共 12 年（西元前 6 年～5 年）	
西漢歷史共 214 年，呂后及元后參政〔註24〕共 54 年，長達四分之一國祚。				

下文即敘述西漢這兩位主導朝政的后妃形象：

（一）臨朝稱制──高祖呂后

西漢呂后（前 241 年～前 180 年），名雉，字娥姁，單父（今山東省單縣南）人，呂公之女，漢高祖劉邦（前 256 年～前 195 年）之后，干政時惠帝已十七歲〔註25〕，不再年幼，應是呂后貪戀政權所致，其在惠帝死後，正式臨朝稱制：

> ……高祖崩，惠帝立，呂后爲皇太后，……七年而崩。太后發喪，哭而泣不下。……呂氏權由此起。乃立孝惠後宮子爲帝，太后臨朝稱制。〔註26〕

> 惠帝崩，太子立爲皇帝，年幼，太后臨朝稱制，大赦天下。〔註27〕

呂后，太史公評：「孝惠皇帝、高后之時，黎民得離戰國之苦，君臣俱欲休息乎無爲，故惠帝垂拱，高后女主稱制，政不出房戶，天下晏然。刑罰罕用，

〔註22〕當朝處理國事之意。

〔註23〕行使皇帝權力。

〔註24〕蔡邕《獨斷》：「漢興，惠帝崩，少帝弘立，太后攝政；哀帝崩，平帝幼，孝元至王皇后以太皇太后攝政。」上海：古籍出版社，1995 年，卷下，頁 13。

〔註25〕《漢書・惠帝紀》：「孝惠皇帝，高祖太子也，母曰呂皇后。帝年五歲，高祖初爲漢王。二年，立爲太子。十二年四月，高祖崩。五月丙寅，太子即皇帝位，尊皇后曰皇太后。」前引書，卷 2，頁 85。

〔註26〕同前註，卷 97 上〈外戚傳・高祖呂皇后〉，頁 3937～3939。

〔註27〕同前註，卷 3〈高后紀〉，頁 95。

罪人是希。民務稼穡，衣食滋殖。」〔註28〕班固讚曰：「孝惠、高后之時，海內得離戰國之苦，君臣俱欲無爲，故惠帝拱己，高后女主制政，不出房闥，而天下晏然，刑罰罕用，民務稼穡，衣食滋殖。」〔註29〕顯然史家給予呂后很高的評價；但是如果論起她大殺功臣韓信、彭越與黥布，及慘殺戚姬〔註30〕爲「人彘」的種種惡行，其狠毒手法實令人駭聞！

《史記‧呂太后本紀》言：

> 呂太后者，高祖微時妃也，生孝惠帝‧女魯元太后。〔註31〕

呂后是漢高祖劉邦尚未登基前所娶，育有一兒一女，兒子即孝惠皇帝，女兒即魯元公主。〈呂太后本紀〉及〈外戚世家〉描述呂后「爲人剛毅，佐高祖定天下」，然而「及晚節色衰愛弛，而戚夫人有寵，其子如意幾代太子者數矣。」試想，一個女人前半輩子隨著丈夫打天下，其間飽經憂患，甚而流離失所〔註32〕，打下江山後，丈夫卻移情別戀，其委屈可想而知。因此當她掌握政權時，爲了堅守得來不易的名位，也爲了宣洩長期壓抑的情緒，因此很自然地做出非理性之事，但卻狠毒地令人咋舌。下文即敘述呂后掌權的前後事蹟。

1. 狡兔死，走狗烹

呂后長期跟隨高祖征戰，歷經艱難險巇，深知江山得之不易，因此極力維護劉邦的帝位，任何對劉氏天下的覬覦，她都不允許，在天下統一之初，最令呂后猜忌，也最足以威脅帝王權柄的正是擁有軍隊的將帥：韓信、彭越與黥布。

漢五年（前202年），劉邦滅項羽。隔年，有人上書告韓信謀反，劉邦採陳平之計，僞稱將南游雲夢，召韓信前往相會，卻將他擒服，貶爲淮陰侯，

〔註28〕《史記》，前引書，卷9〈呂太后本紀〉，頁412。

〔註29〕《漢書》，前引書，卷3，頁104。

〔註30〕《茂陵書》曰：「姬是內官」，是矣。然官號及婦人通稱姬者，姬，周之姓，所以《左傳》稱伯姬、叔姬，以言天子之宗女，貴於他姓，故遂以姬爲婦人美號。」見《史記》，前引書，卷9〈呂太后本紀〉，頁395。

〔註31〕同前註。

〔註32〕《漢書‧高帝紀》：「……漢王遂入彭城，收羽美人貨賂，置酒高會。羽聞之，令其將擊齊，而自以精兵三萬人從魯出胡陵，至蕭，晨擊漢軍，大戰彭城靈壁東睢水上，大破漢軍，多殺士卒，睢水爲之不流。圍漢王三帀。大風從西北起，折木發屋，揚砂石，晝晦，楚軍大亂，而漢王得與數十騎遁去。過沛，使人求室家，室家亦已亡，不相得。漢王道逢孝惠、魯元，載行。楚騎追漢王，漢王急，推墮二子。滕公下收載，遂得脫。審食其從太公、呂后間行，反遇楚軍，羽常置軍中以爲質。」前引書，卷1上，頁35～36。

解除兵權〔註33〕。可是漢十年（前197年），劉邦出征陳豨，呂后竟趁此機會，利用一手提拔韓信的蕭何，誘騙其入宮，以反叛罪名，在長樂宮的鐘室殺了韓信，並夷三族：

> 漢十年，陳豨果反。上自將而往，信病不從。陰使人至豨所，曰：「弟舉兵，吾從此助公。」信乃謀與家臣夜詐詔赦諸官徒奴，欲發以襲呂后、太子。部署已定，待豨報。其舍人得罪於信，信囚，欲殺之。舍人弟上變，告信欲反狀於呂后。呂后欲召，恐其黨不就，乃與蕭相國謀，詐令人從上所來，言豨已得死，列侯群臣皆賀。相國紿信曰：「雖疾，彊入賀。」信入，呂后使武士縛信，斬之長樂鍾室。……遂夷信三族。〔註34〕

待劉邦出征回來，對於呂后這一狠招出乎意料之外，司馬遷以「且喜且憐」四個字來形容當時劉邦的心情是五味雜陳，喜的是拔去了眼中釘，肉中刺；憐的是韓信並未造反，只是功高震主，卻落得如此下場。韓信慘遭毒手可說是呂后一人所為，由此可見呂后的狠毒。

　　至於彭越，下場更慘。《史記·彭越列傳》記載：

> 十年秋，陳豨反代地，高帝自往擊，至邯鄲，徵兵梁王。梁王稱病，使將將兵詣邯鄲。高帝怒，使人讓梁王。梁王恐，欲自往謝。其將扈輒曰：「王始不往，見讓而往，往則為禽矣。不如遂發兵反。」梁王不聽，稱病。梁王怒其太僕，欲斬之。太僕亡走漢，告梁王與扈輒謀反。於是上使使掩梁王，梁王不覺，捕梁王，囚之雒陽。有司治反形已具，請論如法。上赦以為庶人，傳處蜀青衣。西至鄭，逢呂后從長安來，欲之雒陽，道見彭王。彭王為呂后泣涕，自言無罪，願處故昌邑。呂后許諾，與俱東至雒陽。呂后白上曰：「彭王壯士，今徙之蜀，

〔註33〕《史記·淮陰侯列傳》：「漢六年，人有上書告楚王信反。高帝以陳平計，天子巡狩會諸侯，南方有雲夢，發使告諸侯會陳：『吾將游雲夢。』實欲襲信，信弗知。高祖且至楚，信欲發兵反，自度無罪，欲謁上，恐見禽。人或說信曰：『斬眛謁上，上必喜，無患。』信見眛計事。眛曰：『漢所以不擊取楚，以眛在公所。若欲捕我以自媚於漢，吾今日死，公亦隨手亡矣。』乃罵信曰：『公非長者！』卒自剄。信持其首，謁高祖於陳。上令武士縛信，載後車。信曰：『果若人言，「狡兔死，良狗亨；高鳥盡，良弓藏；敵國破，謀臣亡。」天下已定，我固當亨！』上曰：『人告公反。』遂械繫信。至雒陽，赦信罪，以為淮陰侯。」前引書，卷92，頁2627。

〔註34〕同前註，頁2628。

> 此自遺患，不如遂誅之。妾謹與俱來。」於是呂后乃令其舍人彭越復
> 謀反。廷尉王恬開奏請族之。上乃可，遂夷越宗族，國除。〔註35〕

劉邦在查證彭越並無謀反之證，僅貶爲庶人，呂后卻仍除之爲快，唆使劉邦將他剁成肉醬，遍賜諸侯〔註36〕，可見其兇狠之心。

　　黥布眼看韓信與彭越相繼被殺，更是驚弓之鳥，心生恐懼之餘，即暗中部署軍隊以便應變：

> 十一年，高后誅淮陰侯，布因心恐。夏，漢誅梁王彭越，醢之，盛
> 其醢徧賜諸侯。至淮南，淮南王方獵，見醢，因大恐，陰令人部聚
> 兵，侯伺旁郡警急。〔註37〕

可是，黥布最後竟因女色而遭人誣陷，不得不走上與劉邦對抗之路，因爲他深知只要有人告他造反，不論眞實與否，劉邦都會相信，韓信與彭越不都如此嗎？與其坐以待斃，不如背水一戰，於是興兵與劉邦對決，結果還是失敗了，逃至番陽，被當地人殺了〔註38〕！

　　黥布爲何會造反？楚令尹說：「往年殺彭越，前年殺韓信，此三人者，同功一體之人也。自疑禍及身，故反耳。」（同上）也就是說，呂后如果不殺韓信、彭越在前，黥布也不會造反在後。司馬遷在〈呂太后本紀〉即說呂后「佐高祖定天下，所誅大臣多呂后力。」昔日三大功臣，功勳彪炳，這是何等的榮耀，卻因爲呂后的猜忌而落得如此悽慘的下場，眞是印證了「狡兔死，走狗烹」的無情！

〔註35〕同前註，卷90，頁2594。

〔註36〕《史記・黥布列傳》：「漢誅梁王彭越，醢之，盛其醢徧賜諸侯。」前引書，卷91，頁2603。

〔註37〕同前註。

〔註38〕《史記・黥布列傳》：「布所幸姬疾，請就醫，醫家與中大夫賁赫對門，姬數如醫家，賁赫自以爲侍中，迺厚餽遺，從姬飲醫家。姬侍王，從容語次，譽赫長者也。王怒曰：『汝安從知之？』具說狀。王疑其與亂。赫恐，稱病。王愈怒，欲捕赫。赫言變事，乘傳詣長安。布使人追，不及。赫至，上變，言布謀反有端，可先未發誅也。上讀其書，語蕭相國。相國曰：『布不宜有此，恐仇怨妄誣之。請繫赫，使人微驗淮南王。』淮南王布見赫以罪亡，上變，固已疑其言國陰事；漢使又來，頗有所驗，遂族赫家，發兵反。反書聞，上迺赦賁赫，以爲將軍。……上遂發兵自將東擊布。……布軍敗走，渡淮，數止戰，不利，與百餘人走江南。布故與番君婚，以故長沙哀王使人紿布，僞與亡，誘走越，故信而隨之番陽。番陽人殺布茲鄉民田舍，遂滅黥布。」同前註，頁2603〜2606。

2. 爭立太子，慘殺戚姬

　　大抵而言，高祖死後，呂后臨朝稱制，對於丞相的任免皆能遵其遺旨〔註39〕，然而她對高祖後宮的其他嬪妃就不客氣了！原因在於高祖晚年寵幸戚夫人，甚至想將太子之位傳予戚夫人所生之子趙王如意，造成呂后極度不安，後來雖然「賴公卿大臣爭之，及叔孫通諫，用留侯之策」〔註40〕，保住了太

〔註39〕　《史記·高祖本紀》：「高祖擊布時，爲流矢所中，行道病。病甚，呂后迎良醫。醫入見，高祖問醫。醫曰：『病可治。』於是高祖嫚罵之曰：『吾以布衣提三尺劍取天下，此非天命乎？命乃在天，雖扁鵲何益！』遂不使治病，賜金五十斤罷之。已而呂后問：『陛下百歲後，蕭相國即死，令誰代之！』上曰：『曹參可。』問其次，上曰：『王陵可。然陵少戇，陳平可以助之。陳平智有餘，然難以獨任。周勃重厚少文，然安劉氏者必勃也，可令爲太尉。』呂后復問其次，上曰：『此後亦非而所知也。』」同前註，卷8，頁391。

〔註40〕　《漢書·張良傳》：「上欲廢太子，立戚夫人子趙王如意。大臣多爭，未能得堅決也。呂后恐，不知所爲。或謂呂后：『留侯善畫計，上信用之。』呂后乃使建成侯呂澤劫良，曰：『君常爲上謀臣，今上欲易太子，君安得高枕而臥？』良曰：『始上數在急困之中，幸用臣策；今天下安定，以愛欲易太子，骨肉之間，雖臣等百人何益！』呂澤彊要曰：『爲我畫計。』良曰：『此難以口舌爭也。顧上有所不能致者四人。四人年老矣，皆以上嫚　士，故逃匿山中，義不爲漢臣。然上高此四人。今公誠能毋愛金玉璧帛，令太子爲書，卑辭安車，因使辯士固請，宜來。來，以爲客，時從入朝，令上見之，則一助也。』於是呂后令呂澤使人奉太子書，卑辭厚禮，迎此四人。四人至，客建成侯所。……漢十二年，上從破布歸，疾益甚，愈欲易太子。良諫不聽，因疾不視事。叔孫太傅稱說引古，以死爭太子。上陽許之，猶欲易之。及宴，置酒，太子侍。四人者從太子，年皆八十有餘，須眉皓白，衣冠甚偉，上怪，問曰：『何爲者？』四人前對，各言其姓名。上乃驚曰：『吾求公，避逃我，今公何自從吾兒游乎？』四人曰：『陛下輕士善罵，臣等義不辱，故恐而亡匿。今聞太子仁孝，恭敬愛士，天下莫不延頸願爲太子死者，故臣等來。』上曰：『煩公幸卒調護太子。』四人爲壽已畢，趨去。上目送之，召戚夫人指視曰：『我欲易之，彼四人爲之輔，羽翼已成，難動矣。呂氏眞乃主矣。』戚夫人泣涕，上曰：『爲我楚舞，吾爲若楚歌。』歌曰：「鴻鵠高飛，一舉千里，羽翼以就，橫絕四海，又可奈何！雖有矰繳，尚安所施！」歌數闋，戚夫人歔欷流涕上起去，罷酒。竟不易太子者，良本招此四人之力也。」前引書，卷40，頁2033～2036。又《漢書·周昌傳》：「及高帝欲廢太子，而立戚姬子如意爲太子，大臣固爭莫能得，上以留侯策止。而昌庭爭之彊，上問其說，昌爲人吃，又盛恕，曰：『臣口不能言，然臣（心）〔期期〕知其（其）不可。陛下欲廢太子，臣期期不奉詔。』上欣然而笑，即罷。」卷42，頁2095。又《漢書·叔孫通傳》：「十二年，高帝欲以趙王如意易太子，通諫曰：『昔者晉獻公以驪姬故，廢太子，立奚齊，晉國亂者數十年，爲天下笑。秦以不早定扶蘇，胡亥詐立，自使滅祀，此陛下所親見。今太子仁孝，天下皆聞之；呂后與陛下（共）〔攻〕苦食啖，其可背哉！陛下必欲廢適而立少，臣願先伏誅，以頸血汗地。』高帝曰：『公罷

子的地位，但是呂后卻「最怨戚夫人及其子趙王」。因此高祖死後，呂后便迫不及待「夷戚氏，誅趙王，而高祖後宮唯獨無寵疏遠者得無恙」〔註41〕。《史記‧呂太后本紀》中描寫呂后如何慘殺戚夫人的過程，簡直曠古未聞：

首先將戚夫人囚於永巷，再用計毒死趙王如意〔註42〕，接著「太后遂斷戚夫人手足，去眼，煇耳，飲瘖藥，使居廁中，命曰『人彘』。」〔註43〕這還不夠：

> 居數日，迺召孝惠帝觀人彘。孝惠見，問，迺知其戚夫人，迺大哭，因病，歲餘不能起。使人請太后曰：「此非人所爲。臣爲太后子，終不能治天下。」孝惠以此日飲爲淫樂，不聽政，故有病也。〔註44〕

「此非人所爲」出於己子之口，這是多麼沈痛的話。爾後惠帝沈迷淫樂，不理朝政，乃至短命而死，呂后應負其責任。呂后榮登皇太后寶座的目的達成了，但對於一個失去靠山的軟弱婦女，竟毫不留情地痛下毒手，可見其殘暴性格！

3. 重親亂倫，廢帝掌權

爲了掌握政權，呂后竟一手導演亂倫戲碼：

> 惠帝即位，尊呂后爲太后。太后立帝姊魯元公主女爲皇后，無子，取後宮美人子名之以爲太子。〔註45〕

也就是說，呂后讓惠帝娶她自己的外孫女爲妻，「爲人仁弱」的惠帝無法抗拒

矣，吾特戲耳。』通曰：「太子天下本，本壹搖天下震動，奈何以天下戲！」高帝曰：『吾聽公。』及上置酒，見留侯所招客從太子入見，上遂無易太子志矣。」卷43，頁2129。

〔註41〕 以上事蹟參見《史記》〈呂太后本紀〉、〈外戚世家〉，及《漢書》〈高后紀〉、〈外戚傳〉。

〔註42〕 高祖臨死前，將趙王託於趙相周昌，因此呂后以調虎離山計，詔趙王入宮，再予以殺害。《漢書‧高祖呂皇后傳》：「使者三反，趙相周昌不遣。太后召趙相，相徵至長安。使人復召趙王，王來。惠帝慈仁，知太后怒，自迎趙王霸上，入宮，挾與起居飲食。數月，帝晨出射，趙王不能蚤起，太后伺其獨居，使人持鴆飲之。遲帝還，趙王死。」前引書，卷97上，頁3938。《西京雜記》更記述趙王死後，「呂后不之信。以綠囊盛之，載以小軿車入見。」可見呂后的陰險毒辣，〔晉〕葛洪撰，（《筆記小說大觀》28編，臺北：新興書局，1987年），卷1，頁4。關於《西京雜記》的作者，向來說法眾多，詳見曹海東《新譯西京雜記‧導讀》，臺北：三民書局，1995年，頁1～11，本文採文中東晉葛洪爲作者的說法。

〔註43〕 《史記》，卷9〈呂太后本紀〉，頁397。

〔註44〕 同前註。

〔註45〕 《漢書》，前引書，卷3〈高后紀〉，頁95。

其母所安排的這樁「甥舅重親」。然而呂后的如意算盤還是沒成功，這位張皇后終是無子，殘忍的呂后竟殺後宮方臨盆的美人，取其子，佯裝是張皇后所生，立爲太子。

　　這位太子長大後，得知自己的親生母親是死在呂后的手裡，非常痛恨，也因爲得知眞象而結束了他的生命：

> 孝惠崩，太子立爲帝。帝壯，或聞其母死，非眞皇后子，迺出言曰：「后安能殺吾母而名我？我未壯，壯即爲變。」太后聞而患之，恐其爲亂，迺幽之永巷中，言帝病甚，左右莫得見。太后曰：「凡有天下治爲萬民命者，蓋之如天，容之如地，上有歡心以安百姓，百姓欣然以事其上，歡欣交通而天下治。今皇帝病久不已，迺失惑悖亂，不能繼嗣奉宗廟祭祀，不可屬天下，其代之。」群臣皆頓首言：「皇太后爲天下齊民計所以安宗廟社稷甚深，群臣頓首奉詔。」帝廢位，太后幽殺之。五月丙辰，立常山王義爲帝，更名曰弘。不稱元年者，以太后制天下事也。〔註46〕

廢掉了少帝，呂后終於完全地掌握所有的政權了。可是這個過程卻是多少人命無辜地喪失：趙王如意、戚夫人、少帝母女、及高祖生前所喜歡的後宮妃子，無一幸免，當然還包括她的親生兒子漢惠帝；至於呂后的親外孫女——惠帝張皇后，年紀輕輕即成了寡婦，後來呂后崩，呂氏卒滅，可憐的張皇后只能「獨居北宮」，終其一生。

4. 臨朝稱制，崇呂抑劉

　　惠帝在位七年（前 188 年）即崩，丞相陳平爲安定政局，採留侯張良之子張辟彊的策略，建議呂后任命呂台兄弟爲將軍，統領南北軍，以安呂后之心，而呂氏勢力也由此起：

> 七年秋八月戊寅，孝惠帝崩。發喪，太后哭，泣不下。留侯子張辟彊爲侍中，年十五，謂丞相曰：「太后獨有孝惠，今崩，哭不悲，君知其解乎？」丞相曰：「何解？」辟彊曰：「帝毋壯子，太后畏君等。君今請拜呂台、呂產、呂祿爲將，將兵居南北軍，及諸呂皆入宮，居中用事，如此則太后心安，君等幸得脫禍矣。」丞相迺如辟彊計。太后說，其哭迺哀。呂氏權由此起。〔註47〕

〔註46〕《史記》，前引書，卷 9〈呂太后本紀〉，頁 402～403。
〔註47〕同前註，頁 399。

惠帝的崩逝，自然帶給呂后喪子之痛，但是面對詭譎不定的政局，只有先收拾傷痛的情緒，先見之明應是爲自己在未來的權力結構中搶得最有利的政治地位，因此呂后雖立少帝，但所有的政令全由她一人發出，少帝廢後，儼然是個女皇帝。爲了鞏固政權，大封諸呂爲侯王，以厚植勢力，如呂種爲沛侯、呂平爲扶柳侯、酈侯呂台爲呂王、呂通爲燕王、建成康侯呂釋之之弟呂祿爲胡陵侯、呂嬃爲臨光侯、呂他爲俞侯、呂更始爲贅其侯、呂忿爲呂城侯、呂莊爲東平侯、呂榮爲亮茲侯等。但對劉氏之後卻是籠絡迫害兼而有之，如呂產之女嫁給趙王劉友，呂祿之女嫁給朱虛侯劉恢。前者因不喜呂女而遭餓死，後者則因愛妾被酖殺，後亦自殺：

> 七年正月，太后召趙王友。友以諸呂女爲受后，弗愛，愛他姬，諸呂女妒，怒去，讒之於太后，誣以罪過，曰：「呂氏安得王！太后百歲後，吾必擊之」。太后怒，以故召趙王。趙王至，置邸不見，令衛圍守之，弗與食。其群臣或竊饋，輒捕論之。趙王餓，乃歌曰：「諸呂用事兮劉氏危，迫脅王侯兮彊授我妃。我妃既妒兮誣我以惡，讒女亂國兮上曾不寤。我無忠臣兮何故弃國？自決中野兮蒼天舉直！于嗟不可悔兮寧蚤自財。爲王而餓死兮誰者憐之！呂氏絕理兮託天報仇。」丁丑，趙王幽死，以民禮葬之長安民冢次。〔註48〕

> 太后以呂產女爲趙王后。王后從官皆諸呂，擅權，微伺趙王，趙王不得自恣。王有所愛姬，王后使人酖殺之。王乃爲歌詩四章，令樂人歌之。王悲，六月即自殺。太后聞之，以爲王用婦人弃宗廟禮，廢其嗣。〔註49〕

劉氏對呂后而言，乃「順者昌，逆者亡」，劉氏勢力因而元氣大傷。呂后在她臨朝的第八年（前 180 年）七月，病重，仍不忘告誡呂產、呂祿一定要掌握軍權，方不致爲人所制：

> 七月中，高后病甚，迺令趙王呂祿爲上將軍，軍北軍；呂王產居南軍。呂太后誡產、祿曰：「高帝已定天下，與大臣約，曰：『非劉氏王者，天下共擊之』。今呂氏王，大臣弗平。我即崩，帝年少，大臣恐爲變。必據兵衛宮，慎毋送喪，毋爲人所制。」〔註50〕

〔註48〕同前註，頁 403～404。
〔註49〕同前註，頁 404。
〔註50〕同前註，頁 406。

無奈呂產、呂祿是扶不起的阿斗，呂后一死，呂祿即中太尉周勃之計，將北軍之權交出〔註51〕，而呂產不知呂祿已交出兵權，貿然入宮，被朱虛侯劉章的所殺〔註52〕，呂產被殺，其餘諸呂命運可想而知。

　　呂后生前算盡機關，極力崇呂抑劉，一生守護著娘家的勢力，而不顧夫家的生死安危，沒想到最終依舊是一場空。

　　細數呂后罪狀，確實罄竹難書，然而呂后當權先後十五年（前 194 年～前 180 年），亦有許多功績，茲舉如下：

　　（1）築長安城，以確保京師安危〔註53〕。
　　（2）減稅，以裕農民生活〔註54〕。
　　（3）民七十歲以上，及未滿十歲者，免除肉刑〔註55〕。
　　（4）維持與匈奴和親；亦使南越王趙佗稱臣奉貢〔註56〕。

〔註51〕《史記‧呂太后本紀》：「太尉絳侯勃不得入軍中主兵。曲周侯酈商老病，其子寄與呂祿善。絳侯迺與丞相陳平謀，使人劫酈商，令其子寄往紿說呂祿曰：『高帝與呂后共定天下，劉氏所立九王，呂氏所立三王，皆大臣之議，事已布告諸侯，諸侯皆以爲宜。今太后崩，帝少，而足下佩趙王印，不急之國守藩，迺爲上將，將兵留此，爲大臣諸侯所疑。足下何不歸印，以兵屬太尉？請梁王歸相國印，與大臣盟而之國，齊兵必罷，大臣得安，足下高枕而王千里，此萬世之利也。』呂祿信然其計，欲歸將印，以兵屬太尉。使人報呂產及諸呂老人，或以爲便，或曰不便，計猶豫未有所決。呂祿信酈寄，時與出游獵。過其姑呂嬃，嬃大怒，曰：『若爲將而弃軍，呂氏今無處矣。』迺悉出珠玉寶器散堂下，曰：『毋爲他人守也。』」同前註，頁 408。

〔註52〕《史記‧呂太后本紀》：「呂產不知呂祿已去北軍，迺入未央宮，欲爲亂，殿門弗得入，裴回往來。平陽侯恐弗勝，馳語太尉。太尉尚恐不勝諸呂，未敢訟言誅之，迺遣朱虛侯謂曰：『急入宮衛帝。』朱虛侯請卒，太尉予卒千餘人。入未央宮門，遂見產廷中。日餔時，遂擊產。產走。天風大起，以故其從官亂，莫敢鬭。逐產，殺之郎中府吏廁中。」同前註，頁 409～410。

〔註53〕《史記‧呂太后本紀》：「（惠帝）三年，方築長安城，四年就半，五年六年城就。諸侯來會。十月朝賀。」同前註，頁 398。

〔註54〕《漢書‧惠帝紀》：「減田租，復十五稅一。」鄧展曰：「漢家初十五稅一，儉於周十稅一也。中間廢，今復之也。」如淳曰：「秦作阿房之宮，收太半之賦，遂行，至此乃復十五而稅一。」前引書，卷 2，頁 85～87。

〔註55〕《漢書‧惠帝紀》：「民年七十以上若不滿十歲有罪當刑者，皆完之。」同前註，頁 85。

〔註56〕《史記‧匈奴列傳》：「高祖崩，孝惠、呂太后時，漢初定，故匈奴以驕。冒頓乃爲書遺高后，妄言。高后欲擊之，諸將曰：「以高帝賢武，然尚困於平城。」於是高后乃止，復與匈奴和親。」前引書，卷 110，頁 2895。又〈南越列傳〉：「高后時，有司請禁南越關市鐵器。佗曰：『高帝立我，通使物，今高后聽讒臣，別異蠻夷，隔絕器物，此必長沙王計也，欲倚中國，擊滅南越而并王之，

（5）獎勵孝弟力田者〔註57〕。

（6）省約妨害官吏與人民的法令，並廢挾書律〔註58〕。

（7）除三族罪及袄言令〔註59〕。

等等。

《漢書・刑法志》：記述「當孝惠、高后時，百姓新免毒蠚，人欲長幼養老。蕭、曹爲相，塡以無爲，從民之欲，而不擾亂，是以衣食滋殖，刑罰用稀。」〔註60〕歷經戰國二百餘年的紛擾併爭，秦朝十五年的苛政嚴刑，加以楚漢八年的戰火綿延，劉邦與呂后所打下的江山，實殘破不已；但呂后在高祖死後，仍能力行黃老治術，與民休養生息，於是乎才能締造後來的文景之治，如論功行賞，呂后應在其列，因此司馬遷撰寫《史記》將呂后列入〈本紀〉，惠帝附在其中，有其道理。

《史記・五帝本紀・索隱》：「紀者，記也。本其事而記之，故曰本紀。又紀，理也，絲縷有紀。而帝王書稱紀者，言爲後代綱紀也。」古代帝王可爲後世綱紀，無非是政權的掌握，司馬遷〈本紀〉取材的準則是以政權掌握者爲主，而高祖崩逝後，惠帝雖然在位，然實際政權卻操控在呂后手中，惠帝有名無實，呂后卻無名有實，因此司馬遷記實，將呂后寫入〈本紀〉，是有歷史見識的，清・郭嵩燾在《史記札記》中說：「案此〈本紀〉中明言『孝惠日飲，爲淫樂，不聽政』，是惠帝初立後，呂后專殺自恣，政由已出，固已久矣。史公不爲惠帝立紀，以紀實也。」〔註61〕

呂后，以一個婦道人家，輔佐平民丈夫底定天下，其夫死後又宰制天下十五年，亦是開創中國歷史的另一新頁，堪稱女政治家，雖然其種種猜忌惡行，爲後世干政后妃立下壞榜樣，然而在古老的封建制度裡，統治天下能獲

自爲功也。』於是佗乃自尊號爲南越武帝，發兵攻長沙邊邑，敗數縣而去焉。高后遣將軍隆慮侯竈往擊之。會暑溼，士卒大疫，兵不能踰嶺。」卷113，頁2969。

〔註57〕《漢書・高后紀》：「初置孝弟力田二千石者一人。」師古曰：「特置孝弟力田官而尊其秩，欲以勸勵天下，令各敦行務本。」前引書，卷3，頁96。

〔註58〕《漢書・惠帝紀》：「（惠帝）三月甲子，皇帝冠，赦天下。省法令妨吏民者；除挾書律。」同前註，卷2，頁90。

〔註59〕《漢書・高后紀》：「（高后）元年春正月，詔曰：『前日孝惠皇帝言欲除三族辠、妖言令，議未決而崩，今除之。』」同前註，卷3，頁96。《漢書・刑法志》：「至高后元年，乃除三族罪、袄言令。」卷23，頁1104。

〔註60〕同前註，頁1097。

〔註61〕卷1〈呂后本紀第九〉，頁73，臺北：商務印書館，1957年。

得司馬遷、班固等史家的肯定，誠難能可貴了！

（二）欲旺才疏——元帝王后

　　元帝王皇后，原名王政君（前 71 年～13 年），魏郡元城（今河北大名東）人，宣帝時選爲宮女，後爲太子劉奭所幸，劉奭嗣位爲元帝，立政君爲皇后，成帝嗣位尊爲皇太后。元后因身歷七朝〔註 62〕，掌權四朝〔註 63〕，且背負著西漢政權轉移新莽的歷史責任，成爲歷史上有名的后妃；再者從《漢書・元后傳》獨立一傳，並無附在〈外戚傳〉看來，這位元后在西漢歷史定有相當程度的影響性，而〈元后傳〉在〈王莽傳〉之前，顯示兩人有政權傳遞的關係，也說明班固在處理歷史角度的用心。

　　元后，其出生與婚配過程皆帶有傳奇色彩，〈元后傳〉記載其母「夢月入其懷」而生下她；及長，「嘗許嫁未行，所許者死。後東平王聘政君爲姬，未入，王薨。」其父覺得奇怪，使卜者相之，結果「當大貴，不可言」，於是令她讀書，學鼓琴，十八歲時，「入掖庭爲家人子〔註 64〕」〔註 65〕。

　　元后入宮後，開始她平順幸運的一生，首先是皇太子的愛妃司馬良娣病死，太子悲恚發病，忽忽不樂，遷怒所有的娣妾，於是宣帝令皇后擇後宮家人子娛待太子，元后則在其中：

> 及太子朝，皇后乃見政君等五人，微令旁長御問知太子所欲。太子殊無意於五人者，不得已於皇后，彊應曰：「此中一人可。」是時政君坐近太子，又獨衣絳緣諸于，長御即以爲〔是〕。皇后使侍中杜輔、掖庭令濁賢交送政君太子宮，見丙殿。得御幸，有身。先是者，太子後宮娣妾以十數，御幸久者七八年，莫有子，及王妃壹幸而有身。甘露三年，生成帝於甲館畫堂，爲世適皇孫。宣帝愛之，自名曰驁，字太孫，常置左右。〔註 66〕

元后僥幸地雀屏中選爲太子妃，更幸運地是太子僅一次臨幸即懷孕，此子是太子御幸後宮七八年來第一子，甚獲宣帝喜愛，這也是日後太子登基爲元帝，

〔註 62〕宣帝、元帝、成帝、哀帝、平帝、孺子嬰及王莽。

〔註 63〕成帝、哀帝、平帝及孺子嬰。

〔註 64〕師古曰：「家人子者，言採擇良家以入宮，未有職號，但稱家人子也。斗食謂佐史也。謂之斗食者，言一歲不滿百石，日食一斗二升。」見《漢書》，前引書，卷 97〈外戚傳〉上，頁 3996～3997。

〔註 65〕同前註，卷 98〈元后傳〉，頁 4015。

〔註 66〕同前註，頁 4015～4016。

而元后「自有子後，希復進見」，偏偏此子「幸酒，樂燕樂」，讓元帝「不以爲能」，而欲廢之，卻無廢的原因：

> 太子壯大，寬博恭慎，……其後幸酒，樂燕樂，元帝不以爲能。而傅昭儀有寵於上，生定陶共王。王多材藝，上甚愛之，坐則側席，行則同輦，常有意欲廢太子而立共王。時鳳在位，與皇后、太子同心憂懼，賴侍中史丹擁右太子，……上亦以皇后素謹慎，而太子先帝所常留意，故得不廢。〔註67〕

就是因爲太子乃「先帝所常留意，故得不廢」，保住了元后的地位，印證了宮廷「母以子貴」的生存之理。

元后是幸運的，似乎其母「夢月入其懷」已注定她富貴榮華的一生，就其一生，從太子妃、皇后、及五朝的皇太后而言，確實如此，但論其功過，卻無似月之皎潔，司徒掾班彪曰：

> 三代以來，《春秋》所記，王公國君，與其失世，稀不以女寵。漢興，后妃之家呂、霍、上官，幾危國者數矣。及王莽之興，由孝元后歷漢四世爲天下母，饗國六十餘載，群弟世權，更持國柄，五將十侯，卒成新都。位號已移於天下，而元后卷卷猶握一璽，不欲以授莽，婦人之仁，悲夫！〔註68〕

「卒成新都」似有將西漢的亡國怪罪於元后。本文以「欲旺才疏」來形容元后有其道理：本無大志的元后，在歷經太子廢立的過程，深感無權的痛苦，如今爬上皇太后獨尊的峰頂，權欲自然膨脹起來，但是她本身並無才能，其子更昏庸至極，因此她的第一步棋便是鞏固政權，於是重用血緣親戚，將其父兄姊弟大肆封侯，由其外戚掌控朝政，架空帝權，使得每天無所事事的成帝，只顧寵幸趙氏姊妹，淫亂後宮；成帝死後，元后沒有慧眼才識以選擇合適之人繼位，導致幼帝繼位不久即崩，朝代輪替頻繁，且因繼位帝王年幼，權力再次淪落外戚手中，造成外戚彼此爭權奪力，國勢如江河日下；最後識人不清，將野心如狼的王莽推向篡位之路，斷送大漢江山，不是欲旺而才疏嗎！下文即簡述元后事跡。

1. 重用外戚，引狼入室

〈外戚傳〉（下）言元后「家凡十侯，五大司馬，外戚莫盛焉，自有傳。」

〔註67〕同前註，頁 4016～4017。
〔註68〕同前註，頁 4035～4036。

顏師古注：「十侯者，陽平頃侯禁、禁子敬侯鳳、安成侯崇、平阿侯譚、成都侯商、紅陽侯立、曲陽侯根、高平侯逢時、安陽侯音、新都侯莽也。五大司馬者，鳳、音、商、根、莽也。」〔註69〕其中平阿侯、成都侯、紅陽侯、曲陽侯、高平侯，還是同日封侯，世稱「五侯」，這是河平二年（前 27 年）的事，王氏子弟皆要居卿大夫侍中之職，勢力分據整個朝廷，當年呂后臨朝稱制時，外戚封侯亦未如此嚴重，元后尚只是其子登基爲帝，即大肆封侯，當時朝臣曾以「太后諸弟皆以無功爲侯，非高祖之約，外戚未曾有也」〔註70〕，所以天有異象來勸阻，大司馬大將軍王鳳因而恐懼，乃上書辭官，但是成帝的一席話，使得王氏外戚的勢力從此在朝廷屹立不搖：

> 朕承先帝聖緒，涉道未深，不明事情，是以陰陽錯繆，日月無光，赤黃之氣，充塞天下。咎在朕躬，今大將軍乃引過自予，欲上尚書事，歸大將軍印綬，罷大司馬官，是明朕之不德也。朕委將軍以事，誠欲庶幾有成，顯先祖之功德。將軍其專心固意，輔朕之不逮，毋有所疑。〔註71〕

於是政權掌握在王鳳手裡，成帝只顧著與趙氏姊妹嬉戲遊樂，元后則在後宮享皇太后的清福。但是從「大將軍用事，上遂謙讓無所顓」可見帝權已旁落外戚手裡，舉例來說：

> 左右常薦光祿大夫劉向少子歆通達有異材。上召見歆，誦讀詩賦，甚說之，欲以爲中常侍，召取衣冠。臨當拜，左右皆曰：「未曉大將軍。」上曰：「此小事，何須關大將軍？」左右叩頭爭之。上於是語鳳，鳳以爲不可，乃止。其見憚如此。〔註72〕

堂堂一個皇帝連任命朝臣的權力都被剝奪！後來成帝因無繼嗣，以定陶王爲太子，待之甚厚，留其在宮中，王鳳竟以成帝病瘳，定陶王不宜留在宮中，強制遣送回其封地，無能的成帝也只能「相對泣而決」〔註73〕。

〔註69〕同前註，卷 97 下〈外戚傳〉，頁 3973。
〔註70〕同前註，頁 4017。
〔註71〕同前註，頁 4017～4018。
〔註72〕同前註，頁 4018～4019。
〔註73〕〈元后傳〉：「上即位數年，無繼嗣，體常不平。定陶共王來朝，太后與上承先帝意，遇共王甚厚，賞賜十倍於它王，不以往事爲織介。共王之來朝也，天子留，不遣歸國。上謂共王：『我未有子，人命不諱，一朝有它，且不復相見。爾長留侍我矣！』其後天子疾益有瘳，共王因留國邸。旦夕侍上，上甚親重。大將軍鳳心不便共王在京師，會日蝕，鳳因言『日蝕陰盛之象，爲非

元后雖然沒有臨朝稱制，卻握住漢家阿衡之柄，即使漢成帝欲有所作為，也無能為力，連任用一名官吏之權及享受天倫之樂都被褫奪殆盡。而此時的元后認為天下已太平，可以高枕無憂，再也無人與她爭權抗衡了，沒想到重用外戚的結果，竟是引狼入室，斷送大漢江山。

2. 識人不清，斷送漢鼎

正當元后在後宮品嘗權力帶來的尊貴時，有一個原本不被注意的人物正悄悄地向她奪權而來，這個人不是異軍突起之外姓人，正是她的侄兒王莽。

王莽（前 45 年～23 年），一個野心勃勃的政客，其父王曼早死，元后尊貴時來不及封侯，因此當「莽群兄弟皆將軍五侯子，乘時侈靡，以輿馬聲色佚游相高，莽獨孤貧，因折節為恭儉。受《禮經》，師事沛郡陳參，勤身博學，被服如儒生。事母及寡嫂，養孤兄子，行甚敕備。又外交英俊，內事諸父，曲有禮意。陽朔中，世父大將軍鳳病，莽侍疾，親嘗藥，亂首垢面，不解衣帶連月」〔註 74〕，後世皆認為這只是沽名釣譽、矯情偽飾罷了！但當時的人卻被王莽的虛情假意蒙騙了，包括掌握漢家政權的元后。

元后的識人不清，使得漢朝中斷十四年國祚。首先，成帝崩，哀帝即位，傅昭儀欲稱尊號，王莽為討喜元后，不惜得罪〔註 75〕；原王莽避帝外家，經此事件，元后詔王莽就第；其次，哀帝崩，元后以王莽為大司馬，迎中山王為平帝，元后臨朝，卻委政王莽，而王莽「誑燿太后，言輔政致太平，群臣奏請尊莽為安漢公。」〔註 76〕元后竟准了，且讓平帝娶王莽之女為后，將王莽的權力推向高峰；爾後，平帝崩，王莽立年僅二歲的孺子嬰為帝，欲以踐祚居攝的模式，元后雖不以為可，但卻力不能禁，於是王莽遂為攝皇帝，改元稱制；最後，王莽以符命自立為眞皇帝，向元后請璽，無能的元后也只能怒罵：

> 而屬父子宗族蒙漢家力，富貴累世，既無以報，受人孤寄，乘便利時，奪取其國，不復顧恩義。人如此者，狗豬不食其餘，天下豈有

常異。定陶王雖親。於禮當奉藩在國。今留侍京師，詭正非常，故天見戒。宜遣王之國。』上不得已於鳳而許之。共王辭去，上與相對〔涕〕泣而決。」前引書，卷 98，頁 4019。

〔註 74〕同前註，卷 99 上〈王莽傳〉，頁 4039。

〔註 75〕「……未央宮置酒，內者令為傅太后張幄，坐於太皇太后坐旁。莽案行，責內者令曰：『定陶太后藩妾，何以得與至尊並！』徹去，更設坐。傅太后聞之，大怒，不肯會，重怨恚莽。」同前註，頁 4042。

〔註 76〕同前註，卷 98〈元后傳〉，頁 4030。

> 而兄弟邪！且若自以金匱符命爲新皇帝，變更正朔服制，亦當自更
> 作璽，傳之萬世，何用此亡國不祥璽爲，而欲求之？我漢家老寡婦，
> 旦暮且死，欲與此璽俱葬，終不可得！〔註77〕

將漢家傳國之璽投地，並不能改變王莽篡位的事實，但這位漢家老寡婦並沒
有因自己斷送漢鼎而無顏見人，因爲在新莽朝代，她當起了「新室文母太皇
太后」，遊觀王莽極力諂媚她所蓋的「長壽宮」，即使見孝元廟廢徹塗地，也
只能泣曰：「此漢家宗廟，皆有神靈，與何治而壞之！且使鬼神無知，又何用
廟爲！如令有知，我乃人之妃妾，豈宜辱帝之堂以陳饋食哉！」〔註78〕後來
王莽更改漢家黑貂，著黃貂，又改漢正朔伏臘日，元后令其官屬穿黑貂，在
漢家正臘日，與其相對飲酒，或許這正是元后無言的抗議。

　　元后，一個無智無謀的幸運兒，或許前半生的平順，待觸及權力滋味後
即渾然忘我，殊不知本身並無政治細胞，一味地貪戀政權，任其王氏外戚掌
握朝政的結果，最後終於竄出一個王莽，也只能承擔改朝換代的歷史責任。

二、干涉人事型

　　後宮婦女爲實現自己的理想，或爲拔除眼中釘，常常干預帝王在人事上
的安排，而帝王往往因爲其是自己的祖母或母親而妥協。下文即敘述三位干
涉人事的后妃形象。

（一）固執己見──文帝竇后

　　竇后（前205年～前135年或前129年），在險惡的後宮鬥爭中可說是個
幸運者，《史記‧外戚世家》記載竇后本以「良家子」入宮服侍太后。後呂后
出宮人以賜諸王，竇后在其中。竇后清河觀津（今河北省棗強縣東北）人，
離趙較近，曾要求宦者將她置於前往趙之隊伍，但宦者疏忽，以致置籍於代，
但卻展開了她幸運的一生。

　　首先，獲得代王獨幸，生下一女二男；其次，代王王后卒，且代王繼爲
文帝後，王后所生四男亦卒，此時竇后所生之子最長，立爲太子，即後來的
景帝，幼子爲梁孝王，女爲長公主，竇后亦立爲皇后；甚至還與失散多年的
幼弟相逢〔註79〕；而後來因病失明，文帝移幸邯鄲愼夫人與尹姬，新寵無子，

〔註77〕同前註，頁4032。
〔註78〕同前註，頁4034。
〔註79〕《史記‧外戚世家》：「竇皇后兄竇長君，弟曰竇廣國，字少君。少君年四五歲

－43－

所以竇后保住了后座。幸運之神幾乎眷顧著她的一生。

竇后本身愛好黃帝、老子之學，黃老之學重視清靜無爲，但是竇后顯然並不想清靜，反而施展她的影響力。所謂文景之治，基本上是依循黃老清靜的哲學，景帝繼位時已年三十二，雖可自作主張，然因竇后愛好黃老之學，獨尊其術，罷黜百家，皇帝、太子及竇氏之後，不得不研讀《老子》。《史記・魏其侯列傳》記述「及建元二年，御史大夫趙綰請無奏事東宮。竇太后大怒，乃罷逐趙綰、王臧等，而免丞相、太尉。」〔註 80〕竇后在武帝繼位後，朝中大臣必須前往東宮奏事，可見其干涉朝政。武帝初即位，因受到田蚡、竇嬰及王臧等重視儒術者的影響，企圖以儒治國，卻被竇后斥責，直至竇后崩，武帝才能大展身手。下文茲述竇后干涉朝政的情形：

1. 寵愛幼子，爭奪皇位

《史記・梁孝王世家》記載，梁孝王乃竇后幼子，爲人慈孝〔註 81〕，因此竇后非常寵愛，以致於梁孝王的言行舉止如同帝王，甚至在景帝廢栗太子後，竇后竟欲以孝王爲王位繼承者，挑戰「父子相傳」的漢制：

> 孝王，竇太后少子也，愛之，賞賜不可勝道。於是孝王築東苑，方三百餘里。廣睢陽城七十里。大治宮室，爲複道，自宮連屬於平臺三十餘里。得賜天子旌旗，出從千乘萬騎。東西馳獵，擬於天子。出言蹕，入言警。招延四方豪桀，自山以東游說之士，莫不畢至，齊人羊勝、公孫詭、鄒陽之屬。公孫詭多奇邪計，初見王，賜千金，官至中尉，梁號之曰公孫將軍。梁多作兵器弩弓矛數十萬，而府庫金錢且百巨萬，珠玉寶器多於京師。二十九年十月，梁孝王入朝。景帝使使持節乘輿駟馬，迎梁王於關下。既朝，上疏因留，以太后親故。王入則侍景帝同輦，出則同車游獵，射禽獸上林中。梁之侍

時，家貧，爲人所略賣，其家不知其處。傳十餘家，至宜陽，爲其主入山作炭，（寒）〔暮〕臥岸下百餘入，岸崩，盡壓殺臥者，少君獨得脫，不死。自卜數日當爲侯，從其家之長安。聞竇皇后新立，家在觀津，姓竇氏。廣國去時雖小，識其縣名及姓，又常與其姊採桑墮，用爲符信，上書自陳。竇皇后言之於文帝，召見，問之，具言其故，果是。又復問他何以爲驗？對曰：『姊去我西時，與我決於傳舍中，丐沐沐我，請食飯我，乃去。』於是竇后持之而泣，泣涕交橫下。侍御左右皆伏地泣，助皇后悲哀。」前引書，卷 49，頁 1973。

〔註 80〕 同前註，卷 107，頁 2843。

〔註 81〕 《史記・梁孝王世家》：「孝王慈孝，每聞太后病，口不能食，居不安寢，常欲留長安侍太后。太后亦愛之。」同前註，卷 58，頁 2086。

中、郎、謁者著籍引出入天子殿門，與漢宦官無異。十一月，上廢
栗太子，竇太后心欲以孝王爲後嗣。大臣及袁盎等有所關說於景帝，
竇后義格，亦遂不復言以梁王爲嗣事由此。以事秘，世莫知。乃辭
歸國。〔註82〕

竇后簡直將梁孝王寵得無法無天，後來景帝廢栗太子，改立膠東王爲太子，
梁孝王竟怨袁盎及議臣十餘人，而指使羊勝、公孫詭等刺殺，未果，但景帝
臆惻此乃梁孝王之意，果眞，因此不諒解。而爲人母的竇后在聽取梁使韓安
國的解釋後，非但沒有責怪梁孝王，反倒以母親的身份責備景帝，企圖爲梁
孝王脫罪：

梁王恐，乃使韓安國因長公主謝罪太后，然后得釋。〔註83〕上怒稍
解，因上書請朝。既至關，茅蘭說王，使乘布車，從兩騎入，匿於
長公主園。漢使使迎王，王已入關，車騎盡居外，不知王處。太后
泣曰：「帝殺吾子！」景帝憂恐。於是梁王伏斧質於闕下，謝罪，
然後太后、景帝大喜，相泣，復如故。〔註84〕

後來梁王薨，竇后哭極哀，不食，且認爲「帝果殺吾子」，使得景帝哀懼，不
知如何是好，只好將梁分爲五國，立其子五人爲王，女皆食湯沐邑，太后才
喜悅。

2. 不明事理，干預人事

《史記‧魏其侯列傳》記載：

〔註82〕同前註，頁2083～2084。
〔註83〕《史記‧韓長孺列傳》：「梁孝王，景帝母弟，竇太后愛之，令得自請置相、
二千石，出入游戲，僭於天子。天子聞之，心弗善也。太后知帝不善，乃怒
梁使者，弗見，案責王所爲。韓安國爲梁使，見大長公主而泣曰：『何梁王爲
人子之孝，爲人臣之忠，而太后曾弗省也？夫前日吳、楚、齊、趙七國反時，
自關以東皆合從西鄉，惟梁最親爲艱難。梁王念太后、帝在中，而諸侯擾亂，
一言泣數行下，跪送臣等六人，將兵擊卻吳楚，吳楚以故兵不敢西，而卒破
亡，梁王之力也。今太后以小節苛禮責望梁王。梁王父兄皆帝王，所見者大，
故出稱蹕，入言警，車旗皆帝所賜也，即欲以侘鄙縣，驅馳國中，以夸諸侯，
令天下盡知太后、帝愛之也。今梁使來，輒案責之。梁王恐，日涕泣思慕，
不知所爲。何梁王之爲子孝，爲臣忠，而太后弗恤也？』大長公主具以告太
后，太后喜曰：『爲言之帝。』言之，帝心乃解，而免冠謝太后曰：『兄弟不
能相教，乃爲太后遺憂。』悉見梁使，厚賜之。其後梁王益親驩。太后。長
公主更賜安國可直千餘金。」同前註，卷108，頁2857～2858。
〔註84〕同前註，卷58，頁2085。

> 梁孝王朝，因昆弟燕飲。是時上未立太子，酒酣，從容言曰：「千
> 秋之後傳梁王。」太后驩。竇嬰引卮酒進上，曰：「天下者，高祖天
> 下，父子相傳，此漢之約也，上何以得擅傳梁王！」太后由此憎竇
> 嬰。竇嬰亦薄其官，因病免。太后除竇嬰門籍，不得入朝請。〔註85〕

竇嬰雖是竇后從兄子，但並不認同竇后因寵愛梁王而欲改「父子相傳」之漢制，因此被除籍。帝位傳承是何重大之事，豈可因一己喜好而擅改規範，由此可見竇后的不明事理。

竇后不僅因寵愛梁王而欲改帝位傳承，甚而干預帝王人事用度，如《史記·郅都列傳》：

> 郅都……都爲人勇，有氣力，公廉，不發私書，問遺無所受，請寄
> 無所聽。……郅都遷爲中尉。丞相條侯至貴倨也，而都揖丞相。是
> 時民朴，畏罪自重，而都獨先嚴酷，致行法不避貴戚，列侯宗室見
> 都側目而視，號曰「蒼鷹」。臨江王徵詣中尉府對簿，臨江王欲得刀
> 筆爲書謝上，而都禁吏不予。魏其侯使人以閒與臨江王。臨江王既
> 爲書謝上，因自殺。竇太后聞之，怒，以危法中都，都免歸家。孝
> 景帝乃使使持節拜都爲鴈門太守，而便道之官，得以便宜從事。匈
> 奴素聞郅都節，居邊，爲引兵去，竟郅都死不近鴈門。匈奴至爲偶
> 人象郅都，令騎馳射莫能中，見憚如此。匈奴患之。竇太后乃竟中
> 都以漢法。景帝曰：「都忠臣。」欲釋之。竇太后曰：「臨江王獨非
> 忠臣邪？」於是遂斬郅都。〔註86〕

郅都禁吏不予刀筆於臨江王，或許眞謂爲酷吏，然其節操卻可使匈奴聞之喪膽，竇后非但沒有予以重視，反而藉故處死，干預帝王人事用度。

3. 雅好黃老，罷黜儒術

《史記·外戚世家》記載：「竇太后好黃帝、老子言，帝及太子諸竇不得不讀黃帝、老子，尊其術。」〔註87〕並非黃老之術不好，而是怎可就一己喜好而干預他人的思想角度，皇帝及太子、竇氏之後均不能閱讀其他學術，如何從中比較觀念的差異而有所篩選，這些人都是國家的棟樑，一言一行足以影響國家的前途，造就千上萬人民的福祉。竇后不只干預學術單一，如有人

〔註85〕同前註，卷107，頁2839。
〔註86〕同前註，卷122，頁3133～3134。
〔註87〕同前註，卷49，頁1975。

學術見解與之不同，不僅不予以尊重，反而予以處置，如魏其、武安、趙綰、王臧轅固生：

> 太后好黃老之言，而魏其、武安、趙綰、王臧等務隆推儒術，貶道家言，是以竇太后滋不說魏其等。及建元二年，御史大夫趙綰請無奏事東宮。竇太后大怒，乃罷逐趙綰、王臧等，而免丞相、太尉，以柏至侯許昌爲丞相，武彊侯莊青翟爲御史大夫。魏其、武安由此以侯家居。〔註88〕

> 太皇竇太后好老子言，不說儒術，得趙綰、王臧之過以讓上，上因廢明堂事，盡下趙綰、王臧吏，後皆自殺。……竇太后好《老子》書，召轅固生問《老子》書。固曰：「此是家人言耳。」太后怒曰：「安得司空城旦書乎？」乃使固入圈刺豕。景帝知太后怒而固直言無罪，乃假固利兵，下圈刺豕，正中其心，一刺，豕應手而倒。太后默然，無以復罪，罷之。居頃之，景帝以固爲廉直，拜爲清河王太傅。〔註89〕

直至「竇太后崩，武安侯田蚡爲丞相，絀黃老、刑名百家之言，延文學儒者數百人，而公孫弘以《春秋》白衣爲天子三公，封以平津候。天下之學士靡然鄉風矣。」〔註90〕

　　竇后寵愛其子，並無罪過，然讓其子大治宮室，自請置相，乘輿遊獵，僭於天子，並無規勸，反而干涉「父子相傳」之漢制，不明事理，朝中大臣不合其意即濫殺，且因一己喜好而規定帝王等人均得閱讀黃老之書，本身沒有政治謀略，卻干預朝政，所幸景帝明理，沒有完全受制於竇后，才能締造出享譽史壇的「文景之治」。

（二）僭居踰越 —— 元帝傅昭儀與定陶丁姬

　　元帝傅昭儀，乃哀帝祖母；定陶丁姬，乃哀帝母親，前者在史書中的記載爲求稱尊號之形象鮮明，後者個性形象著墨不多，但是兩人在死後下場皆被王莽斥責不合禮制，而更以棺木：

> 共王母、丁姬前不臣妾，至葬渭陵，冢高與元帝山齊，懷帝太后、皇太太后璽綬以葬，不應禮。禮有改葬，請發共王母及丁姬冢，取

〔註88〕同前註，卷107〈魏其侯列傳〉，頁2843。
〔註89〕同前註，卷121〈儒林列傳〉，頁3122～3123。
〔註90〕同前註，頁3118。

其璽綬消滅，徙共王母及丁姬歸定陶，葬共王冢次，而葬丁姬復其
故。〔註91〕

前共王母生，僭居桂宮，皇天震怒，災其正殿；丁姬死，葬踰制度，
今火焚其椁。此天見變以告，當改如媵妾也。臣前奏請葬丁姬復故，
非是。共王母及丁姬棺皆名梓宮，珠玉之衣非藩妾服，請更以木棺
代，去珠玉衣，葬丁姬媵妾之次。〔註92〕

因此本文將這對婆媳合併在一起論述。然傅昭儀參與朝廷政事，《漢書》有明
確記載，且影響不小，所以筆者主要是敘述傅昭儀干預朝政的始末。

　　傅昭儀少時為上官太后才人，元帝為太子時才得幸，元帝即位，立為倢
伃，甚有寵，〈外戚傳〉描述她「為人有材略，善事人，下至宮人左右，飲酒
酹地，皆祝延之」〔註93〕，有一男一女，定陶王與平都公主，定陶王有材藝，
甚得元帝喜愛。然當時元帝並非專寵傅昭儀，尚有馮昭儀，這埋下日後傅昭
儀誣陷馮昭儀祝詛事件，迫其自殺的導火線，因兩人皆有子，不分軒輊，以
致皆未能稱后。

1. 賄賂——為爭太子

　　傅昭儀其子定陶王有材藝，甚得元帝喜愛，且元帝並不喜王皇后所生之
子驁（後來的成帝），常有意廢太子而立傅昭儀之子定陶王，但當時除了朝中
大臣反對廢立太子外〔註94〕，最主要是曾以肉身擋熊，救元帝一命的馮昭儀，
甚得元帝寵愛，馮昭儀亦有一子，中山孝王，因此元帝非常為難，遂無廢立

〔註91〕前引書，卷97下〈外戚傳・定陶丁姬傳〉，頁4003。
〔註92〕同前註，頁4004。
〔註93〕同前註，卷97下〈孝元傅昭儀傳〉，頁4000。
〔註94〕《漢書・史丹傳》：「竟寧元年，上寢疾，傅昭儀及定陶王常在左右，而皇后
太子希得進見。上疾稍侵，意忽忽不平，數問尚書以景帝時立膠東王故事。
是時，太子長舅陽平侯王鳳為衛尉侍中，與皇后太子皆憂，不知所出。丹以
親密臣得侍視疾，候上間獨寢時。丹直入臥內，頓首伏青蒲上，涕泣言曰：『皇
太子以適長立，積十餘年，名號繫於百姓，天下莫不歸心臣子。見定陶王雅
素愛幸，今者道路流言，為國生意，以為太子有動搖之議。審若此，公卿以
下必以死爭，不奉詔。臣願先賜死以示群臣！』天子素仁，不忍見丹涕泣，
言又切至，上意大感，喟然太息曰：『吾日困劣，而太子兩王幼少，意中戀戀，
亦何不念乎！然無有此議。且皇后謹慎，先帝又愛太子，吾豈可違指！駙馬
都尉安所受此語？』丹即卻，頓首曰『愚臣妄聞，罪當死！』上因納，謂丹
曰：『吾病寖加，恐不能自還。善輔道太子，毋違我意！』丹噓唏而起。太子
由是遂為嗣矣。」同前註，卷82，頁3377～3378。

太子，僅將兩人從倢伃更號爲昭儀。傅昭儀雖然錯失了榮登后位的機會，但其孫卻沒有令她失望。

元延四年（前 9 年），定陶王恭與中山孝王皆入朝，傅、相、中尉三官皆從定陶王入朝，而中山孝王獨從傅，成帝覺得奇怪，問定陶恭王，其回答：

> 令，諸侯王朝，得從其國二千石。傅、相、中尉皆國二千石，故盡
> 從之。〔註95〕

不只如此，令定陶王恭誦讀《尚書》，定陶恭王即流利地背誦出來；而成帝以此反問中山孝王，中山孝王不能對，亦無法誦讀《尚書》，成帝由此認定定陶恭王的賢能。

當時定陶恭王的祖母，即傅昭儀，亦進宮，見機不可失，乃私賂成帝所寵幸的趙昭儀與帝舅票騎將軍曲陽侯王根。趙昭儀與王根皆見成帝尚無子嗣，爲「欲豫自結爲長久計」，因此在成帝面前爲定陶恭王美言稱譽，勸成帝納定陶恭王爲子嗣，而成帝亦欣賞其才能，因此隔年即立爲皇太子，傅昭儀終於要登上其夢想已久的后位之尊了！

2. 誣陷 —— 為郤追怨〔註96〕

傅昭儀是位善妒記仇者，在陰錯陽差之下與后位擦身而過，但她卻把這筆帳算在馮昭儀頭上，待其孫劉欣繼爲帝位後，即誣陷馮昭儀祝詛謀反，令其自殺：

> 哀帝即位，⋯⋯傅太后與中山孝王母馮太后俱事元帝，有郤，傅太
> 后使有司考馮太后，令自殺，眾庶冤之。〔註97〕

眞是欲加之罪，何患無辭，由此可看出傅昭儀心胸狹隘，心腸歹毒。

3. 免官 —— 為求齊尊

傅昭儀爲其孫爭得太子位，眼中釘馮昭儀亦自殺身亡，但她是不滿足的，《漢書》記載她「爲人剛暴，長於權謀」〔註98〕、「尤與政專權」〔註99〕、「始與政事」〔註100〕，傅昭儀對於朝政是充滿野心的，但可能她所處的時代政治權力已掌握在王氏家族，尤其是後來居上的王莽，因此她也僅僅在要求尊號

〔註95〕同前註，卷 11〈哀帝紀〉，頁 333。
〔註96〕顏師古註曰：「以當熊事，憼而嫉之。」同前註，卷 77〈孫寶傳〉，頁 3261。
〔註97〕同前註。
〔註98〕同前註，卷 81〈孔光傳〉，頁 3356。
〔註99〕同前註，卷 85〈杜鄴傳〉，頁 3475。
〔註100〕同前註，卷 82〈傅喜傳〉，頁 3380。

封稱及大封傅氏與丁氏外戚的過程中，干預皇帝政策，罷免反對意見的人，不久就過世了。但從要求尊號封稱的歷程，我們可以看見她不顧眾朝臣的反對，強迫哀帝給予她認為應得的封號。

這是哀帝在即位時，成帝母稱太皇太后，成帝皇后稱皇太后，而皇帝祖母與母親僅以定陶共王為稱，高昌侯董宏為此上書：

> 秦莊襄王母本夏氏，而為華陽夫人所子，及即位後，俱稱太后。宜立定陶共王后為皇太后。〔註101〕

但卻遭到師丹與王莽等人反對，認為董宏以亡秦為比喻有詿誤聖朝之意，時哀帝甫上任，採納師丹與王莽之言，罷免董宏為庶人。然而此舉引起傅昭儀強烈不滿，要求皇帝必稱尊號，貴寵其親屬，後來哀帝以「朕幼而孤，皇太太后躬自養育，免于襁褓，教道以禮，至於成人，惠澤茂焉。『欲報之德，睧天罔極。』」〔註102〕為由，下詔「漢家之制，推親親以顯尊尊，定陶恭皇之號不宜復稱定陶。其尊恭皇太后為帝太太后，丁后為帝太后。」〔註103〕爾後更號帝太太后為皇太太后，稱永信宮，帝太后稱中安宮，而成帝母太皇太后本稱長信宮，成帝趙后為皇太后，成為一朝四后的特殊情形。

傅昭儀終於達成了她多年的夢想，但這個夢想是建築在眾多朝臣的反對之下換來的，反對者因她的大怒而免官者不少，包括她自己的從父弟傅喜：

> 丁、傅驕奢，皆嫉喜之恭儉。又傅太后欲求稱尊號，與成帝母齊尊，喜與丞相孔光、大司空師丹共執正議。傅太后大怒，上不得已，先免師丹以感動喜，喜終不順。〔註104〕

這樣苦心掙來的尊號並沒有因為她的死而平息落幕，平帝即位，旋被王莽掘其墳冢，奪其璽綬，更以民葬，從〈定陶丁姬傳〉所記「謁者護既發傅太后冢，崩壓殺數百人；開丁姬槨戶，火出炎四五丈，吏卒以水沃滅乃得入，燒燔槨中器物」〔註105〕及「既開傅太后棺，臭聞數里。公卿在位皆阿莽指，入錢帛，遣子弟及諸生四夷，凡十餘萬人，操持作具，助將作掘平共王母、丁姬故冢，二旬間皆平。莽又周棘其處以為世戒云。」〔註106〕看來，傅太后既

〔註101〕同前註，卷86〈師丹傳〉，頁3505。
〔註102〕同前註，卷77〈鄭崇傳〉，頁3255。
〔註103〕同前註，卷97下〈外戚傳・孝元傅昭儀傳〉，頁4001。
〔註104〕同前註，卷82〈傅喜傳〉，頁3381。
〔註105〕同前註，卷97下〈外戚傳・定陶丁姬傳〉，頁4003。
〔註106〕同前註，頁4004。

尊後的驕奢確已天怒人怨。

三、謀略操控型

後宮婦女爲了讓自己及其家族的地位更爲穩固，權勢更爲擴張，往往在帝王身上略施手段，這種方式效果奇佳。西漢亦有幾位后妃、公主爲了自身利益而用盡心機，茲述如下。

（一）操縱太子——文帝館陶公主

館陶公主劉嫖乃漢文帝（前 203 年～前 157 年）之女，景帝之姊，因其封地在館陶（今河北），所以稱館陶公主，又因其母爲竇太后，所以亦稱竇太主。

景帝即位後，館陶公主因與景帝爲一母同胞，所以關係特別親密，在宮中的權勢地位十分顯赫，甚至足以影響朝中重大的決策，最大的例證就是間接操縱膠東王劉徹爲太子。

這得話說景帝即位後，原太子妃薄氏無子，在景帝眾多妃子中，最受寵的就是栗姬。栗姬生有一子劉榮，是景帝的長子，遂被立爲太子，以當時「母以子貴」來看，栗姬是穩當皇后，因此生有一女的館陶公主，看準這一點，欲與栗姬結成聯姻，但卻遭到栗姬強烈反對，原因是「景帝諸美人皆因長公主見得貴幸」〔註107〕，館陶公主在無可奈何之下，求婚於景帝另一寵妃王夫人，王夫人一口答應這椿婚事，讓其子膠東王劉徹與公主之女成親。因此對栗姬懷恨在心的館陶公主「日譖栗姬短」，而「日譽王夫人男之美」，再加上「景帝嘗屬諸姬子，曰：『吾百歲後，善視之。』栗姬怒不肯應，言不遜，景帝心銜之而未發也。」〔註108〕後來王夫人本身亦有意問鼎后位，所以陰使人趣大臣立栗姬爲皇后，終於使景帝廢掉太子劉榮，改立王夫人之子劉徹爲太子。館陶公主的目的終於達成了，在劉徹即位後，她具有當今皇帝姑母與岳母的雙重身份，地位更是不可一世。

（二）陰使人趣——景帝王后

景帝（前 188 年～前 141 年）王后可說是身份特殊的一位后妃，因爲她本身是再嫁者：

> 王太后，槐里人，母曰臧兒。臧兒者，故燕王臧荼孫也。臧兒嫁爲槐里王仲妻，生男曰信，與兩女。而仲死，臧兒更嫁長陵田氏，生

〔註107〕同前註，卷 97 上〈外戚傳·孝景王皇后傳〉，頁 3946。
〔註108〕同前註。

－51－

男蚡、勝。臧兒長女嫁爲金王孫婦，生一女矣，而臧兒卜筮之，曰

兩女皆當貴。因欲奇兩女，乃奪金氏。金氏怒，不肯予決，乃內之

太子宮。太子幸愛之，生三女一男。〔註109〕

「再嫁」觀念在當時儒家思想尚未盛行時，並非罕事，但一個再嫁者，再嫁對象是當今太子，且又獲得寵幸，這是非常特殊的。

景帝爲太子時，其母薄太后以其薄氏女爲妃，景帝即位後，立薄妃爲薄皇后，然而薄皇后無子，待薄太后崩，即被廢。此時景帝的長男劉榮立爲太子，榮乃栗姬所生，館陶公主嫖欲與之聯姻，但被栗姬拒絕，原因是「景帝諸美人皆因長公主見景帝，得貴幸，皆過栗姬」〔註110〕，因此栗姬謝絕這椿婚事，館陶公主遂與栗姬結怨，並轉而予求親於當時僅是「夫人」的王后，王后應允，王后之子時爲膠東王。此後一有機會，館陶公主即「日譖栗姬短」〔註111〕，而「日譽王夫人男之美」〔註112〕，景帝因而對栗姬心生不滿。又，

景帝嘗體不安，心不樂，屬諸子爲王者於栗姬，曰：「百歲後，善視

之。」栗姬怒，不肯應，言不遜。景帝恚，心嗛之而未發也。〔註113〕

因此景帝對栗姬的印象愈來愈差！栗姬善妒，不爲景帝所喜，雖館陶公主日譽王夫人男之美，景帝亦賢之，但始終計未有所定，而王夫人知景帝仍寄望栗姬，只因怒未解，爲了其子能繼承王位，因此使了手段：

陰使人趣大臣立栗姬爲皇后。大行奏事畢，曰：「子以母貴，母以子

貴，今太子母無號，宜立爲皇后。」〔註114〕

一連事件下來，使得原本景帝即對栗姬頗有意見，現在看到朝中大臣紛紛要求立太子母的皇后封號，誤認爲是栗姬的驅使，因此一怒之下，「『是而所宜言邪！』遂案誅大行，而廢太子爲臨江王。栗姬愈恚恨，不得見，以憂死」〔註115〕，最後王夫人順利封爲皇后，其子立爲太子，即後來的武帝。

王后以一個再嫁者身份，初得太子親幸，再獲皇后尊榮，後登太后寶座，

〔註109〕《史記》，前引書，卷59〈外戚世家〉，頁1975。

〔註110〕同前註，頁1976。

〔註111〕《漢書》，前引書，卷97上〈外戚傳·孝景王皇后〉，頁3946。司馬遷《史記·外戚世家》亦記載長公主讒栗姬於景帝曰：「栗姬與諸貴夫人幸姬會，常使侍者祝唾其背，挾邪媚道。景帝以故望之。」前引書，卷49，頁1976。

〔註112〕同前註，頁1977。

〔註113〕同前註，頁1976。

〔註114〕同前註，頁1977。

〔註115〕卷97上〈外戚傳·孝景王皇后〉，頁3946。

這是由於她本身積極爭取，先與館陶公主結親，再陰使人趣大臣立栗姬爲后，後者過程雖使詐，但整個後宮不就是充滿鬥爭，如果不努力爭取，只能坐以待斃。

（三）送女入宮──景帝平陽公主

平陽公主，因其封地在陽信（今山東），且是景帝與王夫人的長女，所以又稱陽信長公主，平陽公主稱號的由來是前夫爲平陽侯曹壽〔註116〕。根據史書的記載，平陽公主在朝政上並無任何干涉事蹟，但是送女入宮一事則影響武帝後宮的感情生活動向，且從其送衛子夫入宮時所言「即貴，顧無相忘」，顯然其目的乃是欲藉送女入宮以獲得榮華富貴。

武帝即位，立其表姊陳阿嬌爲皇后，十餘年依然無子，身爲大姊的平陽公主當然十分著急，因爲這關係劉氏血脈的延續，及王位權勢的傳承，因此平陽公主「求良家女十餘人，飾置家。」以俟時機送進宮。恰巧武帝在一次從霸上參加祭祀儀式回宮，路過平陽公主府第，平陽公主乘機獻上十餘名女子，武帝果眞看上其中一名女子，即衛子夫：

> 帝祓霸上，還過平陽主。主見所侍美人，帝不說。既飲，謳者進，帝獨說子夫。帝起更衣，子夫侍尚衣軒中，得幸。還坐驩甚，賜平陽主金千斤。主因奏子夫送入宮。子夫上車，主拊其背曰：「行矣！強飯勉之。即貴，顧無相忘！」〔註117〕

衛子夫入宮後，逐漸取代陳皇后的地位，甚至使陳皇后幽居長門宮，這後宮爭鬥雖不是平陽公主的預期，但卻是因她而起，她雖是憂心劉氏子嗣與漢朝江山的繼承，而略施小計送美人進宮，但后妃的廢與立，亦關係著太子的繼位，與日後另一個政治勢力的形成，爾後武帝崩，繼位的是鉤弋夫人之子，並非衛子夫之子，但平陽公主對劉氏傳承的一番好意，卻是建立在維持自身的榮華富貴。

（四）深謀遠慮──武帝李夫人

榮華富貴是很多人畢生努力追求的東西，在歷代封建王朝中，能夠得到

〔註116〕平陽公主先嫁曹壽，再嫁衛青，《漢書‧衛青傳》曰：「初，青既尊貴，而平陽侯曹壽有惡疾就國，長公主問：『列侯誰賢者？』左右皆言大將軍。主笑曰：『此出吾家，常騎從我，柰何？』左右曰：『於今尊貴無比。』於是長公主風白皇后，皇后言之，上乃詔青尚平陽主。」卷55，頁2490。
〔註117〕《漢書》，前引書，卷97上〈外戚傳‧孝武衛皇后傳〉，頁3949。

它的大多是皇親國戚，「皇親」乃皇帝的親屬，其榮華富貴是世襲制；「國戚」乃后妃的親族，但是他們的富貴具有極大的偶然性，必須家族中有女子入宮，且得到皇帝的寵愛，才能「一人得道，雞犬升天」，然而一旦受寵女子失去帝王的寵愛，其家族所得到的榮華富貴就隨之灰飛煙滅。后妃得寵與否，主要是靠美麗的容顏，正因為如此，所以當受寵的后妃年老色衰後，皇帝往往會恩斷情絕，另覓新歡，這個道理歷來受寵幸的后妃未必人人清楚，可是漢武帝的李夫人卻非常清楚。

「北方有佳人，絕世而獨立，一顧傾人城，再顧傾人國，寧不知傾城與傾國，佳人難再得！」李延年一曲〈佳人歌〉，將他的妹妹 —— 李夫人送到武帝身邊，「實妙麗善舞」的李夫人「由是得幸，生一男，是為昌邑哀王」〔註118〕。

武帝（前156年～前87年）一生擁有無數女人，為其生下皇子亦不少，但從史書的記載看來，真正讓武帝動情而思念不已，為之寫詩作賦的似乎只有李夫人。或許是李夫人意識到自己出身微賤〔註119〕，因此很珍惜皇帝的寵愛，但沒想到自己竟是蒲柳之姿，年紀輕輕即重病不治；然而李夫人恐病篤逝世後，無法庇蔭娘家兄弟，因此算了一計 —— 在病中斷然拒絕皇帝的親見，使日後武帝對其萬般思念：

> 李夫人病篤，上自臨候之，夫人蒙被謝曰：「妾久寢病，形貌毀壞，不可以見帝。願以王及兄弟為託。」上曰：「夫人病甚，殆將不起，一見我屬託王及兄弟，豈不快哉？」夫人曰：「婦人貌不修飾，不見君父。妾不敢以燕嫷見帝。」上曰：「夫人弟一見我，將加賜千金，而予兄弟尊官。」夫人曰：「尊官在帝，不在一見。」上復言欲必見之，夫人遂轉鄉歔欷而不復言。於是上不說而起。〔註120〕

探望病人，尤其是心愛的人，心情難免焦急，而李夫人怎敢拒絕視她為最寵之人的探望，更何況這個人是封建時期的皇帝，是可以主宰所有人的命運，原因是：

> 所以不欲見帝者，乃欲以深託兄弟也。我以容貌之好，得從微賤愛

〔註118〕同前註，卷97上〈孝武李夫人傳〉，頁3951。
〔註119〕《漢書・孝武李夫人傳》：「孝武李夫人，本以倡進。」同前註，又《史記・外戚世家》：「李夫人蚤卒，其兄李延年以音幸，號協律。協律者，故倡也。」前引書，卷49，頁1980。
〔註120〕《漢書》，前引書，卷97上，頁3951～3952。

幸於上。夫以色事人者，色衰而愛弛，愛弛則恩絕。上所以孿孿顧
念我者，乃以平生容貌也。今見我毀壞，顏色非故，必畏惡吐棄我，
意尚肯復追思閔錄其兄弟哉！〔註121〕

李夫人清楚自己是「以容貌之好，得從微賤愛幸於上」，同時她也抓住了普遍
男人「以色事人者，色衰而愛弛，愛弛則恩絕」的心裡，因此堅決不讓武帝
見到她蒼白的病貌，而在武帝心中永遠存留她年輕貌美的容顏。果眞在李夫
人死後，武帝不只「以后禮葬焉。其後，上以夫人兄李廣利爲貳師將軍，封
海西侯，延年爲協律都尉」〔註122〕完成她生前託囑兄弟的心願，後來還「圖
畫其形於甘泉宮」，更親自作賦，以傷悼李夫人，其辭如下：

美連娟以脩嫮兮，命樔絕而不長，飾新宮以延貯兮，泯不歸乎故鄉。
慘鬱鬱其蕪穢兮，隱處幽而懷傷，釋輿馬於山椒兮，奄修夜之不陽。
秋氣（潛）〔憯〕以淒淚兮，桂枝落而銷亡，神煢煢以遙思兮，精浮
游而出疆。託沈陰以壙久兮，惜蕃華之未央，念窮極之不還兮，惟幼
眇之相羊。函菱荻以俟風兮，芳雜襲以彌章，的容與以猗靡兮，縹飄
姚虖愈莊。燕淫衍而撫楹兮，連流視而娥揚，既激感而心逐兮，包紅
顏而拂明。驩接狎以離別兮，宵寤夢之芒芒，忽遷化而不反兮，魄放
逸以飛揚。何靈魂之紛紛兮，哀裴回以躊躇，勢路日以遠兮，遂荒忽
而辭去。超兮西征，屑兮不見。寖淫敞怳，寂兮無音，思若流波，怛
兮在心。亂曰：「佳俠函光，隕朱榮兮，嫉妒闟（茸）〔茸〕，將安
程兮！方時隆盛，年夭傷兮，弟子增欷，洿沫悵兮。悲愁於邑，喧不
可止兮。嚮不虛應，亦云己兮。嫶妍太息，嘆稚子兮，懰慄不言，倚
所恃兮。仁者不誓，豈約親兮？既往不來，申以信兮。去彼昭昭，就
冥冥兮，既下新宮，不復故庭兮。嗚呼哀哉，想魂靈兮！〔註123〕

如果不是眞情流露，怎寫得出這樣哀感悲淒的句子？而武帝相信神仙長生之
術，也運用在思念李夫人身上：

上思念李夫人不已，方士齊人少翁言能致其神。乃夜張燈燭，設帷
帳，陳酒肉，而令上居他帳，遙望見好女如李夫人之貌，還幄坐而
步。又不得就視，上愈益相思悲感，爲作詩曰：「是邪，非邪？立而

〔註121〕同前註，頁3952。
〔註122〕同前註。
〔註123〕同前註，頁3953～3955。

望之，偏何姍姍其來遲！」令樂府諸音家絃歌之。〔註124〕

這樣深情淒美的故事，《史記‧孝武本紀》說是發生在王夫人身上〔註125〕，究竟是王夫人，還是李夫人？二千年後對於這個故事可能要有所保留，因為少翁在元狩四年（前119年）因詐術被武帝識破而處死，而李夫人在少翁被殺之後才病死，因此班固記述亦有錯誤的可能。然而不論如何，李夫人是被武帝深愛著的，當時親近武帝的人，似乎都明白李夫人才是武帝的至愛。《西京雜記》這部專記西漢軼聞就記載，武帝曾送李夫人象牙製的席子〔註126〕，而武帝與李夫人在一起時，偶爾拿李夫人的玉簪來搔頭，從此宮人搔頭皆用玉，玉因而身價飛漲〔註127〕；另外，跟在武帝身邊二十餘年的霍光亦是人證之一〔註128〕，《漢書‧孝武李夫人傳》記載：「武帝崩，大將軍霍光緣上雅意，以李夫人配食，追上尊號曰孝武皇后。」〔註129〕「緣上雅意」應是霍光根據武帝生前對李夫人真情的瞭解，並非是武帝有所交待，很可能是霍光有意效法當年武帝合葬館陶公主與董偃的心意，成全武帝與李夫人這對有情人。

四、政治糾葛型

所謂伴君如伴虎，身在宮廷，雖然錦衣玉食，但是宮中險惡令人防不勝防，尤其是無心參與政事，卻無端捲入政治的糾紛，只是為了滿足既得利益

〔註124〕同前註，頁3952。

〔註125〕《史記‧孝武本紀》：「其明年，齊人少翁以鬼神方見上。上有所幸王夫人，夫人卒，少翁以方術蓋夜致王夫人及竈鬼之貌云，天子自帷中望見焉。於是乃拜少翁為文成將軍，賞賜甚多，以客禮禮之。文成言曰：『上即欲與神通，宮室被服不象神，神物不至。』乃作畫雲氣車，及各以勝日駕車辟惡鬼。又作甘泉宮，中為臺室，畫天、地、泰一諸神，而置祭具以致天神。居歲餘，其方益衰，神不至。乃為帛書以飯牛，詳弗知也，言此牛腹中有奇。殺而視之，得書，書言甚怪，天子疑之。有識其手書，問之人，果偽書。於是誅文成將軍而隱之。」前引書，卷12，頁458。

〔註126〕《西京雜記》卷5：「武帝以象牙為簟，賜李夫人。」前引書，頁40。

〔註127〕《西京雜記》卷2：「武帝過李夫人，就取玉簪搔頭。自此後宮人搔頭皆用玉，玉價倍貴焉。」同前註，頁3。

〔註128〕《漢書‧霍光傳》：「霍光字子孟，票騎將軍去病弟也。……去病死後，光為奉（常）〔車〕都尉光祿大夫，出則奉車，入侍左右，出入禁闥二十餘年，小心謹慎，未嘗有過，甚見親信。」前引書，卷38，頁2931。霍去病在元狩六年（前117年）死，霍光自元狩六年以後即出入內廷，而李夫人得幸是在元鼎、元封年（前116～前105年）間，因此霍光可說是目睹了武帝與李夫人之間的愛情故事。

〔註129〕同前註，卷97上〈外戚傳‧孝武李夫人傳〉，頁3951。

者的權力慾望，西漢亦有幾位捲入政治的宮廷婦女，茲述如下。

（一）政治婚姻──高祖魯元公主

　　魯元公主，乃漢高祖劉邦與呂后所生之女，其一生的命運可說是與三次「政治婚姻」有關，而捲入西漢開國之初的政治漩渦裡。

　　魯元公主年幼時，因劉邦尚是地方的小亭長，還得與其母至田間工作，待楚漢相爭時，她與其弟劉盈與父母失散，飽受顛沛流離、生離死別之苦，直至劉邦打敗項羽，登上皇帝寶座，才成為尊貴的公主。

　　但是這並不意味魯元公主從此一帆風順的人生，首先她差點成為西漢第一位和親公主。高祖八年（前 199 年），時匈奴屢次侵犯邊疆，高祖有鑑於平城七日之圍而尋問劉敬解決之道，劉敬建議：

> 陛下誠能以適長公主妻之，厚奉遺之，彼知漢適女送厚，蠻夷必慕以為閼氏，生子必為太子，代單于。何者？貪漢重幣。陛下以歲時漢所餘彼所鮮數問遺，因使辯士風諭以禮節。冒頓在，固為子婿；死，則外孫為單于。豈嘗聞外孫敢與大父抗禮者哉？兵可無戰以漸臣也。若陛下不能遣長公主，而令宗室及後宮詐稱公主，彼亦知，不肯貴近，無益也。〔註130〕

但是呂后只有一兒一女，捨不得魯元公主嫁至北方匈奴，高祖只好以家人子為長公主與匈奴和親，魯元公主因而逃過與異族結締婚姻，而可能影響其一生命運的政治婚姻。

　　第二次的政治婚姻是劉邦為了鞏固自身地位，把魯元公主給嫁給趙王張耳之子張敖為妻，但是在高祖九年（前 198 年），張敖臣屬卻因高祖七年（前 200 年）時，劉邦北伐平城之役大敗而歸，路經趙國遷怒恭迎有禮的張敖有所不滿，欲刺死高祖，不料事洩，張敖及其臣屬被下令逮捕，雖經多方查證，張敖果真不知情，但劉邦還是削張敖的王位為宣平侯。史籍並無記載此時魯元公主的處境及心情，但從「呂后數言張王以魯元公主故，不宜有此。上怒曰：『使張敖據天下，豈少而女乎！』」〔註131〕此時，魯元公主的權勢地位想必是宕到谷底。

　　第三次的政治婚姻雖然並非己意，但卻使魯元公主成為當朝僅次於呂后而具有顯赫權勢和地位的貴夫人。這是劉邦死後，惠帝即位，朝政卻掌握在

〔註130〕《史記》，前引書，卷 99〈劉敬列傳〉，頁 2719。
〔註131〕前引書，卷 89〈張耳列傳〉，頁 2584。

呂后手裡，呂后爲了擴大及鞏固自身勢力，將魯元公主的女兒嫁給自己的兒子惠帝爲皇后，也就是說呂后爲了滿足對政治的貪欲而主導這樁悖於倫理的甥舅重親，但是魯元公主從此又增加了一個皇帝岳母的頭銜。

惠帝在位七年即崩，呂后正式臨朝主政，同年，魯元公主亦薨，賜號魯元太后。魯元公主一生，可說是享盡人間的榮華富貴，但綜觀其命運卻是受制其父母，受制於朝廷權力的考量，而捲入政治漩渦裡。

（二）政變未遂 —— 武帝鄂邑公主

鄂邑公主，武帝的女兒，因其封地在鄂（今湖北），故名鄂邑公主，又因其夫婿乃武帝母親王太后的侄兒王充，王充嗣爵蓋侯，所以鄂邑公主又稱鄂邑蓋主或蓋主。武帝崩，年僅八歲的昭帝即位，因其母趙婕伃已歿，所以身爲長姊的鄂邑公主入宮輔養昭帝。

武帝臨終前，詔霍光與上官桀等大臣輔政，霍光與上官桀是兒女親家，上官桀之子上官安娶霍光之女爲妻，生有一女，年方六歲，上官安欲將此女嫁予昭帝爲后，與霍光商量，霍光考量昭帝尚未須立后，且外孫女過於年幼，並不同意上官安的提議。上官安轉而尋求與鄂邑公主的私近子丁外人：

> 聞長主內女，安子容貌端正，誠因長主時得入爲后，以臣父子在朝而有椒房之重，成之在於足下，漢家故事常以列侯尚主，足下何憂不封侯乎？〔註132〕

鄂邑公主就衝著「漢家故事常以列侯尚主」，讓上官安之女登上皇后寶座，事後上官安亦欲履行他的諾言，沒想到多次向霍光提及丁外人封侯之事，均被霍光以其非正式夫婿爲由而否決，兩家從此結下樑子。上官父子眼見朝權爲霍光獨攬，於是聯合鄂邑公主與燕王旦及御史大夫桑弘羊欲除掉霍光，首先誣告霍光圖謀不軌：

> 光出都肆郎羽林，道上稱趯，太官先置。又引蘇武前使匈奴，拘留二十年不降，還乃爲典屬國，而大將軍長史敞亡功爲搜粟都尉。又擅調益莫府校尉。光專權自恣，疑有非常。臣旦願歸符璽，入宿衛，察姦臣變。〔註133〕

沒想到昭帝不採信，甚而怒曰：

〔註132〕《漢書》，前引書，卷97上〈外戚傳・孝昭上官皇后傳〉，頁3958。
〔註133〕同前註，卷68〈霍光金日磾傳〉，頁2935。

　　大將軍忠臣，先帝所屬以輔朕身，敢有毀者坐之。〔註134〕

上官桀等人不敢復言，繼而「謀令長公主置酒請光，伏兵格殺之，因廢帝，迎立燕王爲天子」〔註135〕，不料事機敗露，霍光誅殺上官父子與桑弘羊及丁外人宗族，至於燕王及鄂邑公主即自殺身亡。

　　鄂邑公主以輔養帝王成長，功在朝廷，如能安於現狀，必定享有榮華富貴的一生，但是爲其私近子求爵位一事，不惜策動政變，結果政變未遂即事洩而自殺。

（三）稚幼帝后 —— 昭帝上官后

　　上官皇后（前 89～前 37），昭帝輔政大臣霍光外孫女，甫六歲立后，可說是史上最年幼的皇后，立后十年昭帝崩，即未滿年十六歲就貴爲皇太后。

　　當初霍光爲八歲即位的昭帝選立皇后的過程，乃是因爲在宮中輔養昭帝的鄂邑蓋長公主，所私近的丁外人遊說，上官皇后在其父上官安大力推薦，以「容貌端正」而雀屏中選：

> 昭帝始立，年八歲，帝長姊鄂邑蓋長公主居禁中，共養帝。蓋主私近子客河間丁外人。上與大將軍聞之，不絕主驩，有詔外人侍長主。長主內周陽氏女，令配耦帝。時上官安有女，即霍光外孫，安因光欲內之。光以爲尚幼，不聽。安素與丁外人善，説外人曰：「聞長主內女，安子容貌端正，誠因長主時得入爲后，以臣父子在朝而有椒房〔註136〕之重，成之在於足下，漢家故事常以列侯尚主，足下何憂不封侯乎？」外人喜，言於長主。長主以爲然，詔召安女入爲倢伃，安爲騎都尉。月餘，遂立爲皇后，年輔六歲。〔註137〕

一個八歲的帝王，與一個六歲的帝后，尚未解人事，對自己的婚姻毫無自主權，顯然只能任人擺佈，在今日眼光看來，如同家家酒遊戲。而在昭帝崩後，「皇太后」的頭銜更成了其外祖父霍光手中廢立帝王的工具：

> 昭帝崩，亡嗣。……迎昌邑王賀。……既至，即位，行淫亂。光憂懣，獨以問所親故吏大司農田延年。延年曰：「將軍爲國柱石，審此

〔註134〕同前註，頁 2936。
〔註135〕同前註。
〔註136〕顏師古注曰：「椒房，殿名，在未央宮，皇后所居。」見《漢書》，前引書，卷 97 上〈外戚傳・孝昭上官皇后〉，頁 3958。
〔註137〕同前註。

人不可,何不建白太后,更選賢而立之?」……太后被珠襦,盛服坐武帳中,侍御數百人皆持兵,期門武士陛戟,陳列殿下。群臣以次上殿,召昌邑王伏前聽詔。光與群臣連名奏王,尚書令讀奏曰:……孝昭皇帝早棄天下,亡嗣,臣敞等議,禮曰「為人後者為之子也」,昌邑王宜嗣後,遣宗正、大鴻臚、光祿大夫奉節使徵昌邑王典喪。服斬緦,亡悲哀之心,廢禮誼,居道上不素食,使從官略女子載衣車,內所居傳舍。始至謁見,立為皇太子,常私買雞豚以食。……召皇太后御小馬車,使官奴騎乘,遊戲掖庭中。與孝昭皇帝宮人蒙等淫亂,詔掖庭令敢泄言要斬。太后曰:「止!為人臣子當悖亂如是邪!」……光曰:「皇太后詔廢,安得天子!」……昌邑群臣坐亡輔導之誼,陷王於惡,光悉誅殺二百餘人。……光遂復與丞相敞等上奏曰:「《禮》曰『人道親親故尊祖,尊祖故敬宗。』(太)〔大〕宗亡嗣,擇支子孫賢者為嗣。孝武皇帝曾孫病已,武帝時有詔掖庭養視,至今年十八,師受《詩》、《論語》、《孝經》,躬行節儉,慈仁愛人,可以嗣孝昭皇帝後,奉承祖宗廟,子萬姓。臣昧死以聞。」皇太后詔曰:「可。」〔註138〕

昌邑王劉賀淫亂固然應該廢,武帝曾孫劉詢賢能更當繼位,但從「將軍為國柱石,審此人不可,更選賢而立之?」一語看來,一個十六歲的外孫女可能拒絕身為一國輔政大臣外祖父的意見嗎?表面上是尊重皇太后,實際上卻是假皇太后之手,行朝政權力之實,上官皇后僅是霍光掌握朝權的一幕垂簾罷了!

　　史書並無任何文字記載昭帝生前與上官皇后這對小夫妻的婚姻生活,但是卻記述昭帝死後,上官皇后貴為皇太后時,未滿十六歲,元帝建昭二年(前37 年)五十二歲崩,也就是長達三十七年的歲月,上官皇后是寡居一人,既無生下一兒半女,而且貴為皇太后又不能改嫁,可以想像無端被捲入政權爭奪的上官皇后,終其一生只能孤獨地待在庭院深深的後宮中。

第三節　西漢宮廷婦女參政之成敗因由與歷史評論

　　西漢是中國歷史上第一個由平民革命所建立的封建王朝,隨著君主政體

〔註138〕《漢書》,前引書,卷 68〈霍光傳〉,頁 2937～2947。

的確立，沖齡繼位的君主，比率甚高，相對的，后妃參政的機會也隨之增多。后妃參政，其結果有成有敗，而在以男性爲中心的封建社會裡，婦女掌握朝廷政權難免會受到批評，然而後人對於西漢宮廷婦女參政的議論並沒有一面倒的批評，有些力陳德政，有些明褒暗貶，當然由於君主專制政治的延續，強烈反對的聲浪漸居主流。本節主要是剖析西漢宮廷婦女參政之成敗因由，與後世因父權凌駕的結果，對婦女參政的負面評論。

一、成敗之因由〔註139〕

宮廷婦女對政治的參與有兩種形式，其一是以帝王爲媒介：這是最普遍的方式，舉凡太后、后妃、或是公主，都可透過帝王來影響朝廷人事用度的政策；其二是以太后臨朝的方式：這是幼帝繼位，爲保證帝權不致旁落，因此母后是最適合的人選。不論是其一或其二，都有成功或失敗的例子，西漢宮廷婦女參與政治，進而影響皇帝決策而成功者，如文帝館陶公主、景帝平陽公主、武帝李夫人、元帝傅昭儀；以太后臨朝而成功者，如呂后。當然婦女參政亦有失敗之例，如文帝竇后、元帝王后、武帝鄂邑公主。下文即敘述西漢宮廷婦女參政成功與失敗之因由。

（一）成功之因由

剖析西漢宮廷婦女參與政治，成功之因有下列二點：

1. 具有領袖特質〔註140〕

西漢參政之宮廷婦女中，就屬呂后最具領袖氣質。呂后慘殺戚姬母子，及設計毒害韓信等功臣大老之私德雖令人詬病，然而在稱制之前，已參與了一定程度的政治活動，如前半生與劉邦長年南北征戰，累積了運籌帷幄的政治經歷與攝政能力。管仲在《管子·小匡》論人君之條件：「人君唯優與不敏爲不可。優則亡眾；不敏則不及事。」〔註141〕提出爲人君者不可具備「優」與「不敏」兩個條件，「優」是優柔寡斷，當斷不斷，反受其亂，爲人君者如有此毛病，終將導致敗亡；「敏」是指頭腦反應的靈敏，人君的頭腦應該聰明，反應快而準，才能臨機應變，穩操勝算，甚而反敗爲勝，反之，人君如果「不

〔註139〕本文對「成敗」的定義乃是從是否實現其個人願望的角度切入。
〔註140〕本文對「領袖特質」乃是以成功的政治領袖爲主，與其個人私德無關。理想的領袖條件眾多，然本文以其有政治才能與獨立的主政能力爲切入點。
〔註141〕〔齊〕管仲撰，〔唐〕房玄齡注，《四部備要》子集，臺北：中華書局，1966年，卷8，頁18。

敏」，不是做錯決定，就是容易被臣子蒙騙，加速敗亡，恰巧呂后正沒有這兩個毛病。

當呂后了解到韓信已功高震主時，在適當時機殺了韓信，而且一併解決彭越與黥布，以免夜長夢多，手段雖陰險，但卻不失乾淨俐落；惠帝崩逝後，其可以順利掌握朝政，無非是之前立魯元公主之女為后的先見之明，及在朝臣前泣而不哀的奪權之戲；而且在與匈奴和親過程中，忍辱求和，以換得一個時期的邊境和平，有利於戰國以來中原因長期戰爭之殘破的生產恢復，執行了大亂之後的無為政治，為日後文景之治的黃金時代鋪路，這種顧全大局的舉動，可說是政治上成熟的表現。以上事例都證明了呂后的「不優」與「敏」，已具備了人君的領袖特質。

2. 利用帝王弱點

文帝竇后、館陶公主，景帝王后、其女平陽公主與武帝李夫人及元帝傅昭儀是典型以帝王為媒介，而成功地達成她們的政治訴求，因為她們都善於利用帝王的弱點。

（1）以孝治國的心理

漢代以孝治國，因此母權至上，西漢不少太后以此利用帝王的弱點，如：元帝傅昭儀即是抓住哀帝「朕幼而孤，皇太太后躬自養育，免于襁褓，教道以禮，至於成人，惠澤茂焉。『欲報之德，昊天罔極。』」〔註142〕的心裡，順利求得皇太太后的尊號。

（2）猜忌心理

文帝館陶公主與景帝王后則是抓住景帝猜忌心裡的弱點，成功地達成她們的願望。前者是不滿向栗姬求親失敗的恥辱，因此不斷在景帝面前毀謗栗姬與其子，久而久之，影響栗姬在景帝心中的地位；此時有意問鼎皇后寶座的王夫人順勢利用景帝的猜忌，陰使大臣立栗姬為皇后，讓景帝誤以為是栗姬唆使朝中大臣，一氣之下，廢掉栗姬，而立王夫人為皇后，其子膠東王為太子。

（3）喜好美色

歷來英雄難過美人關，喜好美色是天性。武帝之姊平陽公主，眼見武帝結婚多年，膝下猶虛，因此在府中「求良家女十餘人，飾置家」〔註143〕，以

〔註142〕《漢書》前引書，卷77〈鄭崇傳〉，頁3255。
〔註143〕同前註，卷97上〈外戚傳・孝武衛皇后〉，頁3949。

俟機送進宮，偶然機會下，武帝果真看上衛子夫，爾後立衛子夫爲后；而李夫人更是傳奇，她了解「以色事人者，色衰而愛弛，愛弛則恩絕」〔註144〕的道理，堅持不肯讓武帝見到她的病容，而在死後讓武帝對其念念不忘，且完成她生前託囑其兄弟爲封侯的願望。

（二）失敗之因由

並不是每位參與政治的宮廷婦女都具備領袖特質，或者都懂得在適當時機抓住帝王的弱點，因此也有參與政治而失敗的，剖析西漢宮廷婦女參與政治，失敗之因有下列二點：

1. 缺乏主政能力

西漢宮廷婦女中，參與政治行動鮮明，卻缺乏主政能力，導致君臨天下後，惶惶不知所措，政權旁落，最典型莫過於元后王政君。史書中對元后的記載，除了「婉順得婦人道」〔註145〕外，似乎別無長處，其當上太后之後，依重外戚王鳳，王鳳死後，又受王莽阿諛奉承，朝政全權委託王莽，最後爲王莽取而代之，此時元后雖眷戀故國之情，一句「我漢家老寡婦，且暮且死」，終究對西漢亡國的史實無濟於事。

2. 私心掩蔽理智

文帝竇后因寵愛幼子梁孝王，竟然希望景帝能拋除「父子相傳」的漢制，百年後將帝位傳給梁孝王，因袁盎等大臣反對，景帝才作罷；至於武帝鄂邑公主，竟然爲其私近子丁外人應循「漢家故事常以列侯尚主」之例，不惜策動政變，不料，政變未遂，即事洩而自殺。

二、歷史評論

歷來對后妃參與政治，文人總是抱持負面評論，然仍有持以肯定者，但少之又少，下文即闡述對后妃參與政治「正反」兩面的意見。

（一）正面肯定

中國歷史對后妃參與政治，一概稱爲「干政」。之所以出現「干政」一詞，是有其深刻的社會背景，因爲封建社會剝奪了女子與男子在社會上的平等權利，她們被排斥於政治之外，因而有「干政」一詞的出現。

〔註144〕同前註，卷97上〈外戚傳・孝武李夫人〉，頁3952。
〔註145〕同前註，卷98〈元后傳〉，頁4015。

　　呂后是中國歷史上第一個在政治舞台上眞正嶄露頭角的女性，在她之前也有不少皇后、太后或帝王寵妃干涉朝政〔註146〕，但都不如呂后的握有實權。劉邦崩後，呂后執政十五年，其中臨朝稱制八年（前187年～前180年），因此司馬遷不立〈惠帝紀〉，而立〈呂太后本紀〉，然而依正統觀念，只有天子才能立〈本紀〉，爲何司馬遷偏偏要爲呂后立〈本紀〉？

　　司馬遷撰寫《史記》，對於呂后稱制，並沒有以傳統「牝雞司晨」的角度切入，反而以其政績出發，爲其立〈呂太后本紀〉，且讚曰：

> 孝惠皇帝，高后之時，黎民得離戰國之苦，君臣俱欲休息乎無爲，
> 故惠帝垂拱，高后女主稱制，政不出房戶，天下晏然。刑罰罕用，
> 罪人是希。民務稼穡，衣食滋殖。〔註147〕

司馬遷對呂后並沒有「加之以女人亂政禍國的罪名」〔註148〕，也沒有因爲她殘殺戚姬母女與韓信等開國功臣，就扣上女暴君的帽子，反給予很高的總評價，稱其在位時，「政不出房門，天下晏然，刑罰罕用，罪人是希，民務稼穡，衣食滋殖」，這是因爲呂后長期跟隨劉邦南征北討，也曾在田間辛苦耕種過，深知民間疾苦，所以對於國計民生的大致方針是依循劉邦的路線，奉行無爲之治，徹底與民休養生息，司馬遷的論贊就是對呂后無爲政治的評價，這種觀點也爲班固所襲用：

> 孝惠、高后之時，海內得離戰國之苦，君臣俱欲無爲，故惠帝拱己，
> 高后女主制政，不出房闥，而天下晏然，刑罰罕用，民務稼穡，衣
> 食滋殖。〔註149〕

班固亦爲呂后立〈高后紀〉，意同《史記》。但是在司馬遷傳文中，卻對呂后的私德與太后臨朝這個政治問題完全依歷史的本來面貌持否定態度，而且作了無情的揭露與鞭撻，形成論贊與傳文不相稱的對照。單就太后臨朝一事而言，即意味著外戚專政，國家將有兩股勢力在抗衡，甚且嚴重對立，這對國家是不利的，因此司馬遷在〈本紀〉傳文中充分揭露呂后爲了擅權的種種惡行，爲的是讓後世的人君有資可鑑，亦爲後世的太后外戚有例可戒。

〔註146〕如秦芈太后、趙惠文后、齊君王后及韓國太后。
〔註147〕《史記》，前引書，卷9，頁412。
〔註148〕白靜生〈《史記》中的女性形象〉，收錄於《河北師院學報》，1982年3期，頁67。
〔註149〕《漢書》，前引書，卷3，頁104。

（二）負面否定

從《三國志‧魏書‧后妃傳》記述：「《易》稱『男正位乎外，女正位乎內；男女正，天地之大義也。』」〔註150〕得知從觀念到綱常上，這「內外之別」已將女性排除在國家政治之外，因此儘管后妃隸屬於皇室，但「母儀天下」似乎才是她們應有的名份。如果她們專權或干預朝政，無論對國家社會有利還是有害，都會在歷史上留下惡名。所以即使后妃與下層婦女有多大不同，依然逃不掉男權的統治與支配。因此歷來對宮廷婦女參與朝政，史家多半是持負面評論，下文即從「災異歸咎」及「史家評論」兩點剖析。

1. 災異歸咎

漢代受到儒家思想與陰陽家思想混融的影響，「天人災異說」十分流行，因此漢儒每以自然現象配合人為行事發為災祥說，意圖以種種災異與祥瑞情形，對執政者施行一套獎罰政策，在這種思想背景下，太后主政、后妃弄權或得寵等，自然被附會為各項災害的主因。

《漢書‧五行志》可說是集西漢災異說之大成，其中言及太后主政與后妃弄權而引起的災異，解說甚多，列簡表如下：

災　　異	時　　間	內　　　　容
火　災	惠帝四年 高后元年 哀帝建平三年 平帝元始五年	呂太后殺趙王如意，殘戮其母戚夫人〔註151〕 呂氏女讒口以害趙王〔註152〕 傅太后欲與成帝母等號齊尊〔註153〕 王太后臨朝，委任王莽〔註154〕
水　災	高后三、四、八年	女主獨治，諸呂相王〔註155〕
有樹僵地	哀帝建平三年	妃后有顓〔註156〕
天陰，晝夜不見日月	昭帝崩，昌邑王即位	后妃有專，妻不壹順〔註157〕
二龍見井中	惠帝二年	呂太后幽殺三趙王〔註158〕

〔註150〕《三國志》，前引書，卷5，頁155。
〔註151〕同前註。
〔註152〕《漢書》，前引書，卷27上，頁1330。
〔註153〕同前註，頁1337。
〔註154〕同前註，頁1338。
〔註155〕同前註，頁1346。
〔註156〕同前註，卷27中之下，頁1413。
〔註157〕同前註，卷27下之上，頁1459～1460。
〔註158〕同前註，頁1466～1467。

民設（祭）張博具歌舞祠西王母	哀帝建平四年	帝祖母傅太后驕，與政事，後哀帝崩，王太后臨朝〔註159〕
日　食	哀帝元壽元年	傅太后尤與政專權〔註160〕
兩月重見	成帝建始元年	君弱而婦彊〔註161〕

就火災而言，由於漢以火德王〔註162〕，所以如果政治不修，后妃即有機會干預朝政，漢人便會歸咎於火災，董仲舒即說：

　　火者，夏成長本朝也，……人君惑於讒邪，內離骨肉，外疏忠臣，至殺世子，誅殺不辜，逐忠臣，以妾爲妻，棄法令，婦妾爲政，賜予不當，則民病血壅，腫目不明，咎及於火，則大旱必有火裁。〔註163〕

從上表呂后、傅后及元后事蹟之記錄可以看出來，漢人認定火災的成因是因爲宮廷婦女參政所致。

水災亦是漢人慣用指責宮廷婦女參政的一種災禍，《漢書・五行志》記述呂后三、四、八年時，漢中、南郡、河南與南陽皆發生大水，原因就是「女主獨治，諸呂相王」。

除火災、水災外，大自然種種的變象，亦被指爲與婦女參政有關。如哀帝建平三年（前 2 年），零陵有樹僵地，京房《易傳》曰：「棄正作淫，厥妖木斷自屬。妃后有顓，木仆反立，斷枯復生。天辟惡之。」〔註164〕

天陰，晝夜不見日月，更是歸咎婦女參政最好的理由，因爲漢人重視「日食」，趙翼在《廿二史箚記・漢重日食》中說：「漢文帝詔曰：『人主不德，則天示之災。今日食適見于天災，孰大焉。』宣帝詔曰：『皇天見異，以戒朕躬。』」〔註165〕京房《易傳》曰：「蜺，日旁氣也。其占曰：后妃有專，蜺再重，……妻不壹順，黑蜺四背，又白蜺雙出日中。妻以貴高夫，茲謂擅陽，蜺西方，日

〔註159〕同前註，頁 1476～1477。

〔註160〕同前註，卷 27 下之下，頁 1505。

〔註161〕同前註，頁 1506。

〔註162〕漢代初有火德與土德之爭，見拙作《《淮南子》天道觀之研究》，高雄師範大學國文學系碩士論文，1997 年，頁 18～19。其後乃有火德說，後又爲土德說取代，至東漢時，又爲火德說，見林麗雪〈天人合一思想對兩漢政治的影響〉（上），收錄於《書目季刊》（1975 年 6 月），9 卷 1 期，頁 73～83。

〔註163〕〔漢〕董仲舒《春秋繁露》，〔清〕凌曙注，《四部刊要》本，臺北：世界書局，出版年不詳，卷 60〈五行順逆〉，頁 308～309。

〔註164〕《漢書》，前引書，卷 27 中之下〈五行志〉，頁 1413。

〔註165〕杜維運考證《廿二史箚記及補編》，臺北：鼎文書局，1975 年，卷 2，頁 40。

光不陽，解而溫。……夫妻不嚴茲謂媟，蜺與日會。婦人擅國茲謂頃，蜺白貫日中，赤蜺四背。……」〔註166〕成帝時，有日食地震之變，杜欽乃上對策：

> 臣聞日蝕地震，陽微陰盛也。臣者，君之陰也；子者，父之陰也；妻者，夫之陰也；夷狄者，中國之陰也。《春秋》日蝕三十六，地震五，或夷狄侵中國，或政權在臣下，或婦乘夫，或臣子背君父，事雖不同，其類一也。〔註167〕

杜欽將婦奪夫權，列為日食地震的四大原因之一。而哀帝元壽元年（前2年）發生日食時，杜鄴對曰：

> 臣聞陽尊陰卑，卑者隨尊，尊者兼卑，天之道也。是以男雖賤，各為其家陽；女雖貴。猶為其國陰。……漢興，呂太后權私親屬，又以外孫為孝惠后，是時繼嗣不明，凡事多晻，晝昏冬雷之變，不可勝載。……日食，明陽為陰所臨，〈坤卦〉乘〈離〉，〈明夷〉之象也。
>
> 〈坤〉以法地，為土為母，以安靜為德。震，不陰之效也。〔註168〕

杜鄴之語，顯然是「丈夫雖賤皆為陽，婦人雖貴皆為陰」〔註169〕，在此當然是針對哀帝的祖母傅太后「傅氏侯者三人」，及其母親丁太后「丁氏侯者二人」，由此可見，日食是漢人經常用以警誡宮廷婦女參政的藉口。

二龍見井中，事發於惠帝二年（前193年），有兩龍見於蘭陵廷東里溫陵井中，劉向認為龍乃貴象，卻困於庶民之井，象徵諸侯將有幽執之禍，果真後來發生呂后誅殺三趙王之事。〔註170〕

哀帝建平四年（前3年），京師郡國民聚會里巷仟佰，設（祭）張博具，歌舞祠西王母，當時正值哀帝祖母傅太后驕，與政事，因此杜鄴對曰：

> 西王母，婦人之稱。博弈，男子之事。於街巷仟伯，明離闕內，與疆外。臨事盤樂，炕陽之意。白髮，衰年之象，體尊性弱，難理易亂。……今外家丁、傅並侍帷幄，布於列位，有罪惡者不坐辜罰，亡功能者畢受官爵。〔註171〕

〔註166〕《漢書》，前引書，卷27下之上〈五行志〉，頁1459～1460。
〔註167〕同前註，卷60〈杜周傳〉，頁2671。
〔註168〕同前註，卷85〈杜鄴傳〉，頁3475～3476。
〔註169〕《春秋繁露》，前引書，卷43〈陽尊陰卑〉，頁258。
〔註170〕劉邦八子，有三趙王：趙隱王如意、趙幽王劉友、趙共王劉恢，均死得很慘，前者被召至長安毒死，後二者，因不愛呂氏女，一為活活餓死，一為被迫自殺。
〔註171〕《漢書》，前引書，卷27下之上〈五行志〉頁1476。

此語乃是以男子博弈取悅西王母來暗諷傅氏與丁氏母權凌駕帝權。

至於「兩月重見」亦是「君弱而婦彊」的表徵。這是發生在成帝建始元年八月（前 32 年）戊午，時晨漏井盡三刻，竟兩月重見，京房《易傳》曰：「『婦貞厲，月幾望，君子征，凶』。言君弱而婦彊，爲陰所乘，則月並出。」〔註172〕日象徵陽，表男，月象徵陰，表女，兩月重見之意，顯然是女主參政之語。

《漢書‧五行志》中舉凡自然界之種種怪異事物，皆爲漢人談論災異的對象，其中以災異表示婦女參政，可說是漢人保守的政治觀，這種作法當然會影響後世正史的撰寫，如《後漢書‧五行志》就是最好的例子，爾後的《晉書》、《宋書》、《魏書》、《隋書》與《宋史》中的〈天文志〉與〈五行志〉則是將天災與人禍等怪現象，歸咎於婦女干預朝政的結果，年代稍後的《元史》、《明史》與《清史稿》所載之災異始分離自然與人事的關係，漸漸趨於純紀錄方式。

2. 史家評論

中國傳統思想中，因爲受到農業結構、父系社會及宗法精神的影響，所以並不鼓勵婦人問政，因此「婦人不得問政」的觀念早在先秦時已萌芽，如《周易‧家人》：「女正位乎內，男正位乎外。」〔註173〕就是認同「男外女內」的社會分工模式；《詩經‧小雅‧斯干》：「乃生女子，載寢之地，載衣之裼，載弄之瓦，無非無儀，唯酒食是議，無父母詒罹。」〔註174〕這是「生女弄瓦」一詞的由來，說明了重男輕女的封建社會，出生的女嬰是不受歡迎的，所以父母將其臥之床下，弄之磚瓦，待她成長後，只要教她家庭酒食即可，其他的事情，她就不須過問了。在這樣根深蒂固的觀念下，西漢的婦女參政當然是飽受批評。

南朝‧劉勰《文心雕龍‧史傳》對班固《漢書》爲呂后及元后立紀有以下的批評：

> 及孝惠委機，呂后攝政，班史立紀，違經失實，何則？庖犧以來，未聞女帝者也。漢運所值，難爲後法。牝雞無晨，武王首誓；婦無與國，齊桓著盟；宣后亂秦，呂氏危漢，豈唯政事難假，亦名號宜

〔註172〕同前註，卷 27 下之下〈五行志〉，頁 1506。
〔註173〕《十三經注疏》，前引書，卷 4，頁 13。
〔註174〕同前註，卷 11～2，頁 49。

慎矣。張衡司史，而惑同遷固，元平二后，欲爲立紀，謬亦甚矣，尋子弘雖偶，要當孝惠之嗣；孺子誠微，實繼平帝之體；二子可紀，何有於二后哉。〔註175〕

劉勰以性別角度出發，主張具有君主名分的男性，即皇帝，才可以入〈本紀〉，而太后是女性，即使是實際的主政者，亦不可以入〈本紀〉。

王夫之對於母后參政，更是徹底反對：

故聖王之治，以正俗爲先，以辨男女內外之分爲本，權移於婦人。而天下沈迷，而莫能自拔，孰爲爲之而至此，此極元后之陰狡，成帝之昏愚，豈徒召漢室之亡哉，數十年中原無丈夫之氣，而王莽之亂，暴骨如山矣。……婦人司動而陰乘陽，陽從陰，履霜而冰堅，豕孚而躓，躓天下有之，天下必亡，國有之，國必破，家有之，家必傾，父子君臣兄弟朋友之倫，以之而泯，厚生正德利用之道，以之而蔑，故曰：「尋之言，言人之言，而別於禽獸也。婦者所畜也，母者所養也，失其道則母之禍亦烈矣。豈徒婦哉。」〔註176〕

近代學者薩孟武則認爲：

吾研究中國歷史，凡婦女掌握大權的，往往發生問題。……三代之亡，亡於女禍。西漢之亡，亡元帝之后王氏。……東漢之亡，亡於外戚與閹宦的鬥爭，外戚之能秉持朝政，由於幼主即位，權歸母后（東漢自章帝始，皇統屢絕，外番入繼，故母后並非年幼主之生母）。母后欲鞏固自己的政權，無不委用父兄，以寄腹心。及至天子壯大，要收歸大權，就與宦官結合，誅戮外戚。……政治問題多少均與後庭有關。這不是說婦女握權，必生禍亂，而是說禍亂之生常起源於皇后或皇妃之握權。然則婦女握權，何以發生禍亂？古代婦女與今日婦女不同，今日男女平等，女子可與男子受同等的教育。古代有「女子無才便是德」之言，婦女多不讀書。……婦女縱曾讀書，也是一知半解，不識大體。且深居閨房之內，不知外間情形，一旦有權在手，便爲所欲爲，重者禍國，輕者害家。〔註177〕

〔註175〕〔梁〕劉勰撰，臺北：開明書店，1975年，卷4，頁2。
〔註176〕〔清〕王夫之《讀通鑑論》，臺北：商務印書館，1979年，卷2〈哀帝〉，頁87。
〔註177〕薩孟武〈鳳姐的專權及其末路〉，收錄在《紅樓夢與中國舊家庭》，臺北：東大圖書公司，1998年，頁75～77。

薩氏是從性別角度來切入問題，他認為婦女掌權往往會有問題，因為古代婦女多半沒有接受教育，即使接受教育，也是一知半解，因此所以一旦權力在手，即為所欲為。

然而筆者認為這種觀點是有偏頗的，因為處理政治問題與性別無關，雖與受教與否有程度上的關聯，但試看古今中外的男性治理朝政，他們不也受過教育，難道就沒有問題嗎？治理國家並不會因性別差異而有所不同，重要的是其主政能力，及有無一群菁英團隊輔政。史家卻往往以有色眼鏡來看待女性參政的過程，而批判其結果，這不僅是不公平，而且容易將問題畫地自限，劉詠聰就曾說：

> 作為一種權衡現象來說，女主臨朝不一定會帶來禍患。流弊是出在制度本身，與女性的能力無關。既然制度未嘗予后妃以高度的行政、管理訓練，社會也不鼓勵她們接受政治教育，那麼又如何可以要求她們有理想完美的治績呢？至於后妃對朝政的影響，論者以為「雖不能看得過高，但也不可低估」的看法是合理的。這種影響，也許主要表現在帝皇愛寵、諮詢后妃，或由母后主政等方面，但這些都不過是帝制的副產品而已。如果說到朝代立興亡，也實在必須從深刻的經濟、政治、社會、軍事、外交等因素上去尋找治亂根源，而不應直覺地歸咎於女性之得寵和主政上，否則就不是尊重歷史事實的做法了。〔註178〕

筆者認為劉氏的說法比較客觀，因為沒有一個女人可以如此神通廣大，可以操縱一個國家的興盛衰亡，一部國家機器是由一群人在共同運作的，只有在國家的大環境已經走下坡，政治、經濟節節衰退，人才隱沒，在上位者又不思改進，只圖享樂，且任用一批貪官污吏，試想不須女人執政，國家自然就敗亡了。

宮廷婦女參與朝政畢竟是封建社會的產物，如果不是帝王無能或荒於政事，怎麼會有機會讓有能力或有野心的后妃能參與朝政，這或多或少亦是封建皇帝繼承制所造成的，然而為何有些后妃參與政事時，國家依然興盛，但是史家卻予以「牝雞司晨」、女人禍國之類的批評話，除了是奉行千百年來以男權為中心的傳統觀念，最主要還是多數參與朝政的后妃仍有強烈的依附

〔註178〕劉詠聰〈魏晉以還史家對后妃主政之負面評價〉，《德才色權 —— 論中國古代女性》，臺北：麥田出版社，1998年，頁155～156。

性，因此大封外戚爲朝廷命官成爲慣例，難以超越男性正統的皇權，導致男性始終瞧不起女性參與政治的原因。

不論後人或後代史家對西漢婦女參政的議論爲何，對當時的政治情勢並不能起任何的作用，只是代表某些人的看法。但有一點值得注意的是，歷來史家從不認同女性參與朝政，所以對於參與政治的宮廷婦女評價，不論她們的政績好壞，幾乎很少把她們當作政治家或主政者來批評，而是從「女性」的角度來評論，這是有失公允的。

第四節　西漢宮廷婦女參政之影響

《禮記‧昏義》：「古者天子后立六宮、三夫人、九嬪、二十七世婦、八十一御妻，以聽天下之內治，以明章婦順，故天下內和而家理。天子立六宮、三公、九卿、二十七大夫，八十一元士，以聽天下之外治，以明章天下之男教，故外和而國治。故曰：『天子聽男教，后聽女順；天子理陽道，后治陰德，天子聽外治，后聽內治。教順成俗，外內和順，國家理治，此之謂盛德。』」〔註179〕雖然后妃的職責是聽天下內治，不得干預帝王統治的外廷，但是對「家天下」的封建制度而言，就不能完全排斥后妃對皇帝政策的影響。本節主要是論述西漢宮廷婦女的參政對其朝政的影響。

一、外戚權力高漲

所謂的外戚，一般是指皇帝的母族與妻族，有時也包括公主的夫族，因爲是異姓，故稱外，是封建社會執政階層中特殊的群體。當他們倚仗著掖庭之親與椒房之寵，進而掌握朝政與軍政之權，此即外戚政治，由於他們憑藉著女寵而干預政治，甚至釀成篡位，對國家興盛衰亡的影響可說相當深遠。

歷代王朝外戚多憑藉皇后、太后勢力而把持朝政，權重勢大，往往威脅皇權，〈外戚世家〉云：「自古受命帝王及繼體守文之君，非獨內德茂也，蓋亦有外戚之助焉。」〔註180〕明白指出一個王朝的興盛與否，不僅是帝王要以德承受，外戚也負輔政之責，司馬遷又舉出夏、商、周三代「始興末亡」正是因爲外戚未善盡其責：

> 夏之興也以塗山，而桀之放也以末喜；殷之興也以有娀，紂之殺也

〔註179〕《禮記集解》下，前引書，卷58，頁1422。
〔註180〕《史記》，前引書，卷49，頁1967。

嬖妲已；周之興也以姜原及大任，而幽王之禽也淫於褒姒。〔註181〕
根據上述所言，司馬遷認為一國的興亡，關鍵點在外戚，然而是否正意味著外
戚是隨著后妃的身份地位而有機會封爵晉侯，這一點在西漢的外戚歷史上得到
印證：呂后時期，大封諸呂為侯；武帝時，衛子夫得寵，衛氏一門權貴一時；
李夫人病危的囑託，亦使其兄弟加爵封侯；昭帝時，霍光位高權重；而元后時，
更有一日五侯之例。因此外戚政治是中國封建社會君主專制的產物。

外戚政治始於秦，形於西漢，外戚政治從西漢時期正式登上歷史舞台。
基本上，宮廷婦女參政有兩種方式，其一是以皇帝為橋樑，經由對皇帝的遊
說來影響政治中樞的決策；其二是以太后身份來臨朝聽政，為了保證皇權不
至旁落，當幼帝繼位時，母后是最合適的人選；然而「皇太后臨朝稱制之時，
她的權力地位雖等同於皇帝，但反而有損其原本擁有的優越性；因為就權力
實質運作的觀點而言，皇太后只有在臨朝之後，才能真正嚐到權力的滋味。
只不過實際享有這份權力的，並不一定是太后本人。費滋哲羅（Fitzgerald）
教授在談及漢朝諸太后時，曾作一個微妙的比喻，他說：『漢朝太后所扮演的
是特洛木馬（Trojan Horse）的角色，引進一批充滿野心的親戚爭權奪利，但
她們自己只提供誘餌，成為其家族工具。』這的確道出了太后攝政中重要狀
況之一。當帝位與政權無法順利有效銜接時，皇太后基於其在皇帝制度中獨
特的身份地位，自然容易成為有心人士利用的對象。這並不限於太后的家族，
任何既成勢力或野心家都可以試圖借用太后攝政的名義，進行權力的爭奪。
當然，遇到權力慾強的太后，也可能藉著她在皇后時已有的政治基礎，因勢
乘時地建立起以自己為中心的權力網。」〔註182〕西漢的外戚就是這樣應運而
生。

考察西漢歷史，得知西漢外戚出身多自微賤。清・趙翼《廿二史劄記・
漢初后妃多出微賤》指出：

兩太后一皇后，皆出自微賤，且多有夫者。〔註183〕

〈武帝三大將皆由女寵〉談到衛青、霍去病、李廣利，趙翼又一次說：

〔註181〕同上。

〔註182〕劉靜貞〈從皇后干政到太后攝政──北宋真仁之際女主政治權力試探〉，收
錄在鮑家麟編《中國婦女史論集讀集》，臺北：稻鄉出版社，1999 年，頁 136
～137。

〔註183〕兩太后乃指文帝母薄太后與武帝母王太后，一皇后則指武帝衛皇后，而後成
帝趙飛燕乃謳者出身，亦皆微賤。臺北：鼎文書局，1975 年，卷 3，頁 59。

　　三大將皆出自淫賊苟活，或爲奴僕，或爲倡優，徒以嬖寵進，後皆
　　成大功名將，此理之不可解者也。且衛媼一失節婦，生男爲大將軍，
　　生女長君孺嫁公孫賀，官至丞相；次少兒生去病，又嫁陳掌，亦爲
　　詹事；小女子夫，且爲皇后。而去病異母弟光，又因去病入侍中，
　　後受遺輔政，封博陸侯，爲一代名臣，其始皆由賤婦而起。〔註184〕

根據《漢書・外戚傳》記載，西漢十一位皇帝，共二十二位外戚，其中明確
記載出身微者十一家，佔一半的比率，分別是高祖妻族呂氏、文帝母族薄氏、
妻族竇氏、景帝妻族王氏、武帝妻族衛氏、李氏、趙氏、宣帝母族王氏、妻
族許氏、元帝妻族傅氏、成帝妻族趙氏，在這十一家外戚中，有布衣豪傑，
有奴僕、倡妓，甚至戰俘、刑徒，但他們都因家中有女爲宮中后妃而成爲皇
親國戚，至於其他十一家，或是近親、或是良家子、或是王侯之女。無論出
身爲何，其封官晉侯，乃是隨著后妃得寵的高漲，尤以后妃把持朝政時，外
戚的權力更是不可一世，甚至於釀成篡位。

　　《漢書・外戚傳》引司徒掾班彪曰：「三代以來，春秋所記，王公國君，
與其失世，稀不以女寵。漢興，后妃之家呂、霍、上官，幾危國者數矣。及
王莽之興，由孝元后歷漢四世爲天下母，饗國六十餘載。」〔註185〕這裡明確
指出西漢外戚曾有四次篡位，前三次均告失敗，而且嚴重影響朝廷的存亡，
僅王莽篡位成功。

　　羅慶康認爲西漢外戚篡位能否成功，必須具備四個條件，即母后臨朝、
外戚柄權、皇帝幼小或懦弱、群臣的支持，四者缺一不可〔註186〕。王莽篡位
成功可說具備了以上這四個條件〔註187〕，而且王莽的篡位成功亦是中國歷史

〔註184〕同前註，卷2，頁52。
〔註185〕《漢書》，卷98〈元后傳〉，頁4035。
〔註186〕羅慶康〈西漢外戚四次篡位結果之比較〉，收錄於《長沙電力學院社會科學學
　　　　報》，1997年第4期，頁73。
〔註187〕1. 姑母元后的支持：元后歷元、成、哀、平四朝，掌政近五十年。2. 王氏外
　　　　戚權重：《漢書・元后傳》：「群弟世權，更持國柄，五將十侯。」王氏子弟「分
　　　　据勢官滿朝廷」，且「郡國守相刺史皆出其門」卷98，頁4013～4036。3. 皇
　　　　帝幼小：平帝九歲即位，十四歲崩，劉子嬰二歲即位，「政自莽出」。4. 拉攏
　　　　群臣：《漢書・王莽傳》：「（王莽）因折節爲恭儉，受《禮經》，師事沛郡陳參，
　　　　勤身博學，被服如儒生，事母及寡嫂，養孤兄子，行甚敕備…爵位益尊，節
　　　　操愈謙。散輿馬衣裘，振施賓客，家無所餘，收贍名士，交結將相卿大夫甚
　　　　眾，故在位更推薦之，游者爲之談說，虛譽隆洽，傾其諸父矣。……」卷99
　　　　上，頁4039～4040。

上首位篡位成功的外戚。

外戚政治的產生，是伴隨宮廷婦女的參政而來，《後漢書・皇后紀》說明了外戚干政的結果：

> 莫不定策帷帟，委事父兄，貪孩童以久其政，抑明賢以專其威。任重道悠，利深禍速。身犯霧露於雲臺之上，家嬰縲紲於圄狂之下。湮滅連踵，傾軌繼路。而赴蹈不息，燋爛爲期，終於陵夷大運，淪亡神寶。〔註188〕

班固〈外戚傳〉亦贊曰：

> 易著吉凶而言謙盈之效，天地鬼神至于人道靡不同之。夫女寵之興，繇至微而體至尊，窮富貴而不以功，此固道家所畏，禍福之宗也。序自漢興，終于孝平，外戚後庭色寵著聞二十有餘人，然其保位全家者，唯文、景、武帝太后及邛成后四人而已。至如史良娣、王悼后、許恭哀后身皆夭折不辜，而家依託舊恩，不敢縱恣，是以能全。其餘大者夷滅，小者放流，烏嘑！鑒茲行事，變亦備矣。〔註189〕

看來外戚雖貴爲皇親國戚，但是其命運卻寄託在榮寵不定的后妃身上，如蜉蝣一般，朝不保夕，一旦椒房失寵，或「欲危宗廟，逆亂不道」〔註190〕時，下場往往更淒涼、更悽慘。

趙翼在《廿二史箚記・兩漢外戚之禍》中論述：

> 兩漢以外戚輔政，國家既受其禍，而外戚之受禍，亦莫如兩漢者。崔駰疏言漢興以後，至於哀平，外家二十餘，保全者四家而已。章懷註：謂高帝呂后，產祿謀反誅；惠帝張后廢；文帝母薄太后弟昭被殺；文帝竇后弟子嬰誅；景帝薄后、武帝陳后俱廢；武帝衛后自殺；昭帝母趙太后賜死；昭帝上官后家族誅；宣帝祖母史良娣以巫蠱死；宣帝母王夫人弟子商下獄死；霍后廢，家亦破；元帝王后弟子莽篡位伏誅；成帝許后賜死，趙后廢自殺；哀帝祖母傅太后家屬徒合浦；平帝母衛姬家屬誅。其四家者，景帝王后、宣帝許后、王后、哀帝母丁姬家，皆保全也。〔按章懷此註亦有誤，史良娣死時，衛太子未爲帝，史氏並未以外戚干政致禍也。惟哀帝后傅氏，帝崩

〔註188〕《後漢書》，前引書，卷10上，頁401。
〔註189〕《漢書》，前引書，卷97下〈外戚傳〉，頁4011。
〔註190〕同前註，卷8〈宣帝紀〉，頁251。

後爲王莽所廢自殺，此當在駰所言二十餘家之内耳。〕〔註191〕

因此，東漢有些后妃從西漢帝王后妃任用外戚掌權之禍中吸取教訓，認爲「推原禍本，總由於柄用輔政，故權重而禍亦隨之」〔註192〕，故不假以權，如明帝馬后戒飭外家，章帝欲封外戚，她指出：「吾豈可上負先帝之旨，下虧先人之德，重襲西京敗亡之禍哉。」〔註193〕；又和帝鄧后，亦約束外家，其生病，母等探視均限日數，不「使外舍久在内省」〔註194〕。然而東漢除光武帝、明帝、章帝等無外戚之禍外，其餘諸帝多是「母后臨朝，未有不亂者也。」〔註195〕

二、立下宮廷婦女干政之例

范曄在《後漢書・皇后紀》中敘述戰國至兩漢時期后妃干政的歷史：

> 自古雖主幼時艱，王家多釁，必委成冢宰，簡求忠賢，未有專任婦
> 人，斷割重器。唯秦羋太后始攝政事，故穰侯權重於昭王，家富於
> 嬴國。漢仍其謬，知患莫改。東京皇統屢絕，權歸女主，外立者四
> 帝，臨朝者六后，莫不定策帷帟，委事父兄，貪孩童以久其政，抑
> 明賢以專其威。任重道悠，利深禍速。身犯霧露於雲臺之上，家嬰
> 縲絏於圄犴之下。湮滅連踵，傾輈繼路。而赴蹈不息，燋爛爲期，
> 終於陵夷大運，淪亡神寶。〔註196〕

史上第一位參政后妃是秦羋太后，爾後的趙惠文后、齊君王后及韓國太后相繼秉政，但眞正握有實權是到了西漢的呂后，其以太后名義正式臨朝稱制，呂后這個舉動影響後來的后妃對政治干預的心態，不只是后妃，即使是已出閣的公主都有機會干預朝政，因爲這些宮廷婦女都是生活在封建統治權力頂峰者——皇帝的周圍，當然對政治的影響是不容忽視的，呂后可說是立下宮廷婦女參政之例，如在其之後的文帝竇太后，亦以太后之名干預景帝朝廷人事的安排，甚且以政治力量影響西漢的學術方向，至於傅太后的貪慾在西漢末期的朝廷更是引起一陣旋風，但總不及元后委政王莽的廢漢自立來得嚴重。有鑑於此，東漢初曾一度消滅外戚勢力，但是漢代獨尊儒術的重視孝道，

〔註191〕前引書，卷3，頁67。
〔註192〕前引書，卷3，頁68。
〔註193〕《後漢書》，前引書，卷10上〈皇后紀〉，頁411。
〔註194〕同前註，頁419。
〔註195〕《讀通鑑論》，前引書，卷4，頁1490。
〔註196〕《後漢書》，前引書，卷10上，頁401。

使得母權不減反增，因此自章帝死後，太后臨朝，幼主頻立，惡性循環，直至東漢滅絕。范曄文中所提之臨朝者六后所指乃：章帝竇后、和熹鄧后、安思閻后、順烈梁后、桓思竇后、靈思何后。

　　東漢不但形成太后臨朝的傳統，而且還將其制度化、合法化，這一轉變以和熹鄧后（綏）（81 年～121 年）十七年臨朝稱制〔註197〕受到肯定爲標誌。歷史上把她的臨朝稱制叫作「和熹故事」，說明在當時和後代都將鄧綏的女主統治視爲合法〔註198〕。之後，安思閻后〔註199〕、順烈梁后〔註200〕、桓思竇后〔註201〕與靈帝何后〔註202〕相繼臨朝秉權，而從魏晉至清末，太后臨

〔註197〕《後漢書・皇后紀》：「和熹鄧皇后諱綏，……元興元年（105 年），帝崩，長子平原王有疾，而諸皇子夭沒，前後十數，後生者輒隱祕養於人閒。殤帝生始百日，后乃迎立之。尊后爲皇太后，太后臨朝。」前引書，卷 10 上〈和熹鄧皇后〉，頁 421。和熹鄧后兩度臨朝稱制：1. 時殤帝百餘日：「孝殤皇帝諱隆，和帝少子也。元興元年十二月辛未夜，即皇帝位，時誕育百餘日。尊皇后曰皇太后，太后臨朝。」卷 4〈孝和孝殤帝紀〉，頁 195。2. 時安帝年十三：「恭宗孝安皇帝諱祐，肅宗孫也。……延平元年（106 年），……八月，殤帝崩，太后與兄車騎將軍鄧騭定策禁中。其夜，使騭持節，以王青蓋車迎帝，齋于殿中。皇太后御崇德殿，百官皆吉服，群臣陪位，引拜帝爲長安侯。……太尉奉上璽綬，即皇帝位，年十三。太后猶臨朝。」卷 5〈孝安帝紀〉，頁 203～204。

〔註198〕杜芳琴〈中國歷代女主與女主政治略論〉，收錄於鮑家麟《中國婦女史論集》第四集，臺北：稻鄉出版社，1995 年，頁 40。

〔註199〕《後漢書・皇后紀》：「安思閻皇后諱姬，……后有才色。元初元年（114 年），以選入掖庭，甚見寵愛，爲貴人。二年，立爲皇后。后專房妒忌，帝幸宮人李氏，生皇子保，遂鴆殺李氏。四年春，后從帝幸章陵，帝道疾，崩於葉縣。……尊后曰皇太后。皇太后臨朝，以顯爲車騎將軍儀同三司。太后欲久專國政，貪立幼年，與顯等定策禁中，迎濟北惠王子北鄉侯懿，立爲皇帝。……少帝立二百餘日而疾篤，……立濟陰王，是爲順帝。……明年，太后崩。在位十二年，……。」前引書，卷 10 下〈安思閻皇后〉，頁 435。

〔註200〕《後漢書・皇后紀》：「順烈梁皇后諱妠，……建康元年（144 年），帝崩。后無子，美人虞氏子炳立，是爲沖帝。尊后爲皇太后，太后臨朝。沖帝尋崩，復立質帝，猶秉朝政。」前引書，卷 10 下〈順烈梁皇后〉，頁 439。順烈梁后亦二次秉政：1・時沖帝二歲：「孝沖皇帝諱炳，順帝之子也。母曰虞貴人。建康元年立爲皇太子，其年八月庚午，即皇帝位，年二歲，尊皇后曰皇太后。太后臨朝。」卷 6〈孝順孝沖孝質帝紀〉，頁 275。2・時質帝八歲：「孝質皇帝諱纘，肅宗玄孫。……及沖帝崩，皇太后與冀定策禁中，丙辰，使冀持節，以王青蓋車迎帝入南宮。丁巳，封爲建平侯，其日即皇帝位，年八歲。」卷 6〈孝順孝沖孝質帝紀〉，頁 276。

〔註201〕《後漢書・皇后紀》：「桓思竇皇后諱妙，章德皇后從祖弟之孫女也。父（諱）武。延熹八年，鄧皇后廢，后以選入掖庭爲貴人，其冬，立爲皇后，而御見

朝，公主參政，更是不勝枚舉，大抵說來，儒學文化濃厚的朝代，宮廷婦女
大都能克盡本份，未過問朝政，如宋代與明代的后妃及公主，嚴守禮法，且
絕少干政，相對的，儒學文化淡薄，甚而胡風甚盛的朝代，后妃及公主干政
情形嚴重，不只是大權獨攬的臨朝稱制，甚而奪權政變的君臨天下，如北魏
馮太后〔註203〕、胡太后〔註204〕、唐太平公主〔註205〕，最有名的的就是唐
武則天〔註206〕及清慈禧太后〔註207〕，前者是中國封建社會唯一的女皇帝，

甚稀，帝所寵唯采女田聖等。永康元年冬，帝寢疾，遂以聖等九女皆爲貴人，
及崩，無嗣，后爲皇太后。太后臨朝定策，立解瀆亭侯宏，是爲靈帝。」前
引書，卷10下〈桓思竇皇后〉，頁445。

〔註202〕《後漢書‧皇后紀》：「靈思何皇后諱某，南陽宛人。……性彊忌，後宮莫不
震慄。光和三年，立爲皇后。……中平六年，帝崩，皇子辯即位，尊后爲皇
太后。太后臨朝。」前引書，卷10下〈靈思何皇后〉，頁449～450。

〔註203〕《魏書‧皇后列傳》：「文成文明皇后馮氏，長樂信都人也。……年十四，高
宗踐極，以選爲貴人，後立爲皇后。……顯祖即位，尊爲皇太后。丞相乙渾
謀逆，顯祖年十二，居於諒暗，太后密定大策，誅渾，遂臨朝聽政。及高祖
生，太后躬親撫養。是後罷令，不聽政事。太后行不正，内寵李弈。顯祖因
事誅之，太后不得意。顯祖暴崩，時言太后爲之也。……承明元年，尊曰太
皇太后，復臨朝聽政。……自太后臨朝專政，高祖雅性孝謹，不欲參決，事
無鉅細，一稟於太后。太后多智略，猜忍，能行大事，生殺賞罰，決之俄頃，
多有不關高祖者。是以威福兼作，震動内外。……諡曰文明太皇太后，葬於
永固陵。」〔北齊〕魏收撰，楊家駱主編《魏書》，臺北：鼎文書局，1975
年，卷13〈孝文幽皇后馮氏〉，頁328～330。

〔註204〕《魏書‧皇后列傳》：「宣武靈皇后胡氏，……。後姑爲尼，頗能講道，世宗
初，入講禁中。積數歲，諷左右稱後姿行，世宗聞之，乃召入掖庭爲承華世
婦。……及肅宗踐阼，尊後爲皇太妃，後尊爲皇太后。臨朝聽政，猶稱殿下，
下令行事。後改令稱詔，群臣上書曰陛下，自稱曰朕。太后以肅宗沖幼，未
堪親祭，欲傍《周禮》夫人與君交獻之義，代行祭禮，訪尋故式。門下召禮
官、博士議，以爲不可。而太後欲以幬幔自鄣，觀三公行事，重問侍中崔光。
光便據漢和熹鄧後薦祭故事，太后大悅，遂攝行初祀。……太后性聰悟，多
才藝，姑既爲尼，幼相依托，略得佛經大義。親覽萬機，手筆斷決。……」
同前住，卷13〈宣武靈皇后胡氏〉，頁337～340。

〔註205〕唐代公主參政意識濃厚，成爲唐代政治一大特色，如常樂公主、永泰公主、
安樂公主等，最突出的是唐高宗與武則天之女太平公主，武則天稱帝時，太
平公主即參與政治活動的策畫，神龍元年，宰相張柬之逼武則天傳位中宗，
其亦加入；景龍四年，韋后發動政變，臨朝稱制，太平公主與李隆基合謀殺
死韋后，立睿宗爲帝，從此太平公主權震天下，然而後來與李隆基不合，遭
其所殺。見歐陽修，宋祁合撰《新唐書》，楊家駱主編《新校本新唐書》，臺
北：鼎文書局，1976年，卷83〈諸帝公主列傳‧高宗三女〉，頁3650～3652。

〔註206〕《舊唐書‧則天皇后本紀》：「則天皇后武氏，諱曌，并州文水人也。……初，
則天年十四時，太宗聞其美容止，召入宮，立爲才人。及太宗崩，遂爲尼，

後者垂簾聽政將近五十年，最後結束封建社會的統治。

西漢是封建社會的君主專制的開始，劉邦是開國皇帝，其皇后呂后是第一位參政的宮廷婦女，至於清代則是封建統治的終結王朝，慈禧太后是封建社會最後一位參政的女主，因此，如果說封建王朝的政治是以女主始，亦以女主終，並不爲過，而且從中可見宮廷婦女在中國古老的封建君主專政上，所佔的一席之地是何等重要，其意義可謂深長。

三、後世明文禁止

禁止宮廷婦女參政的理論，早在先秦就有跡可尋，如：「哲婦傾城」〔註208〕、「亂匪降自天，生自婦人」〔註209〕、「婦無公事，休其蠶織」〔註210〕、「毋使婦人與國事」〔註211〕等等。到了漢代，漢武帝有鑑於呂后主政的母權

居感業寺。大帝於寺見之，復召入宮，拜昭儀。……。帝自顯慶以後，多苦風疾，百司表奏，皆委天后詳決。自此內輔國政數十年，威勢與帝無異，當時稱爲「二聖」。……弘道元年（683年）十二月丁巳，大帝崩，皇太子顯即位，尊天后爲皇太后。既將篡奪，是日自臨朝稱制。……大赦天下，改元文明。皇太后仍臨朝稱制。庚午，廢皇太孫重照爲庶人。……改東都爲神都，……垂拱元年春正月，以敬業平，大赦天下，改元。……頒下親撰《垂拱格》於天下。……二年春正月，皇太后下詔，復政於皇帝。以皇太后既非實意，乃固讓。皇太后仍依舊臨朝稱制，……載初元年春正月，神皇親享明堂，大赦天下。依周制建子月爲正月，改永昌元年十一月爲載初元年正月，十二月爲臘月，改舊正月爲一月，大酺三日。神皇自以「曌」字爲名，遂改詔書爲制書。……九月九日壬午，革唐命，改國號爲周。改元爲天授，大赦天下，賜酺七日。乙酉，加尊號曰聖神皇帝，降皇帝爲皇嗣。……神龍元年……戊申，皇帝上尊號曰則天大聖皇帝。冬十一月壬寅，則天將大漸，遺制祔廟、歸陵，令去帝號，稱則天大聖皇后；……是日，崩於上陽宮之仙居殿，年八十三，諡曰則天大聖皇后。」〔後晉〕劉昫等撰，楊家駱主編《新校本舊唐書》，臺北：鼎文書局，1976年，卷6，頁115～132。

〔註207〕慈禧太后的垂簾聽政是中國近代史上的轉捩大事之一，也是關係著清朝存亡的關鍵點，其一生二度聽政：同治與光緒二朝，爾後皇帝雖成長親政，然慈禧太后以仍以訓政之名，在幕後操控，繼續掌權，其臨死前安排年僅三歲的溥儀爲皇帝繼承人，企圖三度抱幼帝臨朝，不料，隔天即撒手歸天。總計慈禧太后垂簾與訓政時間，前後長達四十七年，若以咸豐末年即過問政事計算，則足足影響中國歷史五十年之久。詳見《清史稿・后妃列傳・文宗・孝欽顯皇后》，見《清史稿校註》第10冊，臺北：國史館，1986年，頁7690～7695。

〔註208〕《詩經》，前引書，卷9〈小雅・小大雅譜〉，頁312。

〔註209〕同前註，卷18〈大雅・瞻卬〉，頁695。

〔註210〕同前註。

〔註211〕《春秋穀梁傳》，《十三經注疏》，前引書，卷8〈僖公九年〉，頁21。

危險，因此在立昭帝之前，先殺其母鉤弋夫人，免得「主少母壯」：

> 鉤弋夫人，……得幸武帝，生子一人，昭帝是也。武帝年七十，
> 乃生昭帝。昭帝立時，年五歲耳。……上居甘泉宮，召畫工圖畫
> 周公負成王也。於是左右群臣知武帝意欲立少子也。後數日，帝
> 譴責鉤弋夫人。夫人脫簪珥叩頭。帝曰：「引持去，送掖庭獄！」
> 夫人還顧，帝曰：「趣行，女不得活！」夫人死雲陽宮。……其後
> 帝閑居，問左右曰：「人言云何？」左右對曰：「人言且立其子，
> 何去其母乎？」帝曰：「然。是非兒曹愚人所知也。往古國家所以
> 亂也，由主少母壯也。女主獨居驕蹇，淫亂自恣，莫能禁也。女
> 不聞呂后邪？」〔註212〕

> 孝武鉤弋趙婕妤，昭帝母也，……〔太〕始三年生昭帝，號鉤弋
> 子。……鉤弋子年五六歲，壯大多知，上常言〔類我〕，又感其生
> 與眾異，甚奇愛之，心欲立焉，以其年稺母少，恐女主顓恣亂國家，
> 猶與久之。〔註213〕

漢武帝這種杜絕后妃干政的做法對後世是有影響的，魏文帝曹丕在黃初三年
（222年）曾下詔：

> 夫婦人與政，亂之本也。自今以後，君臣不得奏事太后，后族之家
> 不得當輔政之任，又不得橫受茅土之爵；以此詔傳後世，若有背違，
> 天下共誅之。〔註214〕

曹丕有鑑於東漢后妃、外戚干政所致之禍，臨終時為避免婦人主政，因此未
雨謬謀；後來北魏太祖拓跋珪亦起而仿效，他告訴嗣子拓跋嗣：

> 昔漢武帝將立其子而殺其母，不令婦人後興國政，使外家為亂汝當
> 繼統，故吾遠同漢武，為長久之計。〔註215〕

拓跋珪臨終前還下令賜死幽皇后，史家對這件事竟是這樣的評論：

> 始祖生自天女，克昌後葉。靈后淫恣，卒亡天下。傾城之戒，其在
> 茲乎？鉤弋年稚子幼，漢武所以行權，魏世遂為常制。子貴母死，
> 矯枉之義不亦過哉。高祖終革其失，良有以也。〔註216〕

〔註212〕《史記》，前引書，卷49〈外戚世家〉，頁1985～1986。
〔註213〕《漢書》，前引書，卷97上〈外戚傳・孝武鉤弋趙倢伃〉，頁3956。
〔註214〕《三國志》，前引書，卷2〈魏書・文帝紀〉，頁80。
〔註215〕《魏書》前引書，卷3〈太宗明元帝紀〉，頁49。
〔註216〕同前註，卷13〈皇后列傳〉，頁341。

后妃被殺雖然值得同情，但史家原則上似乎也肯定這種措施〔註217〕，而「子貴母死」的惡例直到孝文帝才去除。明代在洪武元年（1368年），有「鑑前代女禍」，所以得天下後「立綱陳紀，首嚴內教」，遂命儒臣修女誡，並諭翰林學士朱升說：

> 治天下者，正家為先。正家之道，始於謹夫婦。后妃雖母儀天下，
> 然不可俾預政事。至於嬪嬙之屬，不過備職事，侍巾櫛，恩寵或過，
> 則驕恣犯分，上下失序。歷代宮闈，政由內出，鮮不及禍。惟明主
> 能察於未然，下此多為所惑。卿等其纂女誡及古賢妃事可為法者，
> 使後世子孫知所持守。〔註218〕

此皆為君臣意圖防止后妃干政的事例，至於公主自小生長在宮中，這類的訓文當然得遵守。

其他諸如官修或民編的女教書或童訓讀物，亦提倡婦女不宜參與政治，理所當然成為后妃與公主的必讀之書，如《敘古千文》以「牝雞遘晨，枝幹披瘁」〔註219〕形容唐代因為婦女主政，所以唐室枝葉披析凋瘁；明仁孝文徐皇后本身即有女諸生之稱，據《明史》記載：「仁孝皇后徐氏，幼貞靜，好讀書，稱女諸生。……嘗採女憲、女誡作內訓二十篇。」〔註220〕其《內訓》分為德性、修身、慎言、謹行、勤勵、警戒、節儉、積善、遷善、崇聖訓、景賢範、事父母、事君、事舅姑、奉祭祀、母議、睦親、慈幼、逮下、待外戚共二十章〔註221〕，內容包括皇室的守則及傳統婦女的道德規範，以〈事君〉而言，其教導后妃應「中饋是專，外事不涉」，「毋擅寵而怙恩，毋干政而撓法」，因為「擅寵則驕，怙恩則妒，干政則乖，撓法則亂」〔註222〕；另外，太祖御製諸書中，《歷代公主錄》〔註223〕將隋唐公主以「善惡」區分，

〔註217〕司馬遷早在《史記・外戚世家》談及鉤弋夫人因「子貴母死」時，即作出漢
　　　　武帝此舉乃「昭然遠見，為後世計慮，固非淺聞愚儒之所及也」的評論。
〔註218〕《明史》，前引書，卷113〈后妃列傳・序言〉，頁3503。
〔註219〕胡寅撰，黃灝注《敘古千文》，《傳統蒙學叢書・千字文》，長沙：岳麓書社，
　　　　1981年，頁96。
〔註220〕《明史》，前引書，卷113〈后妃列傳〉，頁3509～3510。
〔註221〕〔明〕仁孝文皇后徐氏撰，收錄於〔清〕紀昀等撰《景印文淵閣四庫全書》
　　　　709，子部15・儒家類，臺北：商務印書館，1986年，頁721下。
〔註222〕同前註，頁733下～735上。
〔註223〕〔清〕黃虞稷撰《千頃堂書目》，收錄於〔清〕紀昀等撰《景印文淵閣四庫全
　　　　書》676，史部434・儒家類，前引書：「歷代公主錄二卷，洪武時編，始隋
　　　　蘭陵公主，終唐襄陵公主，分善惡、示勸誡。」頁247。

希望公主能以「善」例爲從，以「惡」例爲戒，清‧陳宏謀《教女遺規》則收錄王朗川《言行彙纂》，開列「婦禁十三」，其中第一條就是禁婦女「干預外政」〔註 224〕；至於康雍時人藍鼎元《女學》則強調「婦人無外事」、「多言不如寡」〔註225〕，且廣引古例，如：深得唐太宗李世民器重的長孫皇后，李欲與其論賞罰，長孫后卻以「牝雞之晨，惟家之索，妾婦人，安敢預聞政事」〔註 226〕回答。女教書一再宣揚這種理念，無非是希望宮廷中的后妃及公主們不要參與朝政。

　　大抵說來，宮廷婦女參政的影響，除了少數的公主外，仍以后妃影響較大，因爲后妃是權力核心者最貼近的人，不論是身爲皇后或妃子，尤以太后者，皆最容易左右帝王的決策，如果其是非不明，私心與權力欲又重，且外戚官滿朝廷，必定動搖國家的根本，歷來此種情形除了漢呂后及唐武則天尚能使國家強盛外，其餘之例大都發生在朝代末年時期，或許是開國之初尚能以前朝爲鑑，隨後即沈迷於富貴享樂之中，直到敲響喪鐘爲止，慈禧不就是最好的例子，由於其貪權戀政，險些使中國成爲亡國之奴，最後終結整個中國古老的封建制度，爾後再也沒有后妃，再也沒有公主，當然也就不會有宮廷婦女參政之事了！

〔註224〕〔清〕陳宏謀《教女遺規》，《五種遺規》，上海：掃葉山房，1926 年，卷正，
　　　　　頁 13 下。
〔註225〕〔清〕藍鼎元《女學》，《鹿州全集》，1732 年刻本，卷 4，頁 46 下。
〔註226〕〔宋〕歐陽修、宋祈《新唐書》，楊家駱主編，臺北：鼎文書局，1976 年，
　　　　　卷 76〈后妃列傳〉，頁 3470。

第三章　西漢哀怨類宮廷婦女之形象

　　翻開歷史，可以發現中國皇帝的一生，絕大多數都是在數以千計的年輕貌美女子圍繞中快樂的度過。從其一出生便落入了並非其母的女人懷抱中，待長大後，除了太后外，可以隨心所欲臨幸後宮任何一個女子，這些女子就成了皇帝廣義的妻妾，妻即皇后，只有一個，妾則是後宮中有名號的女子，皇帝在後宮生活，絕大多數是和皇后或他寵妃在一起。

　　然而撥開後宮的神秘面紗，會發現在美人林立的豪華宮殿裡，雖然雕樑畫棟，錦衣玉食，但卻不是人間天堂，而是殺人不見血的無聲戰場。表面上後宮顯得安寧祥和，后妃們一個個有如沉魚落雁般，端莊秀麗，溫柔嫻雅，如同仙女下凡，但實際上卻一個個城府深沈，用盡心機，甚至心如蛇蠍，為爭寵奪愛，不惜使盡一切手段。試想，數以千計的女子，競相爭奪的丈夫只有一個，個個無不渾身使勁，因此妒情的血液從沒有在後宮女子血管中間斷過。

　　本章所要探討的是中國第一個平民所建立的朝代 —— 西漢，其後宮女子哀怨的形象，先一究其哀怨之因，再分析後宮中的后妃與公主哀怨之類別，最後論述後代文人士大夫對其的憐憫，在作品中給予的迴響。

第一節　宮廷婦女哀怨肇因

　　后妃在進宮之後，雖然生活錦衣玉食，珠環翠繞，但她們仍是帝王的玩物，精神上大都是空虛寂寞，幸運者能獲得帝王的寵愛，然而地位也不穩定，隨時都有可能遭帝王廢棄，或他人暗算排擠的危險。

　　本節所要探討的是封建時代帝王後宮婦女在衣食無憂之餘，何以生活仍不快樂，甚至近在天子身邊，卻仍有生命危險，試以「妻妾成群」、「育子之悲」、「巫蠱迷信」、「重親婚姻」與「和親外交」五點來論述。

一、妻妾成群

　　中國多妻制起源甚早，《史記・五帝紀》：「嫘祖爲黃帝正妃。」《索隱》案：「黃帝立四妃。」〔註1〕又〈五帝紀〉：「黃帝二十五子，其得姓者十四人。」《索隱》案：「《國語・胥臣》云『黃帝之子二十五宗，其得姓者十四人，爲十二姓。』……」〔註2〕十二個姓，分別出自四個妃子所生，但是黃帝的妃子還不只四個，〈封禪書〉稱黃帝與「群臣後宮從上者七十餘人」皆成仙而去〔註3〕；到了商周時代，《管子・七臣七主》說紂王：「馳車千駟不足乘，材女樂三千人。」〔註4〕；到了戰國，《管子・小匡》記載：「昔先君襄公，……九妃六嬪，陳妾數千。」〔註5〕《孟子・盡心》下亦記述：「食前方丈，侍妾數百人。」〔註6〕從以上，可以看出中國多妻制其來有自，且「九妃六嬪」之語，顯然后妃體制已趨於成熟。《禮記・曲禮》記載更詳細：「天子有后，有夫人，有世婦，有嬪，有妻，有妾。」〔註7〕《禮記・昏義》：「古者天子后立六宮，三夫人、九嬪、二十七世婦、八十一御妻。」〔註8〕六宮正是帝王妻妾的住所，自漢唐至宋元明清，嬪妃的設置歷代雖有增損，但大體不離此，因此「後宮佳麗三千」絕非誇張虛言，有甚者至萬人。所以封建制度下的帝王體制，皇帝除皇后一人外，是可以擁有無數的妃妾，這種後宮妻妾成群，彼此之間的爭權奪寵是導致後宮屢傳悲劇的原因。

　　唐宣帝時有一首著名的〈題紅葉〉詩：「流水何太急，深宮盡日閒。殷勤謝紅葉，好去到人間。」〔註9〕真是道盡後宮女子與皇帝始終緣慳一面的辛酸，

〔註1〕《史記》，前引書，卷1，頁10。
〔註2〕同前註，頁9。
〔註3〕同前註，卷28，頁1394。
〔註4〕《管子》冊二，前引書，卷17，頁12。
〔註5〕同前註，卷8，頁6。
〔註6〕〔東周〕孟軻撰，《十三經注疏》，前引書，頁47。
〔註7〕〔清〕孫希旦《禮記集解》上，臺北：文史哲出版社，1990年，頁130。
〔註8〕同前註，頁1422。
〔註9〕唐宣宗宮人所題，「盧偓應舉時，偶臨御溝。得一紅葉，上有絕句。置於巾箱，及出宮人偓得韓氏，睹紅葉。吁嗟久之，曰：當時偶題，不謂郎君得之。」
　　　收錄在〔清〕聖祖御製《全唐詩》，臺北：平平出版社，1974年，卷797，頁

並不是每一個後宮女子都像這位幸運的宮女，得以獲帝王大赦，再次重返民間，尋覓一段好姻緣，絕大多數的宮女皆終老於這美麗閃耀的皇宮內院。

莊練在〈嫉妒是女人的天性——善妒皇后的心路歷程〉一文提出古代宮廷有三種現象：一、皇帝後宮妃嬪眾多，而皇后只有一個，為了登上皇后寶座，妃嬪們必定藉爭寵來提高自己在皇帝心目中的地位，以便能成為母儀天下而領袖六宮，於是後宮妃嬪之間必多爭寵的傾軋；二、皇后的寶座既是後宮妃嬪傾軋爭奪的對象，則身為皇后者必須運用一切手段來防範她的地位不致為人所奪，於是皇后與妃嬪之間也存在傾軋爭寵的現象；三、后妃爭寵的共同目標都在皇帝身上，因此如果皇帝的態度嚴厲堅定，則後宮狐媚取寵的傾軋之風可以比較收斂，反之，如果在位的皇帝正是喜愛妖冶美艷的色情人物，則宮廷傾軋爭寵的風氣必定大盛，在此起彼落的風潮起伏之中，遭遇不幸命運的可憐后妃必定會有很多〔註10〕。

就西漢一朝而言，雖有明主，然其因愛好美色，加上外戚干政等各種因素摻雜其間，宮廷變數頗多，后妃爭寵亦盛極一時，因此不但出現許多爭寵善妒的后妃，因爭權奪愛或嫉妒成仇而慘遭廢斥或殺害的后妃為數亦不少，如高祖戚夫人、武帝陳后、景帝栗姬與成帝許后。

戚夫人曾在高祖耳邊細語，希望高祖能改立其子劉如意為太子，造成因年老色衰而失寵的呂后恐懼不已，後來劉如意沒當成太子，高祖一崩，戚夫人母子即落得慘死的下場；成帝許后與戚夫人一樣都死在爭權奪愛中——與趙氏姊妹爭奪后位，所不同的是戚夫人是死在呂后手中，許后則是其夫賜藥酒，令其自殺而死。

至於武帝陳后與景帝栗姬亦是在爭寵中，嫉妒成仇而為帝王所反感，二者皆是不滿帝王另有其他妃子，前者不僅驕寵無後，且擅施狐媚，以致打入冷宮，不見天日；後者則因不願在帝王百年後照顧其他諸子，加上帝王之姊日譖其短，妃子王夫人陰使人趣，以致失去后位，憂恚而死。

宣帝霍后在爭權奪愛中，曾短暫的成功過，這是因為其母的用心算計，毒死了剛生育完的許后，使霍后順利地登上后位，但是卻毀在其母欲殺許后之子的趕盡殺絕中，立后五年即遭廢處，而後自殺，霍后可說是毀在其母一手編導的爭權奪利之中。

8968。

〔註10〕收錄於《國文天地》第 6 卷第 6 期，1991 年 2 月，頁 31～32。

上述后妃皆是在妻妾眾多中，欲脫穎而出，成為帝王的專寵，這是一般女子的企望，期冀成為心愛人的唯一，但是在妻妾成群的封建王朝中，這是難以實現的夢想，因為這樣的念頭只會潛藏殺機，為自己帶來難以預估的禍端。

二、育子之悲

在漢代，后妃的地位是否鞏固，除了美色外，還有其他因素，其中最主要的就是具備生孕能力，西漢后妃因無子而失寵者不少，如景帝薄皇后與武帝陳皇后，成帝趙飛燕姊妹可說是唯一例外的，后妃們往往因子而貴，如文帝竇后、武帝衛子夫、景帝王皇后，然而有些卻因有子而悲，如：武帝鉤弋夫人、宣帝許后、成帝曹宮與許美人、中山衛姬。

武帝鉤弋夫人可說是第一位因其子立為太子，且最有機會登基為帝，卻遭到處死的后妃，其因源於武帝深恐自己百年之後，幼帝即位，會再度發生呂氏掌權事件，因此為防範未來，於是先殺了幼帝之母；至於宣帝許后，可說是無辜受害者，其單純的個性，從未想過有人欲加害於她，因此在妊娠之後，霍后等人為恐其因子而穩定后位，因此下毒誅殺；成帝曹宮與許美人，亦是因為產子得罪無子的趙氏姊妹，而遭人下毒手；至於中山衛姬，其子登基帝，貴為當今皇帝之母，卻連見其孩子一面都不可得，終身活在憂鬱當中。

三、巫蠱迷信

漢代是一個迷信的朝代，尤以武帝為最，武帝好神仙，尚迷信，晚年多病，更是疑神疑鬼。西漢宮廷婦女因帝王迷信而受害者眾多，如武帝衛長公主、武帝衛后、衛太子史良娣、史皇孫王夫人與元帝馮昭儀。

武帝曾經因為沉迷長生不老，而將其與衛子夫所生的女兒衛長公主，嫁給方士欒大，後來發現欒大只是一個會騙吃騙喝、不學無術的無賴，於是惱羞成怒，下令腰斬欒大，使得衛長公主年紀輕輕即成寡婦，寡居終生。

至於征和二年（前91年）的「巫蠱之禍」可說是武帝晚年發生最嚴重的宮廷鬥爭，在這場骨肉相殘的悲劇中，無辜株連者達數萬人，其中衛氏一家幾乎慘遭滅門，衛太子史良娣、史皇孫王夫人皆因衛太子劉據被懷疑叛變而遭連坐法處死，衛后亦自殺，衛氏一門均死得不明不白，冤枉至極。

元帝馮昭儀更是啞吧吃黃蓮，有苦說不出來，僅因曾以肉身救駕，使得元帝不知該立其子中山王為太子，還是立其寵妃傅昭儀之子定陶王為太子，最後仍然以元后之子劉驁為太子。但是對極有可能榮登后位的傅昭儀而言，

眼看著即將煮熟的鴨子飛了，當然將罪怪在馮昭儀身上，日後傅昭儀之孫劉欣即位，馮昭儀被誣陷祝詛哀帝與傅昭儀，傅昭儀一逮到機會，不問青紅皂白，即以祝詛謀反的罪名誣陷馮昭儀，逼迫馮昭儀飲藥自盡。

四、重親婚姻

身為宮廷婦女，雖然有著令人羨慕的錦衣玉食生活，但是她們可能根據政治的需要而被迫接受婚姻大事，即使是位居六宮之首的皇后，亦可能過著毫無自由、幸福，甚至愛情的生活，在西漢的宮廷婦女中不少正是政治的犧牲品，如惠帝張后、哀帝傅后。

張后與惠帝是甥舅關係，一手導演這齣亂倫悲劇正是其親外祖母呂后。呂后在劉邦崩後，不只大封諸呂為侯，更是殘殺劉氏宗室，為了鞏固自身的權力，不惜將自己的親生兒子與外孫女的婚姻當成政治籌碼，以避免惠帝娶外姓，朝廷又增加一個外戚來分割現有的權力結構，因此令人尷尬的婚姻關係產生了；後來惠帝在位七年（前 188 年）即崩，呂氏被滅後，張后終其一生只能獨居在北宮，度過餘生。

至於哀帝傅后的婚姻，亦是重親，而且傅后還是哀帝的長輩〔註 11〕，哀帝為太子時，傅氏即為妃，哀帝即位後，傅氏即為皇后，然而哀帝崩後，這位曾貴為一國之后的傅氏，卻被王莽廢為庶人而選擇自殺。

五、和親外交

考察古代的中國歷史，中原王朝與邊疆民族政權的關係，大致上可以用「戰」與「和」來概括，其中「和」的方式很多，但是「和親」可說是最主要的方式〔註 12〕。「和親」本義乃和睦親善，《周禮・秋官司寇・象胥》：「象胥：掌蠻夷、閩貉、戎狄之國使，掌傳王之言而諭說焉，以和親之。」〔註 13〕「和親」一詞成為政治術語、政治策略，則見於《左傳・襄公二十三年》：「中

〔註11〕　元　帝
　　　　　　‖
　　　　傅昭儀 ── 定陶王 ── 哀　帝
　　　　　　≲　　　　　　‖
　　　　傅　晏 ──────── 女（傅后）

說明：　‖ 表示婚姻關係
　　　　　≲ 表示兄弟姊妹關係（從父）
　　　　── 表示父母子女關係
　　　　＊傅后與哀帝乃表姑姪關係
　　　　　以祖母傅太后之侄女為妻。

　　　　參考自劉增貴《漢代婚姻制度》，臺北：華世出版社，1980 年，頁 217，圖 16。
〔註12〕林恩顯、崔明德〈論中國古代和親的功能及影響〉，收錄於《人文學報》3 卷
　　　　20 期，頁 2。
〔註13〕《十三經注疏》，前引書，卷 38，頁 581。

行氏以伐秦之役怨欒氏，而固與范氏和親。」〔註14〕到了《國語・魯語》上才有聯姻的性質：「夫爲四鄰之援，結諸侯之信，重之以婚姻，申之以盟約，固國之艱急是爲。」〔註15〕不只是諸侯國彼此之間，結援昭信，施行和親政策，即使是周王室亦採和親：「夏，狄伐鄭，取櫟，王德狄人，將以其女爲后。」〔註16〕和親似乎成了和好同盟的外交工具，這是因爲和親具備「羈縻功能」與「軍事功能」〔註17〕。

綜觀自漢以降所建立的王朝中，只有宋、明兩代沒有推行和親政策，漢、唐是推行和親政策最積極的朝代，和親政策始於漢代，盛於唐代。「漢匈和親」是西漢政府對匈奴（散居大漠南北）最主要的策略，中國歷史上的和親之舉，最早始於西漢高祖劉邦。所謂「和親」即是建立在美人計的基礎上。西漢初年，王朝甫建立，歷經秦朝的苛政與楚漢的相爭，當時社會經濟受到嚴重的破壞，此時北方的匈奴軍事力量卻日益強大，不斷發兵南下漢境搶掠騷擾，於是在高祖七年（前200年），劉邦親自率領三十三萬大軍北擊匈奴，結果反而被困平城（今山西大同）長達七天七夜，爲了緩和雙方緊張的局勢，於是採劉敬的建議對匈奴進行和親政策：

> 陛下誠能以適長公主妻之，厚奉遺之，彼知漢適女送厚，蠻夷必慕以爲閼氏，生子必爲太子，代單于。何者？貪漢重幣。陛下以歲時漢所餘彼所鮮數問遺，因使辯士風諭以禮節。冒頓在，固爲子婿；死，則外孫爲單于。豈嘗聞外孫敢與大父抗禮者哉？兵可無戰以漸臣也。若陛下不能遺長公主，而令宗室及後宮詐稱公主，彼亦知，不肯貴近，無益也。〔註18〕

劉敬就是希望藉著外孫與大父（祖父）的倫常關係，約束匈奴，同時歲時問遺，贈與米穀絲帛，滿足匈奴經濟所需，以此換取和平，於是乎公主就肩負

〔註14〕 同前註，卷35，頁602。

〔註15〕 〔三國吳〕韋昭註，臺北：商務印書館，1956年，卷4，111。

〔註16〕 《左傳・襄公二十三年》，《十三經注疏》，前引書，卷15，頁257。

〔註17〕 所謂的羈縻功能即以和親籠絡邊疆民族政權，使其對中原王朝累世歸附，從而消弭民族戰爭，保持邊疆安定；由於經濟、政治、文化的差異以及社會發展的不平衡性，中原王朝與邊疆民族政權必然產生矛盾，從而導致衝突戰爭。作爲與邊疆政策緊密相關的和親，自然也就具有了軍事功能。參自林恩顯、崔明德合撰〈論中國古代和親的功能及影響〉，收錄在《人文學報》第3卷第20期，頁4～5。

〔註18〕 《史記》，前引書，卷99〈劉敬列傳〉，頁2719。

起這個重責大任，然而也因爲當時的嫡長公主——魯元公主是呂后唯一的掌上明珠，不忍將之嫁至蠻荒北地，因此以宗室女代替，而日後宗室女與宮女往往就代替眞正的漢朝公主，成爲朝廷與異族和親的大使了。

惠帝、呂后及文帝、景帝時仍行和親政策，以求安邊保境，藉此休養生息，恢復元氣，雖然如此，然匈奴寇掠侵略邊境之事時有所聞。武帝即位之初亦採和親政策，然而漢朝國勢歷經數代經營，已日漸強盛，因此武帝不願再送女和親，決定採取主動攻擊方式，爲了分化瓦解匈奴的勢力，武帝決議「與烏孫共滅胡」的策略。

匈奴是漢朝最大的外患，欲擊敗匈奴則必須聯絡西域〔註19〕強國，以削減匈奴的勢力，當時西域諸國中，以烏孫〔註20〕的國力最強，因此如能聯結烏孫將是制衡匈奴最佳之策。張騫提出「烏孫能東居故地，則漢遣公主爲夫人，結爲昆弟，共距匈奴，不足破也。」〔註21〕所以西漢和親的對象不只是匈奴，還有烏孫國。張騫的提議決定了細君公主與解憂公主的命運，所不同的是細君公主憂死烏孫，解憂公主與其侍女馮嫽則憑藉著本身的才能，一次又一次化解漢朝與烏孫的危機。

這些和親公主都是接受中原高度的文化教養，到了他鄉異地，語言不通、習俗不同、氣候迥異〔註22〕，尤以根深蒂固的倫常觀念，實無法接受胡族父死妻子的風俗制度，但是爲了二國之間的友好，又不得不妥協，因此被迫生活在異國的悲痛可想而知。

第二節　西漢宮廷婦女哀怨之類型

歷代宮廷婦女，除了少數生兒育女者能善終外，多數人的歸宿都是很悲慘的。唐・李白〈宮中行樂詞〉言：「盧橘爲秦樹，蒲萄出漢宮。煙花宜落日，

〔註19〕指玉門關以西、巴爾喀什湖以東及以南的廣大地區，後世泛指蔥嶺以西諸國。
〔註20〕原於今甘肅河西走廊的祁連山、敦煌一帶，文帝時遷至今巴爾喀什湖東南、新疆伊犁河流域一帶。
〔註21〕《漢書・西域傳》，卷96下，頁3902。
〔註22〕《史記・匈奴列傳》：「匈奴，……逐水草遷徙，……毋文書，以言語爲約束。……其俗，寬則隨畜，因射獵禽獸爲生業，急則人習戰攻以侵伐，其天性也。……苟利所在，不知禮義。自君王以下，咸食畜肉，衣其皮革，被旃裘。壯者食肥美，老者食其餘。貴壯健，賤老弱。父死，妻其後母；兄弟死，皆取其妻妻之。」前引書，卷110，頁2879。

絲管醉春風。笛奏龍鳴水，簫吟鳳下空。君王多樂事，何必向回中水綠南薰殿，花紅北闕樓。鶯歌聞太液，鳳吹遶瀛洲。素女鳴珠佩，天人弄綵毬。今朝風日好，宜入未央遊。」〔註23〕乍看之下，皇家後宮簡直是一幅燈紅酒綠、笙歌燕舞的景象，令人陶醉，令人嚮往，然而實際上，金碧輝煌中，卻掩藏著是無止盡的鬥爭，這一切皆起因於專制帝王所建構的龐大後宮體系，分析西漢宮廷婦女哀怨之形象，大致可分為「深宮怨婦型」、「異域悲涼型」與「含冤而死型」三類。

一、深宮怨婦型

　　唐・元稹一首〈行宮〉：「寥落古行宮，宮花寂寞紅。白頭宮女在，閒坐說玄宗。」〔註24〕道盡中國長達二千多年的封建帝王後宮婦女的心聲，深宮怨婦可說是歷來宮廷普遍的現象，不只是終其一生無緣見到帝王容貌的宮女埋怨，即使是帝王寵愛的后妃，都有可能一不小心被皇帝打入冷宮，過著暗無天日的歲月。

　　所謂伴君如伴虎，待在全國最高權力者身邊，凡事得戰戰兢兢，如臨深淵，如臨薄冰，水能載舟，亦能覆舟，錦衣玉食的背後，往往是要付出很高昂的代價。後宮女子眾多，其特色不外乎端莊、嫻雅、聰明、靈秀、知書達禮，而能在群芳中脫穎而出，引起帝王注目的，絕大多數是美貌驚人，然而女人的青春有限，一旦容顏老去，面對年輕女子的挑戰，往往不戰而敗，尤其是遇到好色的皇帝，後宮怨女就更多。

　　有關西漢宮廷中怨婦者眾多，本節主要是從史籍中有明確記載其事蹟的后妃或公主，生前寂寞地待在宮廷裡，自然死亡，非外力加諸，或自我了斷者，在她的生命歷程中，較為鮮明的形象作一介紹，如：令人尷尬的甥舅重親，張后在惠帝、魯元公主及呂后死後，孤獨地寡居終生；無子失寵的景帝薄后，靠著薄太后而登上后位，但是身在傳宗接代比尋常百姓來得重要的帝王世家，無子是很嚴重的，因為將關係本身地位的穩固，及娘家外戚勢力是否延續；這也是金屋夢碎的陳阿嬌敗在衛子夫手下的原因之一，當然她的善妒及驕寵，在宮中實行巫蠱祠祭祝詛，更是使她徹底失去人生的舞臺；西漢是個迷信的時代，尤其是漢武帝一朝，因巫蠱之禍而喪失生命不失凡幾，迷

〔註23〕見《全唐詩》，前引書，卷28，頁409。
〔註24〕一作王建詩。同前註，卷410，頁4552。

信的帝王，連自己的親生女兒也不放過，衛長公主就是毀在武帝求長生不老的迷信中，下嫁不學無術的神棍，才年餘，即寡居終生；上述提及薄后因無子而失寵，而中山衛姬卻因子顯而母悲，其子貴爲帝王，但卻連見一面都不可得，人世間的悲哀莫過於親情的「生離」與「死別」。下文即敘述這五位西漢的后妃與公主，其在庭院深深的宮廷中哀怨一生的形象。

（一）甥舅亂倫——惠帝張后

惠帝張皇后，乃惠帝之姊魯元公主的女兒，呂后的外孫女，但呂后爲鞏固自身的權勢，竟不顧倫理傳統，一手導演「甥舅重親」的戲碼，使得原本是舅舅的皇帝居然成了自己的丈夫，這是多荒唐的事啊！

或許是這層血親關係，因此張皇后始終無子〔註 25〕，呂后竟想出狠招，使張皇后佯裝懷孕，再殺後宮美人，取其子爲張皇后之子，立爲太子。沒想到惠帝在位七年（前 188 年）即崩，年紀輕輕的張皇后守寡，後來呂氏被滅，張皇后只能獨居北宮，終其一生都待在深深後宮中，看不到自己的希望與未來。

縱觀張皇后一生的悲劇，全拜呂后所賜，她僅是呂后手中的一顆棋，結婚對象、孩子的由來皆任其擺佈，甚至於後來孤獨地寡居終生。

（二）無子失寵——景帝薄后

史書對景帝第一位皇后——薄皇后的描述非常少，但是從簡短的幾句話，我們可以看出一個生長在封建宮廷中的婦女，因無法孕育子嗣而遭到冷落的淒慘畫面：

> 孝景薄皇后，孝文薄太后家女也。景帝爲太子時，薄太后取以爲太子妃。景帝立，立薄妃爲皇后，無子無寵。立六年，薄太后崩，皇后廢。〔註 26〕

可憐的薄后，應是中國歷史上第一個因無子而從后位摔下來的宮廷婦女，其立后多年，未能替景帝生下一兒半女，因此遭到廢后的悲慘命運，廢後四年即薨。

〔註 25〕有些民間野史，記述張嫣死後，宮女爲其入殮，才發現她竟還是處子，見〔清〕蟲天子輯《香豔叢書》，臺北：古亭書屋，出版年不詳、《中國美人傳奇・美人怨》，臺北：薪傳出版社，1998 年、董蓮池《中國帝王后妃外傳・兩漢部》，臺北：建宏出版社，1994 年。

〔註 26〕《漢書》，前引書，卷 97 上〈外戚傳・孝景薄皇后〉，頁 3945

（三）金屋夢碎——武帝陳后

陳皇后乃漢高祖功臣陳嬰的曾孫女，秦末，陳嬰與項羽並起，後歸漢，封爲堂邑侯，傳至孫陳午，尚武帝姑母館陶公主，生女阿嬌：

> 孝武陳皇后，長公主嫖女也。曾祖父陳嬰與項羽俱起，後歸漢，爲堂邑侯。傳子至孫午，午尚長公主，生女。初，武帝得立爲太子，長主有力，取主女爲妃。〔註27〕

陳皇后與武帝是姑表關係，兩人結親可說是親上加親，而武帝之所以娶陳皇后是因爲當初館陶公主助他登上皇帝寶座的酬庸：

> 長公主嫖有女，欲與太子爲妃，栗姬妒，而景帝諸美人皆因長公主見得貴幸，栗姬日怨怒，謝長主，不許。長主欲與王夫人，王夫人許之。會薄皇后廢，長公主日譖栗姬短。……長公主日譽王夫人男之美，帝亦自賢之。……卒立王夫人爲皇后，男爲太子。〔註28〕

陳皇后既貴爲武帝姑母之女，且武帝之所以能繼承皇位，姑母可說是主要功臣，照理說應是倍受寵愛，爲何最後會廢退於長門宮，印證了武帝年幼時金屋「藏」嬌〔註29〕之言呢！試分析如下：

1. 驕寵無後

《漢書・外戚傳》記載這位阿嬌皇后：

> 及帝即位，立爲皇后，擅寵驕貴，十餘年而無子，聞衛子夫得幸，幾死者數焉。〔註30〕

陳皇后與武帝結縭十餘年，未能產下一子，始終是遺憾，甚至花了大把銀子亦未能如願，《史記・外戚世家》云：

> 陳皇后母大長公主，景帝姊也，數讓武帝姊平陽公主曰：「帝非我不得立，已而弃捐吾女，壹何不自喜而倍本乎！」平陽公主曰：「用無子故廢耳。」陳皇后求子，與醫錢凡九千萬，然竟無子。〔註31〕

〔註27〕同前註，卷97上〈外戚傳・孝武陳皇后〉，頁3948。
〔註28〕同前註，頁3946。
〔註29〕《漢武故事》：「膠東王數歲，公主抱置膝上問曰：『兒欲得婦否？』長主指左右長御百餘人。皆云不用。指其女阿嬌好否？笑對曰：『好！若得阿嬌作婦，當作金屋貯之。』長主大悅。」（漢）班固撰，收錄於《筆記小說大觀》十三編，臺北：新興書局，1976年，頁3。亦有學者認爲《漢武故事》乃托名班固撰，此非研究目的，因而不論。
〔註30〕《漢書》，前引書，卷97上〈孝武陳皇后〉，頁3948。
〔註31〕《史記》，前引書，卷49，頁1980。

「不孝有三，無後爲大」，更何況身爲帝王之家，因爲這關係到王位的傳承問題。陳皇后既「數歲無子」，加上「擅寵驕貴」，「聞衛子夫大幸，恚，幾死者數矣。上愈怒。」〔註32〕陳后的無理取鬧終於使武帝吃了秤鉈鐵了心，將其打入冷宮。

陳皇后失寵後，欲挽回武帝之心，因此託人重金賞賜當時頗富名氣的辭賦作家司馬相如，爲之撰寫〈長門賦〉〔註33〕一闋：

> 夫何一佳人兮，步逍遙以自虞。魂踰佚而不反兮，形枯槁而獨居。
> 言我朝往而暮來兮，飲食樂而忘人。心慊移而不省故兮，交得意而相親。

文中一開始以旁觀者的角度看待陳皇后的淒慘之態，並以惆悵的語氣訴說陳皇后被貶的淒苦與原因。

> 伊予志之慢愚兮，懷貞愨之懽心。願賜問而自進兮，得尚君之玉音。奉虛言而望誠兮，期城南之離宮。脩薄具而自設兮，君曾不肯乎幸臨。廓獨潛而專精兮，天漂漂而疾風。登蘭臺而遙望兮，神怳怳而外淫。浮雲鬱而四塞兮，天窈窈而晝陰。雷殷殷而響起兮，聲象君之車音。飄風迴而起閨兮，舉帷幄之襜襜。桂樹交而相紛兮，芳酷烈之閨閨。孔雀集而相存兮，玄猨嘯而長吟。翡翠脅翼而來萃兮，鸞鳳翔而北南。

描繪陳后落魄的心情，憔悴的容顏與孤獨的內心感受，並以「孔雀集而相存兮，玄猨嘯而長吟。翡翠脅翼而來萃兮，鸞鳳翔而北南」之例，襯托出淒風苦雨的無奈。

> 心憑噫而不舒兮，邪氣壯而攻中。下蘭臺而周覽兮，步從容於深宮。正殿塊以造天兮，鬱並起而穹崇。間徙倚於東廂兮，觀夫靡靡而無窮。擠玉戶以撼金鋪兮，聲噌吰而似鐘音。

文末的「鐘音」似乎是喪鐘，宣告漢帝與陳后的愛情已死，也敲碎陳后對永恆愛情的美麗幻想。

> 刻木蘭以爲榱兮，飾文杏以爲梁，羅丰茸之遊樹兮，離樓梧而相撐。施瑰木之欂櫨兮，委參差以糠梁。時仿佛以物類兮，象積石之將將。

〔註32〕同前註，頁1979。
〔註33〕收錄於《文選》，（梁）昭明太子編、（唐）李善注，臺北：藝文印書館，1991年，16卷，頁232～234。

> 五色炫以相曜兮，爛耀耀而成光。緻錯石之瓴甓兮，象瑇瑁之文章。
> 張羅綺之慢帷兮，垂楚組之連綱。

在此以反襯筆法描寫宮廷建築的華麗與壯觀，相對的，女主人卻是寂寞、孤獨。

> 撫柱楣以從容兮，覽曲臺之央央。白鶴噭以哀號兮，孤雌跱於枯楊。
> 日黃昏而望絕兮，悵獨託於空堂。懸明月以自照兮，徂清夜於洞房。
> 援雅琴以變調兮，奏愁思之不可長。案流徵以卻轉兮，聲幼妙而復
> 揚。貫歷覽其中操兮，意慷慨而自卬。左右悲而垂淚兮，涕流離而
> 從橫。舒息悒而增欷兮，蹝履起而彷徨。揄長袂以自翳兮，數昔日
> 之愆殃。無面目之可顯兮，遂頹思而就牀。摶芬若以為枕兮，席荃
> 蘭而茝香。

此段著重在陳后等待武帝回心轉意的召見，其內心是極度的哀愁與無比的痛苦，感人肺腑。

> 忽寢寐而夢想兮，魄若君之在旁。惕寤覺而無見兮，魂迋迋若有亡。
> 眾雞鳴而愁予兮，起視月之精光。觀眾星之行列兮，畢昂出於東方。
> 望中庭之藹藹兮，若季秋之降霜。夜曼曼其若歲兮，懷鬱鬱其不可
> 再更。澹偃蹇而待曙兮，荒亭亭而復明。妾人竊自悲兮，究年歲而
> 不敢忘。

末段說明即使皇帝是如此的無情，但是陳后仍然無法割捨對帝王的一片深情，因此只有在睡夢中與之長相伴守，然而夢醒之後的落空，更是徒留傷悲，漫漫長夜，度日如年，盡是棄婦空自悲哀，即使如此，陳后始終沒有忘卻帝王，專一不渝的愛情實感人至深。

〈長門賦〉內容情詞懇切，令人動容，敘述時序由白晝、黃昏、深夜至天明，季節雖為暮春，但是情景卻近似秋季，至於獨居的陳后主要的活動是等候、彈琴、獨眠、夢君、觀星、望月等，可見百般無聊，內容的基本情節為：「得寵」──金屋藏嬌、「他人奪寵」──指衛子夫、「嫉妒爭寵」──挾婦人媚道、「深居冷宮」──長門獨處、「爭取復幸」──千金買賦，司馬相如擬託失寵陳皇后的口吻，表達她幽居在長門宮時的孤獨情景，雖以譴責的筆調揭露漢武帝負義的行為，但是更描繪陳后對武帝的一片深情，是一篇相當成功的賦，傳說漢武帝因而諒解，因此再親幸陳皇后〔註34〕，但是《史記．

〔註34〕〈長門賦・序〉：「孝武帝陳皇后時得幸，頗妒。別在長門宮，愁悶悲思。聞

索隱》卻記載：「《漢書》云：『女子楚服等坐爲皇后咒詛，大逆無道，相連誅者三百人』，乃廢后居長門宮。故司馬相如賦云『陳皇后別在長門宮，怨悶悲思，奉黃金百斤爲相如取酒，乃爲作頌以奏，皇后復親幸』。作頌信有之也，復親幸之恐非實也。」〔註35〕〈長門賦〉中說明陳后的失寵是因爲武帝有了新歡，然而根據《漢書》的記載，陳后的失寵是因爲無子，對一個封建帝王而言，沒有後代是絕對不能原諒的不孝，所以陳后的無子似乎已注定了她的悲劇。

2. 擅施狐媚

《漢書・外戚傳》記載：

> 后又挾婦人媚道，頗覺。元光五年，上遂窮治之，女子楚服等坐爲皇后巫蠱祠祭祝詛，大逆無道，相連及誅者三百餘人。楚服梟首於市。使有司賜皇后策曰：「皇后失序，惑於巫祝，不可以承天命。其上璽綬，罷退居長門宮。」〔註36〕

陳皇后的無子擅寵，已令武帝不滿，後來竟又縱容女巫楚服等人在宮中實行巫蠱祠祭祝詛，就徹底丟了皇后的榮銜了，終其一身幽居在閒人罕至的長門宮了！

（四）毀於求仙──武帝衛長公主

衛長公主，武帝的女兒，史書對其性格並無多所著墨，但從其父將她許配給稍有名氣的方士欒大，以及年紀輕輕即守寡來看，哀怨的寡居生活是可預期的。

武帝迷信，多次訪仙求神，爲的就是尋求仙藥以長生不老。欒大，膠東宮人，膠東王妃爲迎合皇帝，將欒大獻給武帝，欒大入宮，大肆吹噓：

> 臣嘗往來海中，見安期、羨門之屬。顧以爲臣賤，不信臣。又以爲康王諸侯耳，不足予方。臣數言康王，康王又不用臣。臣之師曰：「黃金可成，而河決可塞，不死之藥可得，僊人可致也。〔註37〕

因爲武帝時常爲方士所騙，所以讓欒大驗證其法，只見「鬭旗，旗自相觸

蜀郡成都司馬相如天下工爲文，奉黃金百斤爲相如君取酒，因于解悲愁之辭。而相如爲文以悟主上，陳皇后復得親幸。」同前註，頁232。

〔註35〕《史記》，前引書，卷49〈外戚世家〉，頁1979。

〔註36〕《漢書》，前引書，卷97上〈孝武陳皇后〉，頁3948。

〔註37〕《史記》，前引書，卷12〈孝武本紀〉，頁462。

擊。」武帝大喜,「是時上方憂河決,而黃金不就,乃拜大爲五利將軍。居月餘,得四金印,佩天士將軍、地士將軍、大通將軍、天道將軍印。」〔註38〕欒大一時貴顯無比,接著武帝又封欒大爲樂通侯,食邑二千戶,賜列侯甲第,僮千人,乘輿車馬帷帳器物,不只如此,武帝甚至將其與衛子夫所生之女衛長公主嫁給欒大,齎金萬斤,更名其邑爲「當利公主」。

欒大由一介方士躍爲皇親國戚,「自大主將相以下,皆置酒其家,獻遺之。」武帝又賜一「天道將軍」玉印給欒大,「天道」即「天子道天神也」,欒大佩五大印,貴震天下。然而欒大「常夜祠其家,欲以下神」,結果「神未至而百鬼集矣」,欒大只好「治裝行,東入海,求其師」〔註39〕,但是「入海求蓬萊者,言蓬萊不遠,而不能至者,殆不見其氣。」〔註40〕又告禱泰山,亦不見仙人。

武帝終於起疑,「使人微隨驗,實無所見。」〔註41〕武帝於是惱羞成怒,下令斬殺欒大,距離欒大封侯賜印不及一年半。可憐的是年紀輕輕的衛長公主成爲寡婦,幽居一生。武帝一心求仙,竟將堂堂的千金公主嫁給一個不學無術的騙子,而令公主遺憾終生,成爲眾人的笑柄。

(五)思子啼泣 —— 中山衛姬

中山衛姬〔註42〕乃平帝之母,貴爲一國之母,卻連見自己的兒子一面都不可得,可說是人間最悲慘的事。哀帝崩,無嗣,太皇太后與新都侯王莽迎中山王爲平帝,當時平帝僅是個九歲的孩童,王莽爲攬國權於一身,且鑑於傅昭儀與丁姬干預哀帝行事,因此以太皇太后之詔,下令平帝之母衛姬與其外家均不得至京師:

> 中山孝王后深分明爲人後之義,條陳故定陶傅太后、丁姬諄天逆理,上僭位號,徙定陶王於信都,爲共王立廟於京師,如天子制,不畏天命,侮聖人言,壞亂法度,居非其制,稱非其號。是以皇天震怒,火燒其殿,六年之間大命不遂,禍殃仍重,竟令孝哀帝受其餘災,大失天心,天命暴崩,又令共王祭祀絕廢,精魂無所依歸。朕惟孝

〔註38〕同前註,頁 463。
〔註39〕同前註。
〔註40〕同前註,頁 467。
〔註41〕同前註,頁 471。
〔註42〕中山孝王娶衛姬乃是以姨姪娶姨母,見本論文〈附錄〉圖表3-2「中山衛姬婚因表」,頁 257。

> 王后深說經義，明鏡聖法，懼古人之禍敗，近事之咎殃，畏天命，
> 奉聖言，是乃久保一國，長獲天祿，而令孝王永享無疆之祀，福祥
> 之大者也。朕甚嘉之。〔註43〕

「懼古人之禍敗，近事之咎殃，畏天命，奉聖言，是乃久保一國，長獲天祿。」一個多冠冕堂皇的理由，逼得衛姬似乎應以大局為重，況且拜為中山孝王后，以苦陘縣為湯沐邑，帝舅又為關內侯，帝三妹各為修義君、承禮君、尊德君，食邑各二千戶，衛姬應心滿意足的，但是對一個母親而言，見不到自己的孩子，再多的榮華富貴也只是滴滴眼淚。王莽之子王宇同情衛姬的遭遇，教其上書求至京師，沒想到被王莽得知，王宇及衛氏支屬均為王莽所殺，僅剩衛姬。衛姬自其子繼帝位，即無緣再見一面，後來王莽篡國，廢衛姬為家人，隔年即卒。

二、異域悲涼型

　　根據《西漢會要》統計，西漢和親公主共有八位〔註44〕，然而《史記》與《漢書》中有具體事蹟可考者，只有細君、解憂，由於相夫形象不明顯，因此本論文並不記述，而解憂因為其外交才華成功地解決烏孫國的政變及與漢朝的友邦關係，且最終回歸中土與細君病死烏孫的結局相距甚遠，筆者將之歸納為「才德類」，至於昭君雖為宮女，但由於被呼韓邪單于立為閼氏，具有和親公主的實質意義，因此將其視為和親公主。

　　和親公主本人的命運是不幸的，她們在異國他鄉度過了似水年華，起初沒有自擇佳偶的權力，後來因語言不通，也沒有花前月下、兩情相悅的伉儷

〔註43〕《漢書》，前引書，卷97下〈外戚傳・中山衛姬〉，頁4008。
〔註44〕1. 高帝時：取家人子公主，妻單于。2. 孝惠三年（前192年）：以宗室女為公主，嫁匈奴單于。3. 文帝時：遣宗室人女翁主為單于閼氏。4. 孝景五年（前152年）：遣公主嫁匈奴單于。5. 孝武元封中（前108年～107年）：遣江都王建女細君為公主，妻烏孫昆莫。6. 細君公主死，復以楚王戊之孫解憂為公主，妻烏孫昆莫岑陬。7. 宣帝元康二年（前64年）：以解憂公主之弟子相夫為少主，欲妻烏孫昆彌翁歸靡，未出塞，後翁歸靡死，國內政變，天子聽從望之分析，徵還少主。按：相夫雖未完成和親任務，但已予和親公主封號，置官屬侍御百餘人，舍上林，學烏孫語言，可見朝廷已將相夫視為和親公主，且為她做和親基本條件的訓練。因此本文仍視她為和親公主。然其史書無具體事蹟，因之不論。8. 元帝竟寧元年（前33年）：以後宮良家子王嫱字昭君，妻匈奴呼韓邪單于。見〔宋〕徐天麟撰，臺北：九思出版社，1978年，卷6，頁56～59。

情深，只有倫常習俗不同的痛苦無奈，但她們卻恪守自己的政治使命，以實際行動維持兩國之間友好關係。下文即敘述細君與昭君這兩位和親公主遠赴異域，肩負和親這重責大任的形象。

（一）悲愁異域──武帝細君公主

漢朝在武帝發動對匈奴的戰爭之前，是採取和親政策，經營西域亦是採用此策，在西域諸國中，烏孫國因爲地理條件優越，及國勢較爲強盛〔註45〕，因此成爲漢朝急欲籠絡的對象。在整個西漢與烏孫的聯姻中，最有名的和親公主就是細君公主與解憂公主。

細君公主〔註46〕又稱烏孫公主，並非武帝的親生女兒，而是江都王劉建的女兒。身爲諸侯王的女兒並沒有爲她帶來幸福快樂的日子，反而因爲年幼時父母以謀反罪名被判死刑〔註47〕，孤苦零丁的長大成人後，卻面臨朝廷欲

〔註45〕《漢書・西域傳》：「烏孫國，大昆彌治赤谷城，去長安八千九百里。戶十二萬，口六十三萬，勝兵十八萬八千八百人。相，大祿，左右大將二人，侯三人，大將，都尉各一人，大監二人，大吏一人，舍中大吏二人，騎君一人。東至都護治所千七百二十一里，西至康居蕃內地五千里。地莽平。多雨，寒。山多松樠。不田作種樹，隨畜逐水草，與匈奴同俗。國多馬，富人至四五千匹。民剛惡，貪（狼）〔狼〕無信，多寇盜，最爲彊國。」前引書，卷96下，頁3901。

〔註46〕高兵在〈西漢和親公主封號蠡測〉一文提出，從《漢書・西域傳》：「漢元封中，遣江都王建女細君爲公主，以妻焉。」收錄在《煙台師範學院學報》，哲社版，1997年2期，頁15。江都王劉建乃劉氏宗室，細君應是宗室女，本應姓劉，而以「細君」稱之，細君應是封號，而非其姓名。根據大陸版《辭源》【細君】條釋文：1. 古時諸侯的妻稱小君，也稱細君。2. 人名，即江都王劉建女之名。臺北：商務印書館，1994年，頁2414。以當時烏孫王昆莫「有十餘子」，當然是妻妾眾多，漢宗室女嫁給昆莫，相對原來的夫人，自然是小妻、小妾，所以稱之細君。《尚書・牧誓》：「嗟我友邦冢君。」冢君即夫君，指邦國的君主，細君相對夫君而言，是對鄰邦君主之妻的稱呼，細君針對大君，含有君臣上下、男尊女卑之意，與當時日漸凝固的儒家二綱思想吻合，同時也體現了對昆莫原夫人的尊重，符合漢地的婚俗。劉增貴在〈漢代婦女的名字〉則提出漢代婦女以「君」爲名字者，是案例的最大宗，如少君、文君、細君、昭君、政君、貞君、憲君、佳君等，男子亦有「君」之名，如文帝竇后之弟廣國字少君。收錄在《新史學》7卷4期，1996年12月，頁45。不論是以「某君」或「君某」爲名的漢代名字，「君」字應是漢人喜歡的字眼，因此漢廷希望宗室女的奉送，能討好烏孫國，與烏孫的結合是好的開始，因此以自身的認知來封號和親公主是可臆惻的，此時「細君」成了對擁有眾多妻妾的昆莫國王而言，應是最理想的公主封號。

〔註47〕《史記・五宗世家》：「淮南、衡山謀反時，建頗聞其謀。自以爲國近淮南，

與烏孫結聯姻而雀屏中選。

在《漢書・西域傳》裡對這位細君公主的形象著墨不多，但是卻深刻鮮明。年輕貌美的細君公主在他鄉異地，孤身一人，言語不通，風俗不同，生活習慣迥異，烏孫國王昆莫〔註48〕又已老態龍鐘，再加上思念故鄉親人，不禁傷心落淚而悲愁作歌：

> 吾家嫁我兮天一方，遠託異國兮烏孫王，穹廬為室兮旃為牆，以肉
> 為食兮酪為漿。居常土思兮心內傷，願為黃鵠兮歸故鄉。〔註49〕

漢武帝得知而心生憐憫，派遣使者送來帷帳錦繡慰問，但是再多的物質也無法填補細君公主人生地不熟的空虛寂寞，沒想到還有更悲慘的事接踵而至：

> 昆莫年老，欲使其孫岑陬尚公主。公主不聽，上書言狀，天子報曰：
> 「從其國俗，欲與烏孫共滅胡。」岑陬遂妻公主。〔註50〕

對一個漢血傳統的女子來說，祖輩嫁給孫輩，無疑是逆倫大事，而漢朝天子竟然要她「從其國俗」，細君公主自忖肩負著歷史重任，行事抉擇應以漢室社稷為重，因此只能無奈地含悲忍辱與昆莫的孫子岑陬成婚，婚後產下一女，沒多久即憂死在烏孫國，成了西漢政治和親的犧牲品。

（二）塞外和親——元帝王昭君

王昭君，一個自古以來傳奇的悲劇人物，政治和親的犧牲品，其事蹟比起同樣和親的細君公主與解憂公主來得家喻戶曉，因為歷來對王昭君的記載較多，且詩人、樂工和歌伎因憐其美貌卻福薄，紛紛詩賦歌頌，到了元代，馬致遠寫成了膾炙人口的〈漢宮秋〉，明代陳與郊也有〈昭君出塞〉劇曲，至於近代的電影、電視等，亦有取為題材拍攝，使之廣為流傳。

恐一日發，為所并，即陰作兵器，而時佩其父所賜將軍印，載天子旗以出。易王死未葬，建有所說易王寵美人淖姬，夜使人迎與姦服舍中。及淮南事發，治黨與顏及江都王建。建恐，因使人多持金錢，事絕其獄。而又信巫祝，使人禱祠妄言。建又盡與其姊弟姦。事既聞，漢公卿請捕治建。天子不忍，使大臣即訊王。王服所犯，遂自殺。」前引書，卷59，頁2096。

〔註48〕《漢書・西域傳》，顏師古注曰：「昆莫本是王號，而其人名獵驕靡，故書云昆彌。昆取昆莫，彌取驕靡。彌、靡音有輕重耳，蓋本一也。後遂以昆彌為其王號也。」卷96下，頁3904。

〔註49〕同前註，頁3903。漢武帝元封中（前108年），以江都王建之女細君為公主，下嫁烏孫國君昆莫為妻，公主至其國，自治宮室居住，每年與昆莫相會一次，乃大張宴飲，公主以幣帛厚賜王左右貴人。昆莫年老，語言不通，公主悲愁幽怨，作此歌以抒鬱結。

〔註50〕同前註，頁3904。

王昭君，漢元帝時的宮女，見於正史有：

> 竟寧元年春正月，匈奴虖韓邪單于來朝。詔曰：「匈奴郅支單于背叛
> 禮義，既伏其辜，虖韓邪單于不忘恩德，鄉慕禮義，復修朝賀之禮，
> 願保塞傳之無窮，邊垂長無兵革之事。其改元為竟寧，賜單于待詔
> 掖庭王檣為閼氏。〔註51〕

〈元帝紀〉僅記載「竟寧」年號的由來是因為昭君和親使得「邊境安寧」，並
未提及昭君的身世，應劭注說：「王檣，王氏女，名檣，字昭君。」〔註52〕其
名檣，字昭君，後因避晉文帝司馬昭的名諱而改稱明妃。文穎則注出她的籍
貫：「本南郡秭歸人也。」〔註53〕《後漢書・南匈奴傳》則詳細敘述昭君入宮
情形及嫁給單于的緣由：

> 昭君字嬙，〔註54〕南郡人也。初，元帝時，以良家子選入掖庭。時
> 呼韓邪來朝，帝勑以宮女五人賜之。昭君入宮數歲，不得見御，積
> 悲怨，乃請掖庭令求行。呼韓邪臨辭大會，帝召五女以示之。昭君
> 豐容靚飾，光明漢宮，顧景裴回，竦動左右。帝見大驚，意欲留之，
> 而難於失信，遂與匈奴。生二子。及呼韓邪死，其前閼氏子代立，
> 欲妻之，昭君上書求歸，成帝勑令從胡俗，遂復為後單于閼氏焉。
>
> 〔註55〕

〔註51〕《漢書》，前引書，卷9〈元帝紀〉，頁297。

〔註52〕同前註。對於「昭君」二字，祁和暉認為是封號：「出塞前夕，必須提高其政
治身份，只能按她光明漢宮的美麗和代表漢皇光照匈奴的政治使命賜她為昭
君。」見祁和暉〈王昭君名氏異說〉，載《社會科學研究》1984年第6期，轉
引自高兵〈西漢和親公主封號蠡測〉一文，前引述；高兵在此文則解釋為「顯
明其君」，含有輔佐其夫，使匈奴安寧昌盛之意，因此呼韓邪單于才立昭君為
「寧胡閼氏」。然因史書的記載「昭君」乃為王檣字，應非為其封號。

〔註53〕《漢書》，前引書，卷9〈元帝紀〉，頁297。

〔註54〕關於昭君的名字，班固《漢書》中有「檣」與「牆」兩種寫法，范曄《後漢
書》「中有嬙」的寫法，王昭君的名字顯然有三種寫法。劉滌凡在〈唐代詠昭
君詩的研究——兼論唐宋詩氣象〉一文指出：「錢大昕《十駕齋養新錄》卷
二說：『漢隸爿旁或變广，廧、牆實一字也。哀元年，宿有妃嬙嬪御焉。《唐
石經》"嬙"作"牆"。案《說文》無嬙字，當依《石經》為"牆"。』錢
氏只辨"嬙"、"牆"二字；應邵注為何作"木"旁？同在《漢書》，〈匈奴
傳〉內則作"爿"旁，頗啓人疑竇；案：《說文》片條下云：『判木也。』；爿
條下云：『反片為爿，讀若牆。』木篆書寫為"木"，從木可能是字旁脫誤，
孫璧文《考古錄》卷七謂：『考應邵注，昭君實名牆。』可見《漢書・匈奴傳》
是正確的。」收錄於《大陸雜誌》第92卷第3期，頁30。

〔註55〕《後漢書》，前引書，卷89，頁2941。

從《漢書》記載昭君和親出塞竟可以「願保塞傳之無窮，邊垂長無兵革之事」，及使「單于驩喜，上書願保上谷以西至敦煌，傳之無窮，請罷邊備塞吏卒，以休天子人民」，可知昭君的容貌應該魅力無窮；到了《後漢書》則加入昭君出塞入胡前及事後元帝的悔恨等戲劇性的情節，出塞之由是基於入宮多年不見帝王而積怨自願，此時昭君的容貌已具體呈現出來，從「豐容靚飾，光明漢宮」使得左右竦動，皇帝大驚，意欲留之，可見王昭君天人的容貌絕非尋常。

　　《漢書‧匈奴傳》交待昭君嫁入胡地的情形：

> 元帝以後宮良家子王牆字昭君賜單于。單于驩喜，上書願保塞上谷以西至敦煌，傳之無窮，請罷邊備塞吏卒，以休天子人民。……王昭君號寧胡閼氏，生一男伊屠智牙師，為右日逐王。……呼韓邪死，雕陶莫皋立，為復株絫若鞮單于。……復株絫單于復妻王昭君，生二女，長女云為須卜居次，小女為當于居次。〔註56〕

土生土長於江南水鄉的王昭君，隻身在水土截然與中原不符的漠北已經夠可憐的，建始二年（前31年）在夫婿呼韓邪單于崩後，還得從胡俗嫁給與她有母子輩份的復株絫若鞮單于，真是難堪無比。昭君確實是值得同情的，昭君嫁呼韓邪單于僅三年，生下一子，即因呼韓邪單于崩而再嫁呼韓邪與胡婦所生之子復株絫若鞮單于，生有兩女，但在河平四年（前25年），復株絫若鞮單于朝漢時，並沒有帶昭君回國；漢成帝鴻嘉元年（前20年），復株絫若鞮單于崩，其弟且麋胥繼位，並沒有娶昭君的記載，昭君可能已死；而哀帝元壽元年（前2年），囊知牙斯朝漢時，已無昭君的記載了。再從呼韓邪單于的其他兒子，且莫車、囊知牙斯、咸皆相繼為單于，昭君之子卻未能繼位，可見昭君以漢家女嫁給單于是受歧視的，昭君從竟寧元年（前33年）嫁呼韓邪到雕陶莫死，在漠北最多也只活了十一、二年，命運實在悲慘。

三、含冤而死型

　　中國的皇宮雖然宮室富麗，金碧輝煌，珍寶器玩琳瑯滿目，但是他的後宮從來就不是人間天堂，而是一個沒有刀槍劍棍，卻一直在流血殺戮的戰場，這戰場的主角就是那些看起來端莊嫻雅，且知書達禮又美麗動人的皇后與嬪妃，有時甚至波及無辜的宮女。她們鬥色、鬥智、鬥權，鬥得整個脂粉飄香的後宮陰雲滿佈，血雨腥風，不少后妃因為鬥垮而慘死、冤死，原因不外乎

〔註56〕《漢書》，前引書，頁3803～3808。

爭奪皇帝丈夫的專寵，或權力的更上層樓，最嚴重的就是子嗣延續的問題，在迷信的漢朝，還有巫蠱之禍，也是後宮婦女冤死的原因之一，一旦被扣上祝詛的帽子，就是誅連九族之罪。

歷代宮廷后妃慘死或冤死的劇碼隨著朝代的更替一再重演，不因時空不同而有例外，只是換了導演，換了主角，場景依然在華麗的後宮，劇情依然血腥驚悚，當然西漢的宮廷婦女亦沒有錯過。西漢宮廷的婦女，慘死或冤死者不少，因爭奪皇帝專寵而失敗者，如：高祖戚夫人，其死在呂后手中，死法可說是曠古未聞；景帝栗姬的妒性不亞於陳后阿嬌，但憂患而死，卻是館陶公主與王夫人間接造成的；宣帝許后則是死在霍后母親的設計中；成帝許后亦是死在趙氏姊妹的陰謀中。爲了權力結構更爲穩固，不惜害人，卻反而害了自己，就屬宣帝霍后；至於因巫蠱之禍而冤死乃衛子夫一門；而元帝馮昭儀則是被冠上巫蠱祝詛而被迫自殺身亡。其他如子嗣延續的問題：武帝鉤弋夫人可說是死得最不明不白的，景帝薄后與武帝陳后是因無子而失寵，她卻是因子貴而母死；成帝曹宮與許美人亦是因爲懷了成帝的兒子，爲遲久不孕的趙氏姊妹害死。當然歷來像哀帝傅后這種屈服於政治婚姻者更是不少，本身毫無自主能力，即使貴爲一國之后後，亦擺脫不了別人的安排，最後冤死於宮廷。下文所敘述正是西漢後宮這十一位冤死之婦女形象。

（一）悲慘人彘——高祖戚夫人

戚夫人可說是史上下場最淒慘的后妃，因爲是漢高祖的最寵，且與「爲人剛毅」的呂后爭子之皇位失敗，竟落得「人彘」的命運。根據《漢書·外戚傳·高祖呂皇后》記載，高祖喜歡戚夫人所生的趙隱王如意，因爲呂后所生之「太子爲人仁弱，高祖以爲不類已，常欲廢之而立如意，『如意類我』。」加上「戚姬常從上之關東，日夜啼泣，欲立其子。」因此高祖決意廢太子，改立趙王如意，但在呂后努力奔走下，及朝中大臣皆認爲太子廢立事關重大，不宜草率，只好做罷。

高祖在臨死前，即預卜呂后會加害戚夫人母子，因此將趙王託建平侯周昌照顧〔註57〕，然呂后平時最怨戚夫人及其子趙王，待「高祖崩，惠帝立，

〔註57〕《漢書·周昌傳》：「是歲，戚姬子如意爲趙王，年十歲，高祖憂萬歲之後不全也。趙堯爲符璽御史，……居頃之，堯侍高祖，高祖獨心不樂，悲歌，群臣不知上所以然。堯進請（問）〔問〕曰：『陛下所爲不樂，非以趙王年少，而戚夫人與呂后有隙，備萬歲之後而趙王不能自全乎？』高祖曰：『我私憂之，

呂后爲皇太后，乃令永巷〔註58〕囚戚夫人，髡鉗衣赭衣，令春。」〔註59〕戚夫人在永巷春且歌：

> 子爲王，母爲虜，終日春薄暮，常與死爲伍！相離三千里，當誰使告女？〔註60〕

這首「永巷歌」使「太后聞之大怒，曰：『乃欲倚女子邪？』」〔註61〕而召趙王欲誅之：

> 使者三反，趙相建平侯周昌謂使者曰：「高帝屬臣趙王，趙王年少。竊聞呂太后怨戚夫人，欲召趙王并誅之，臣不敢遣王。王且亦病，不能奉詔。」呂后大怒，迺使人召趙相。趙相徵至長安，迺使人復召趙王。〔註62〕

仁慈的惠帝知道呂后欲加害趙王，因此「自迎趙王霸上，與入宮，自挾與趙王起居飲食，太后欲殺之，不得閒。」〔註63〕但是趙王如意仍然無法逃過呂后的魔掌：

> 孝惠元年十二月，帝晨出射。趙王少，不能蚤起。太后聞其獨居，使人持酖飲之。犁明，孝惠還，趙王已死。〔註64〕

可憐的戚夫人在其兒子死掉之後，下場更是凄慘無比：

不知所出。』堯曰：『陛下獨爲趙王置貴彊相，及呂后、太子、群臣素所敬憚者乃可。』高祖曰：「然。吾念之欲如是，而群臣誰可者？」堯曰：「御史大夫昌，其人堅忍伉直，自呂后、太子及大臣皆素嚴憚之。獨昌可。」高祖曰：「善。」於是召昌謂曰：『吾固欲煩公，公彊爲我相趙。』昌泣曰：『臣初起從陛下，陛下獨奈何中道而棄之於諸侯乎？』高祖曰：『吾極知其左遷，然吾私憂趙，念非公無可者。公不得已強行！』於是徙御史大夫昌爲趙相。」但是即使高祖籌劃地再周詳，戚姬母子仍死在呂后手裡，而「爲人強力，敢直言」的御史大夫周昌在趙王死後，「謝病不朝見，三歲而薨。」前引書，卷42，頁2096。

〔註58〕《史記·集解》如淳曰：「《列女傳》云周宣王姜后脫簪珥待罪永巷，後改爲掖庭。」〈索隱〉：「永巷，別宮名，有長巷，故名之也。後改爲掖庭。按：韋昭云以爲在掖門內，故謂之掖庭也。」前引書，卷9〈呂太后本紀〉，頁397。又，《西京雜記》卷一：「漢掖庭有月影臺、雲光殿、九華殿、鳴鸞殿、開襟閣、臨池觀，不在簿籍，皆繁華窈窕之所棲宿焉。」前引書，頁36。

〔註59〕《漢書》，前引書，卷97上〈高祖呂皇后〉，頁3937。

〔註60〕同前註。

〔註61〕同前註，頁3938。

〔註62〕《史記》，前引書，卷9，頁397。

〔註63〕同前註。

〔註64〕同前註。

太后遂斷戚夫人手足，去眼，煇耳，飲瘖藥，使居廁中，命曰「人
彘」。〔註65〕

美麗的戚夫人就這樣慘死在呂后的妒仇下。張修容分析說，整個悲劇的轉捩
點，就在於「永巷歌」的流傳，若無此歌，呂后或許不至於大怒，趙王或許
不至立即被召返賜死，戚夫人或許不至淪為「人彘」的慘況，惠帝亦不至於
深受刺激而沉淪自毀，因此戚夫人「永巷歌」之作，實為此一悲劇的導火線。
〔註66〕

（二）嫉妒失后——景帝栗姬

景帝栗姬原本應該可以順利登上后位的，因為當時薄后因毋子毋寵，最
後被廢，栗姬之子劉榮乃景帝長子，且亦立為太子，但是從《史記・外戚世
家》與《漢書・外戚傳》記述看來，栗姬是個妒性十足的妃子。

景帝之姊館陶公主看準栗姬之子劉榮日後繼承王位的可能很高，因此欲與
之結親，但是「景帝諸美人皆因長公主見景帝，得貴幸，皆過栗姬」〔註67〕，
栗姬因而日怨怒，辭謝這椿婚事，沒想到得罪了館陶公主，日譖栗姬短：「栗姬
與諸貴夫人幸姬會，常使侍者祝唾其背，挾邪媚道。」〔註68〕使得景帝對栗姬
存有質疑。

爾後，景帝體不安，心不樂，召集諸子於栗姬面前，囑咐其百歲後，希
望栗姬能善待，這已有一國之母重責大任的交託，但是善妒的栗姬非常生氣，
不肯應允，且出言不遜，使得景帝更是恚嗛。這時館陶公主又日譽王夫人之
男美，且王夫人陰使大臣立太子之母栗姬為后，使景帝誤以為是栗姬所為，
因而大為反感，於是廢太子為臨江王。

眼看唾手可得的后位就這樣失去了，栗姬更是憂恚，最後竟因此而死。
綜觀栗姬失后，純然是妒性過度，身為帝王妃妾，明知不是唯一，卻仍希望
是帝王的專寵，加上其子為太子後，更是有恃無恐，不知謙沖下人，一旦得
罪有權勢之人，或為有心人利用，其下場可想而知。

（三）巫蠱之禍——武帝衛后

武帝衛皇后（？～前 91 年），出身微賤，乃平陽公主家中之謳者，因武

〔註65〕同前註。
〔註66〕張修蓉《漢唐貴族與才女詩歌研究》，臺北：文史哲出版社，1985 年，頁 14。
〔註67〕見《史記》，前引書，卷 49，頁 1976。
〔註68〕同前註。

帝即位，數歲無子，因此平陽公主將衛子夫獻給武帝，希望她能為皇帝生個一兒半女，《史記‧外戚世家》記載其生平與入宮前後情景：

> 衛皇后字子夫，生微矣。蓋其家號曰衛氏，出平陽侯邑。子夫為平陽主謳者。武帝初即位，數歲無子。平陽主求諸良家子女十餘人，飾置家。武帝祓霸上還，因過平陽主。主見所侍美人，上弗說。既飲，謳者進，上望見，獨說衛子夫。是日，武帝起更衣，子夫侍尚衣軒中，得幸。上還坐，驩甚，賜平陽主金千斤。主因奏子夫奉送入宮。子夫上車，平陽主拊其背曰：「行矣，彊飯，勉之！即貴，無相忘。」入宮歲餘，竟不復幸。武帝擇宮人不中用者，斥出歸之。衛子夫得見，涕泣請出。上憐之，復幸，遂有身，尊寵日隆。〔註69〕

「尊寵日隆」的衛子夫已威脅到無子的陳皇后，再加上陳后挾婦人媚道，於是武帝廢陳皇后，改立衛子夫為皇后。衛子夫當了三十八年的皇后，可說是武帝最長久的皇后，且立后七年，其子即為太子，其兄弟亦因裙帶關係而個個鯉躍龍門，「先是衛長君死，乃以青為將軍，擊匈奴有功，封長平侯。青三子（皆）〔在〕襁褓中，皆為列侯。及皇后姊子霍去病亦以軍功為冠軍侯，至大司馬票騎將軍。青為大司馬大將軍。衛氏支屬侯者五人。青還，尚平陽主。」〔註70〕當時民間還曾流傳歌謠：「生男無喜，生女無怒，獨不見衛子夫霸天下！」〔註71〕

但是衛子夫「後色衰，趙之王夫人、中山李夫人有寵，皆蚤卒。後有尹婕妤、鉤弋夫人更幸。」〔註72〕更慘的是：

> 衛后立三十八年，遭巫蠱事起，江充為姦，太子懼不能自明，遂與皇后共誅充，發兵，兵敗，太子亡走。詔遣宗正劉長樂、執金吾劉敢奉策收皇后璽綬，自殺。〔註73〕

衛子夫之子劉據，七歲即太子位，後因與江充有嫌隙，江充恐武帝崩後，劉據繼位，對其不利，因此先發制人。江充利用晚年武帝的迷信，宣稱後宮充斥「巫蠱」，尤以太子宮中為最，劉據又驚又怕，因此決定動用宮中衛卒，以「奸臣江充圖謀造反」號令百官，誅殺江充。然而丞相聞變，不敢發兵，宦官逃逸，卻報稱太子謀反，以致武帝誤解，一場父子對抗廝殺就此展開，最

〔註69〕 前引書，卷49，頁1978。
〔註70〕 《漢書》，前引書，卷97上〈外戚傳‧孝武衛皇后傳〉，頁3950。
〔註71〕 《史記》，前引書，卷49〈外戚世家〉，頁1983。
〔註72〕 《漢書》，前引書，卷97上〈外戚傳‧孝武衛皇后傳〉，頁3950。
〔註73〕 同前註。

後太子懸樑自盡，衛子夫也自殺〔註74〕。

可憐的衛子夫榮華富貴了三十八年的皇后之尊，最後竟因與太子的判斷錯誤，含冤自殺。雖然事隔年餘，武帝明白巫蠱之禍乃虛妄事件，衛子夫與其子劉據只因受江充誣陷，無以自明，驚恐之餘才被迫發兵自衛，根本無謀反意圖，卻為時已晚。爾後武帝也只是念及自己的骨肉，諡劉據為戾太子，作思子宮，築歸來望思之臺，既無給衛子夫諡號，也無改葬，可憐的衛子夫冤死在武帝迷信方士，猜忌專斷下所導演的「巫蠱之禍」大悲劇，直到漢宣帝時才得改葬追諡，亦屬苦極冤極。

（四）巫蠱冤死── 衛太子史良娣與史皇孫王夫人

衛太子史良娣〔註75〕乃宣帝祖母；史皇孫〔註76〕王夫人乃宣帝之母，史傳上並無對貴為帝王祖母及母親的形象多所描述，僅記載在武帝末年，「巫蠱事起，衛太子及良娣、史皇孫皆遭害，……莫有收葬者。」〔註77〕在巫蠱事件中，衛太子一家坐誅，唯有宣帝得全，但當時宣帝不過出生數月，「猶坐太子繫獄，積五歲乃遭赦。」〔註78〕雖宣帝即位後，追尊母王夫人諡號悼后，祖母史良娣諡號戾后，且改葬，起園邑，長丞奉守，但死者已矣。漢武帝雖

〔註74〕《漢書‧江充傳》：「後充從上甘泉，逢太子家使乘車馬行馳道中，充以屬吏。太子聞之，使人謝充曰：『非愛車馬，誠不欲令上聞之，以教敕亡素者。唯江君寬之！』充不聽，遂白奏。上曰：「人臣當如是矣。」大見信用，威震京師。……後上幸甘泉，疾病，充見上年老，恐晏駕後為太子所誅，因是為姦，奏言上疾祟在巫蠱。於是上以充為使者治巫蠱。充將胡巫掘地求偶人，捕蠱及夜祠，視鬼，染汙令有處，輒收捕驗治，燒鐵鉗灼，強服之。民轉相誣以巫蠱，吏輒劾以大逆亡道，坐而死者前後數萬人。是時，上春秋高，疑左右皆為蠱祝詛，有與亡，莫敢訟其冤者。充既知上意，因言宮中有蠱氣，先治後宮希幸夫人，以次及皇后，遂掘蠱於太子宮，得桐木人。太子懼，不能自明，收充，自臨斬之。罵曰：『趙虜！亂乃國王父子不足邪！乃復亂吾父子也！』太子繇是遂敗。」前引書，卷45，頁2178。《漢書‧武帝紀》：「……使者江充等掘蠱太子宮。壬午，太子與皇后謀斬充，以節發兵與丞相劉屈氂大戰長安，死者數萬人。庚寅，太子亡，皇后自殺。初置城門屯兵。更節加黃旄。御史大夫暴勝之、司直田仁坐失縱，勝之自殺，仁要斬。八月辛亥，太子自殺于湖。」卷6，頁208～209。

〔註75〕《漢書‧外戚傳‧衛太子史良娣傳》：「太子有妃，有良娣，有孺子，妻妾凡三等，子皆稱皇孫。」前引書，卷97上，頁3961。

〔註76〕趙翼《廿二史箚記‧皇子繫母姓》：「漢時，皇子未封者，多以母姓為稱。武帝子據，立為太子，以母衛氏，遂稱衛太子；太子之子進，以母史良娣，故史稱史皇孫。」前引書，卷3，頁60。

〔註77〕同前註。

〔註78〕同前註。

雄霸一方，然其晚年迷信方士、神仙長生的觀念，使得整個宮廷烏煙瘴氣，自己也家破人亡，子孫流離失所，衛太子史良娣與史皇孫王夫人可說是無辜的受害者，因連坐法而死得不明不白。

（五）子貴母死——武帝鉤弋夫人

鉤弋夫人可說是史上第一位「子貴母死」者，即使身為帝王的最寵，而其子又類皇帝，然而呂后稱制的前車之鑑，不得不讓年已七十的武帝狠下心來，在立昭帝之前，先殺了鉤弋夫人。《漢書·外戚傳》記載：

> 孝武鉤弋趙倢伃，昭帝母也，家在河間。武帝巡狩過河間，望氣者言此有奇女，天子亟使使召之。既至，女兩手皆拳，上自披之，手即時伸。由是得幸，號曰拳夫人。……拳夫人進為倢伃，居鉤弋宮，大有寵，（元）〔太〕始三年生昭帝，號鉤弋子。任身十四月乃生，上曰：「聞昔堯十四月而生，今鉤弋亦然。」乃命其所生門曰堯母門。後衛太子敗，而燕王旦、廣陵王胥多過失，寵姬王夫人男齊懷王、李夫人男昌邑哀王皆蚤薨，鉤弋子年五六歲，壯大多知，上常言「類我」，又感其生與眾異，甚奇愛之，心欲立焉，以其年穉母少，恐女主顓恣亂國家，猶與久之。鉤弋倢伃從幸甘泉，有過見譴，以憂死，因葬雲陽。後上疾病，乃立鉤弋子為皇太子。 〔註79〕

武帝事後對人言「往古國家所以亂也，由主少母壯也。女主獨居驕蹇，淫亂自恣，莫能禁也。女不聞呂后邪？」〔註80〕無辜的鉤弋夫人不僅沒有因「子貴」而榮享皇太后的尊貴地位，反而因此喪失年輕的生命。在封建專制皇權的淫威下，事情就是如此矛盾，不生兒子，后位不保，生了兒子，同樣得戰戰兢兢，如臨深淵，如履薄冰，最後還是不得善終。

（六）含冤九泉——宣帝許后

宣帝（前92年～前49年）許皇后，元帝母也，出身微賤，《漢書·外戚傳》記述：

> 父廣漢，昌邑人，少時為昌邑王郎。從武帝上甘泉，誤取它郎鞍以被其馬，發覺，吏劾從行而盜，當死，有詔募下蠶室。〔註81〕後為

〔註79〕《漢書》，前引書，卷97〈上孝武鉤弋趙倢伃傳〉，頁3956～3957。

〔註80〕《史記》，前引書，卷49〈外戚世家〉，頁1986。

〔註81〕孟康注曰：「死罪囚欲就宮者聽之。」見《漢書》，前引書，卷97上〈外戚傳·孝宣許皇后傳〉，頁3964。

> 宦者丞。上官桀謀反時，廣漢部索，其殿中廬有索長數尺可以縛人
> 者數千枚，滿一篋緘封，廣漢索不得，它吏往得之。廣漢坐論爲鬼
> 薪，輸掖庭，後爲暴室嗇夫。〔註82〕

一個暴室嗇夫之女可以貴爲皇后，可說不易。這得話說當年宣帝養於掖庭時，與許廣漢同寺居，而掖庭令張賀視宣帝甚厚，本想以其女妻之，然其弟安世爲右將軍反對，因此想到許廣漢之女許平君，許廣漢允諾這椿婚事。婚後年餘，生下一子，即元帝，時昌邑王劉賀爲帝，荒唐淫亂，爲霍光廢除，經光祿大夫丙吉推薦德才俱備的宣帝繼位，此時許平君從嗇夫之女成了皇宮倢伃，卻也開始她年輕即隕命的悲哀。

　　宣帝即位後，冊立皇后是大事，當時霍光小女霍成君是眾望所歸，一來霍光乃武帝的顧命大臣，二來霍光亦是上官皇太后的外祖父，然宣帝以「微時故劍」表示不忘糟糠之妻，終冊立嗇夫之女許平君爲大漢皇朝的國母。而難能可貴的是許平君由一介民女躍爲尊寵無比的皇后，並沒有「暴發戶」心態，依然恭敬有禮，自奉甚儉：

> 初許后起微賤，登至尊日淺，從官車服甚節儉，五日一朝皇太后於
> 長樂宮，親奉案上食，以婦道共養。〔註83〕

許后即使是低調行事，也無法爲她帶來平靜的生活，甚至因爲她貴爲皇后的尊榮而引來一場殺機，原因是霍光夫人霍顯無法接受其爲皇后的事實，一心一意欲貴其女，因此趁著許皇后妊娠，痛下殺手：

> 霍光夫人顯欲貴其小女，道無從。明年，許皇后當娠，病。女醫淳
> 于衍者，霍氏所愛，嘗入宮侍皇后疾。衍夫賞爲掖庭戶衛，謂衍「可
> 過辭霍夫人行，爲我求安池監。」衍如言報顯。顯因生心，辟左右，
> 字謂衍：「少夫幸報我以事，我亦欲報少夫，可乎？」衍曰：「夫人
> 所言，何等不可者！」顯曰：「將軍素愛小女成君，欲奇貴之，願以
> 累少夫。」衍曰：「何謂邪？」顯曰：「婦人免乳大故，十死一生。
> 今皇后當免身，可因投毒藥去也，成君即得爲皇后矣。如蒙力事成，
> 富貴與少夫共之。」衍曰：「藥雜治，當先嘗，安可？」顯曰：「在
> 少夫爲之耳。將軍領天下，誰敢言者？緩急相護，但恐少夫無意耳！」
> 衍良久曰：「願盡力。」即擣附子，齎入長定宮。皇后免身後，衍取

〔註82〕同前註。
〔註83〕《漢書》，前引書，卷97上〈孝宣霍皇后傳〉，頁3968。

> 附子并合大醫大丸以飲皇后。有頃曰：「我頭岑岑也，藥中得無有
> 毒？」對曰：「無有。」遂加煩懣，崩。〔註84〕

單純樸實的許皇后壓根也沒想到自己的存在妨礙了別人對權勢的渴求，也沒
有思考過有人會敢冒天下之大不諱來毒害於她；直到藥已下肚，病情迅速嚴
重，才模糊地意識到事情不妙，卻爲時已晚。

霍夫人的陰謀得逞了，其女霍成君如願以償地當了皇后，而殺人犯淳于
衍卻逍遙法外，只是可憐這位不及二十歲的年輕皇后，或許連遺言也沒有留
下一句，即撇下剛出生的嬰兒，含冤地死去了！爾後，霍夫人竟想毒殺太子，
不料事情敗露，此時霍光已死，霍夫人自知死罪難逃，乾脆一不做二不休，
企圖謀反，事敗，滿門抄斬，霍后被廢，自殺，或許此時許平君的冤魂才可
以得到些許安慰。

（七）毀於其母——宣帝霍后

宣帝霍皇后，乃輔政大臣霍光之女，但卻是宣帝曾祖姨母〔註85〕。由《漢
書·外戚傳》記述，可以得知霍后奢侈成性的形象：

> 及霍后立，亦修許后故事。而皇太后親霍后之姊子，故常竦體，敬
> 而禮之。皇后舉駕侍從甚盛，賞賜官屬以千萬計，與許后時縣絕矣。
> 上亦寵之，顓房燕。〔註86〕

班固在記述這一段時，將前後兩位皇后做一比較，結論是霍后「與許后縣絕
矣」。霍后奢侈其來有自，其父霍光乃顧命大臣，輔佐昭帝、宣帝，位高權重，
姑且不論霍光本身性格爲何，從其夫人欲害許后時，告知淳于衍「將軍領天
下，誰敢言者？」可知霍氏一門平時必仗著輔政大臣的光環，好大喜功，耀
武揚威，否則霍夫人怎敢毒死許后後，還敢再除掉太子。霍后在這種環境下
成長，在貴爲一國之后後，自然擺出盛大的排場。

史傳中僅這一小段文字記述霍后奢侈形象，其他並無多所著墨，包括她
本身對於立后一事是否如同其母這麼熱衷。但是在〈外戚傳〉與〈霍光傳〉
對於霍后之母霍夫人，形象描述則非常鮮明，而且從這裡我們可以得知霍后
之所以可以榮登后位，全拜其母用心算計之賜，但立后五年即廢處昭臺宮，
而後自殺，也全在於其母過於計較權勢得失。

〔註84〕同前註，卷97上〈外戚傳·孝宣許皇后傳〉，頁3966。
〔註85〕見本論文〈附錄〉圖表3-1「宣帝婚姻表」，頁257。
〔註86〕同前註，頁3968。

霍夫人毒死方才分娩的許后，霍光得知消息後，並無責怪，只是猶豫是
否要自舉，最後竟囑咐淳于衍要守口如瓶：

> 始許后暴崩，吏捕諸醫，劾衍侍疾亡狀不道，下獄。吏簿問急，顯
> 恐事敗，即具以實語光。光大驚，欲自發舉，不忍，猶與，會奏上，
> 因署衍勿論。〔註87〕

霍光這一舉動給予霍夫人「廣大揮灑的空間」，因此霍夫人更是肆無忌憚，最
後連許后之子都不放過，而教唆霍成君毒殺太子，不料，事蹟敗露後，竟意
圖謀反：

> （霍后）立三歲而光薨。後一歲，上立許后男爲太子，昌成君者爲
> 平恩侯。顯怒恚不食，歐血，曰：『此乃民間時子，安得立？即后
> 有子，反爲王邪？』復教皇后令毒太子。皇后數召太子賜食，保阿
> 輒先嘗之，后挾毒不得行。後殺許后事頗泄，顯遂與諸壻昆弟謀反，
> 發覺，皆誅滅。使有司賜皇后策曰：「皇后熒惑失道，懷不德，挾
> 毒與母博陸宣成侯夫人顯謀欲危太子，無人母之恩，不宜奉宗廟衣
> 服，不可以承天命。烏呼傷哉！其退避宮，上璽綬有司。」霍后立
> 五年，廢處昭臺宮。後十二歲，徙雲林館，乃自殺，葬昆吾亭東。
> 〔註88〕

霍夫人算盡機關，最後卻落得家破人亡，其女霍后也僅當五年的皇后，旋即
被廢處，最後自殺。因此我們可以說霍后幾乎是毀在其母霍夫人的手裡，因
爲如果霍夫人不非得其女霍成君當上皇后，以其夫霍光聲望，及與上官皇太
后的親戚關係，比起只不過是嗇夫之女的許平君，霍成君必定是後宮最有權
勢的妃子；霍成君當上皇后後，霍夫人如果不計較當今太子是許后之子，而
欲其死，或許也不會暴發出當年毒殺許后事件；爾後事蹟洩露，放手一搏的
謀反，逼死了全家，使得榮寵一時的霍家，宗族誅夷，這是對權力貪得無饜
的下場最好的詮釋。其實早在霍氏一門權力最頂峰時，即有人預知霍氏必亡
〔註89〕，只是霍光沒有事先防範，而縱容其妻爲所欲爲，終於造成了無法挽

〔註87〕《漢書》，前引書，卷38〈霍光傳〉，頁2952。
〔註88〕 同前註，卷97上〈外戚傳・孝宣霍皇后〉，頁3968～3969。
〔註89〕《漢書・霍光傳》：「霍氏奢侈，茂陵徐生曰：『霍氏必亡。夫奢則不遜，不遜
　　　　必侮上。侮上者，逆道也。在人之右，眾必害之。霍氏秉權日久，害之者多
　　　　矣。天下害之，而又行以逆道，不亡何待！』乃上疏言『霍氏泰盛，陛下即
　　　　愛厚之，宜以時抑制，無使至亡。』書三上，輒報聞。」同前註，卷38，頁

回的地步。

（八）祝詛誣陷 —— 元帝馮昭儀

元帝（前 75 年～前 33 年）馮昭儀乃平帝祖母，然平帝繼位前，馮昭儀已被傅昭儀以祝詛謀反羅織罪名被迫自殺。

馮昭儀在元帝即位二年入宮，始為長使，後為美人，生下中山孝王後，拜為倢伃。在一次皇帝與眾妃妾遊幸宮中獸園：

> ……熊佚出圈，攀檻欲上殿。左右貴人傅昭儀等皆驚走，馮倢伃直前當熊而立，左右格殺熊。上問：「人情驚懼，何故前當熊？」倢伃對曰：「猛獸得人而止，妾恐熊至御坐，故以身當之。」〔註90〕

從這一次捨身護駕的行動看來，嬌小柔弱的馮昭儀，手無寸鐵，在突來的危機中，卻鎮定自如，可見其膽識過人，讓元帝嗟嘆，眾妃慚愧。

這次救駕使馮昭儀從倢伃提升為昭儀，但卻得罪了向來受寵的傅昭儀，原因出在傅昭儀育有一子定陶王，深得元帝寵愛，一度欲立為太子，卻因為馮昭儀以肉身擋熊救元帝一命，而馮昭儀亦有一子，使得元帝陷於兩難之境，爾後兩人之子皆未能立為太子，因此傅昭儀對馮昭儀懷恨在心，在哀帝即位後，中郎謁者張由醫治中山小王，張由有狂易病，病發怒去，後恐被責難，因此誣言馮昭儀祝詛哀帝與傅昭儀，傅昭儀逮到機會，以祝詛謀反的罪名誣陷馮昭儀，最後馮昭儀飲藥自殺。

（九）仰藥自盡 —— 成帝許后

成帝（前 51 年～前 7 年）許皇后，乃宣帝許皇后侄子許嘉之女，因為「元帝悼傷母恭哀后居位日淺而遭霍氏之辜，故選嘉女以配皇太子」〔註91〕，但沒想到這兩位許皇后的命運是一樣的，都是讓毒藥給害死，只不過一個讓人毒死，一個是皇上賜藥而死，兩人皆是懷怨而死。

根據《漢書·外戚傳·孝成許皇后傳》〔註92〕記載，成帝許皇后「聰慧，善史書」，「初入太子家，上令中常侍黃門親近者侍送，還白太子懽說狀，元帝喜謂左右：『酌酒賀我！』左右皆稱萬歲。」而許皇后「自為妃至即位，常寵於上，後宮希得進見」，但是好景不常，為太子妃時已失一男，為皇后時，

2957。

〔註90〕同前註，卷 97 下〈外戚傳·孝元馮昭儀〉，頁 4005。
〔註91〕同前註，卷 97 下〈外戚傳·孝成許皇后傳〉，頁 3973。
〔註92〕同前註，頁 3973～3974。

又失一女，「皇太后及帝諸舅憂上無繼嗣」，偏偏此時國內又災異不斷，劉向、谷永等將矛頭指向後宮，原因是「椒房儀法，御服輿駕，所發諸官署，及所造作，遺賜外家群臣妾，皆如竟寧以前故事。」〔註93〕言外之意，許后的所作所爲僭越先帝文制，「於是省減椒房掖廷用度」，許后無故受責，自是不快，於是上書成帝爲自己辯解：

> 妾伏自念，入椒房以來，遺賜外家未嘗踰故事，每輒決上，可覆問也。今誠時世異制，長短相補，不出漢制而已，纖微之間，未必可同。若竟寧前與黃龍前，豈相放哉？家吏不曉，今壹受詔如此，且使妾搖手不得。今言無得發取諸官，殆謂未央宮不屬妾，不宜獨取也。言妾家府亦不常得，妾竊惑焉。幸得賜湯沐邑以自奉養，亦小發取其中，何害於誼而不可哉？又詔書言服御所造，皆如竟寧前，吏誠不能揆其意。即且令妾被服所爲不得不如前。設妾欲作某屏風張於某所。曰故事無有，或不能得，則必繩妾以詔書矣。此二事誠不可行，唯陛下省察。（官）〔宦〕吏忮很，必欲自勝。幸妾尚貴時，猶以不急事操人，況今日日益侵，又獲此詔，其操約人，豈有所訴？陛下見妾在椒房，終不肯給妾纖微內邪？若不私府小取，將安所仰乎？舊故，中宮乃私奪左右之賤繒，及發乘輿服繒，言爲待詔補，已而賀易其中。左右多竊怨者，甚恥爲之。又故事以特牛祠大父母，戴侯、敬侯皆得蒙恩以太牢祠，今當率如故事，唯陛下哀之！今吏甫受詔讀記，直豫言使后知之，非可復若私府有所取也，其萌牙所以約制妾者，恐失人理。今但損車駕，及毋若未央宮有所發，遺賜衣服如故事，則可矣。其餘誠太迫急，奈何？妾薄命，端遇竟寧前。竟寧前於今世而比之，豈可耶？故時酒肉有所賜外家，輒上表乃決。又故杜陵梁美人歲時遺酒一石，肉百斤耳。妾甚少之，遺田八子誠不可若是。事率眾多，不可勝以文陳。俟自見，索言之，唯陛下深察焉！〔註94〕

由此亦可以看出許后雖貴爲一國之后，但仍是克己修行，凡事從儉，認爲自己的行事受到冤枉，因此連用「唯陛下省察」、「唯陛下哀之」、「唯陛下深察焉」，無奈許后的分辯並沒有爲自己洗掉蒙受的罪責，漢成帝無法體會她的一

〔註93〕同前註，3975。
〔註94〕同前註，頁3974～3977。

番苦心，反而讓劉向、谷永寫了道御旨，答覆皇后：

> 皇帝問皇后，所言事聞之。夫日者眾陽之宗，天光之貴，王者之象，
> 人君之位也。夫以陰而侵陽，虧其正體，是非下陵上，妻乘夫，賤
> 踰貴之變與？春秋二百四十二年，變異爲眾，莫若日蝕大。自漢興，
> 日蝕亦爲呂、霍之屬見。以今揆之，豈有此等之效與？諸侯拘迫漢
> 制，牧相執持之也。又安獲齊、趙七國之難？將相大臣裹誠秉忠，
> 唯義是從，又惡有上官、博陸、宣成之謀？若乃徒步豪桀，非有陳
> 勝、項梁之群也；匈奴、夷狄，非有冒頓、郅支之倫也。方外內鄉，
> 百蠻賓服，殊俗慕義，八州懷德，雖使其懷挾邪意，猶不足憂，又
> 況其無乎？求於夷狄無有，求於臣下無有，微後宮也當，何以塞之？
> 日者，建始元年正月，白氣出於營室。營室者，天子之後宮也。正
> 月於《尚書》爲皇極。皇極者，王氣之極也。白者西方之氣，其於
> 春當廢。今正於（王）〔皇〕極之月，興廢氣於後宮，視后妾無能
> 懷任保全者，以著繼嗣之微，賤人將起也。至其九月，流星如瓜，
> 出於文昌，貫紫宮，尾委曲如龍，臨於鉤陳，此又章顯前尤，著在
> 內也。其後則有北宮井溢，南流逆理，數郡水出，流殺人民。後則
> 訛言傳相驚震，女童入殿，咸莫覺知。夫河者水陰，四瀆之長，今
> 乃大決，沒漂陵邑，斯昭陰成盈溢，違經絕紀之應也。乃昔之月，
> 鼠巢于樹，野鵲變色。五月庚子，鳥焚其巢太山之域。《易》曰：「鳥
> 焚其巢，旅人先咷後號咷。喪牛于易，凶。」言王者處民上，如鳥
> 之處巢也，不顧卹百姓，百姓畔而去之，若鳥之自焚也，雖先快意
> 說咷，其後必號而無及也。百姓喪其君，若牛亡其毛也，故稱凶。
> 泰山，王者易姓告代之處，今正於岱宗之山，甚可懼也。三月癸未，
> 大風自西搖祖宗寢廟，揚裂帷席，折拔樹木，頓僵車輦，毀壞檻屋，
> 災及宗廟，足爲寒心！四月己亥，日蝕東井，轉旋且索，與既無異。
> 己猶戊也，亥復水也，明陰盛，咎在內。於戊己，虧君體，著絕世
> 於皇極，顯禍敗及京都。於東井，變怪眾備，末重益大，來數益甚。
> 成形之禍月以迫切，不救之患日濅寖深，咎敗灼灼若此，豈可以忽
> 哉！《書》云「高宗肜日，粵有雊雉。祖己曰：『惟先假王正厥事。』」
> 又曰「雖休勿休，惟敬五刑，以成三德。」即飭椒房及掖庭耳。今
> 皇后有所疑，便不便，其條剌，使大長秋來白之。吏拘於法，亦安

足過？蓋矯枉者過直。古今同之。且財（帛）〔幣〕之省，特牛之
祠，其於皇后，所以扶助德美，爲華寵也。咎根不除，災變相襲，
祖宗且不血食，何戴侯也！傳不云乎？「以約失之者鮮。」審皇后
欲從其奢與？朕亦當法孝武皇帝也，如此則甘泉、建章可復興矣。
世俗歲殊，時變日化，遭事制宜，因時而移，舊之非者，何可放焉！
君子之道，樂因循而重改作。昔魯人爲長府，閔子騫曰：「仍舊貫如
之何？何必改作！」蓋惡之也。《詩》云：「雖無老成人，尚有典刑，
曾是莫聽，大命以傾。」孝文皇帝，朕之師也。皇太后，皇后成法
也。假使太后在彼時不如職，今見親厚，又惡可以踰乎！皇后其刻
心秉德，毋違先后之制度，力誼勉行，稱順婦道，減省群事，謙約
爲右。其孝東宮，毋闕朔望，推誠永究，爰何不臧！養名顯行，以
息眾讁，垂則列妾，使有法焉。皇后深惟毋忽！〔註95〕

沒想到劉向與谷永竟然將當時的日蝕、天災人禍的禍根歸咎於後宮，因此希
望許后「刻心秉德，毋違先后之制度，力誼勉行，稱順婦道，減省群事，謙
約爲右。其孝東宮，毋闕朔望，推誠永究，爰何不臧！養名顯行，以息眾讁，
垂則列妾，使有法焉。」負起國內江河日下，頹唐不振的責任，顯然許后上
書使情況更糟糕。爾後成帝與許后的衝突日益激烈。

　　當時朝中大權掌握在元后王政君胞弟王鳳手裡，恰逢國內天災連年，頹
唐不振，人們自然將國力衰竭之責歸咎於威權尤盛的王鳳頭上，藉日蝕指責
王鳳治國不力，其屬下劉向、谷永見狀，卻將天災人禍推卸於後宮，許后首
當其衝，這一次她與成帝的關係更形惡化，因爲「後宮多新愛」，這新愛就是
年輕貌美的趙飛燕姊妹。

　　此時許后在宮中是過著動輒得咎的日子，后位更是朝不保夕，偏偏此時覬
覦皇后之尊許久的趙飛燕上書告發〔註96〕許后之姊「平安剛侯夫人謁等爲媚道
祝詛後宮有身者王美人及鳳等」，這可是宮中大事，一來成帝即位多年沒有子
嗣，如今王美人懷有身孕，腹中嬰兒關係到漢室皇統的延續問題；二來王鳳乃
元后胞弟，成帝之舅，官居大司馬大將軍，其成敗關係到王氏外戚的榮辱問題。

〔註95〕同前註，頁 3977～3981。
〔註96〕《漢書・外戚傳》：「鴻嘉三年（前 18 年），趙飛燕譖告許皇后，班倢伃挾媚
　　　　道，祝詛後宮，詈及主上。許皇后坐廢。」前引書，卷 97 下〈孝成班倢伃〉，
　　　　頁 3984。

因此王美人與王鳳被詛咒一事，對成帝與元后而言都是不能容忍的，結果許謁等誅死，許后則廢處昭臺宮，年餘，徙長定宮，親屬皆歸故郡山陽。

　　許皇后立后十四年，從其上書成帝的內容看來堪稱克己修人，在榮華富貴、紙醉金迷的的宮廷生活中，誠屬難得，但最後為什麼還是被廢后位呢？當然成帝迷戀趙氏姊妹是原因之一，最大的因素還是上述所提的許謁祝譴王美人及王鳳事件。不論許后是否參與其中，許謁是其胞姊即脫離不了關係，因為許謁詛咒有身孕的王美人，如果王美人生下兒子，將對沒有子嗣的許后是一大威脅，因此在成帝與元后的解讀下，許后一定有參與這件事的進行，所以當了十四年皇后的許氏，終於敗在朝廷的權力之爭及後宮爭寵的角逐中。但是廢后之後，為什麼還是走上自殺一途呢？

> 後九年，上憐許氏，下詔曰：「蓋聞仁不遺遠，誼不忘親。前平安剛
> 侯夫人謁坐大逆罪，家屬幸蒙赦令，歸故郡。朕惟平恩戴侯，先帝
> 外祖，魂神廢棄，莫奉祭祀，念之未嘗忘于心。其還平恩侯旦及親
> 屬在山陽郡者。」〔註97〕

許后在長定宮幽居九年，忽聞其親屬得以回京居住，亦覺自己頗有希望再度回宮，卻沒有想到這個再度回京的念頭卻是她致命的關鍵：

> 先是廢后姊孊寡居，與定陵侯淳于長私通，因為之小妻。長紿之曰：
> 「我能白東宮，復立許后為左皇后。」廢后因孊私賂遺長，數通書
> 記相報謝。長書有誖謾，發覺〔註98〕，天子使廷尉孔光持節賜廢后
> 藥，自殺，葬延陵交道廐西。〔註99〕

〔註97〕同前註，卷97下〈外戚傳‧孝成許皇后〉，頁3983。

〔註98〕《漢書‧淳于長傳》：「初，許皇〔后〕坐執左道廢處長定宮，而后姊孊為龍額思侯夫人，寡居。長與孊私通，因取為小妻。許后因孊賂遺長，欲求復為倢伃。長受許后金錢乘輿服御物前後千餘萬，詐許為白上，立以為左皇后。孊每入長定宮，輒與孊書，戲侮許后，嫚易無不言。交通書記，賂遺連年。是時，帝舅曲陽侯王根為大司馬票騎將軍，輔政數歲，久病，數乞骸骨。長以外親居九卿位，次第當代根。根兄子新都侯王莽心害長寵，私聞長取許孊，受長定宮賂遺。莽侍曲陽侯疾，因言「長見將軍久病，意喜，自以當代輔政，至對衣冠議語署置。」具言其舉過。根怒曰：「即如是，何不白也？」莽曰：「未知將軍意，故未敢言。」根曰：「趣白東宮。」莽求見太后，具言長驕佚，欲代曲陽侯，對莽母上車，私與長定貴人姊通，受取其衣物。太后亦怒曰：「兒至如此！往白之帝！」莽白上，上乃免長官，遣就國。」前引書，卷93，頁3731～3732。

〔註99〕同前註，卷97下〈外戚傳‧孝成許皇后傳〉，頁3983。

所託非人使得單純想回宮中的許后冤死在後宮的爭寵奪權之中。

（十）不幸懷子——成帝曹宮與許美人

自古宮廷婦人鬥爭激烈，如能身懷龍種，他日榮登皇后、太后之位頗大，反觀卻易遭他人嫉妒而有不測，後宮妃子因懷皇子而喪命亦大有人在，成帝時的曹宮與許美人就是一個例子。

成帝時，寵幸趙飛燕與趙合德姊妹，趙氏姊妹未能替成帝生下一兒半女，卻也不許其他妃子身懷龍種，因此只要後宮有人懷孕，往往「御幸生子者輒死，又飲藥傷墮者無數」〔註100〕，史書有明確記載僅曹宮與許美人。

曹宮乃官婢曹曉之女，屬中宮，學事史，通《詩》，授皇后，在一次成帝臨幸即懷孕，沒想到生下成帝第一個皇子未即滿月，孩子即「不知所置」〔註101〕；至於許美人亦是在生下皇子後，爲趙昭儀所知，成帝第二個皇子竟是「篋中有死兒，埋屏處，勿令人知。」〔註102〕

〔註100〕同前註，卷97下〈外戚傳·孝成趙皇后傳〉，頁3995。

〔註101〕「……房與宮對食，元延元年（前12年）中宮語房曰：『陛下幸宮。』後數月，曉入殿中，見宮腹大，問宮。宮曰：『御幸有身。』其十月中，宮乳掖庭牛官令舍，有婢六人。中黃門田客持詔記，盛綠綈方底，封御史中丞印，予武曰：『取牛官令舍婦人新產兒，婢六人，盡置暴室獄，毋問兒男女，誰兒也！』武迎置獄。宮曰：『善臧我兒胞，丞知是何等兒也！』後三日，客持詔記與武，問『兒死未？手書對牘背。』武即書對：『兒見在，未死！』有頃，客出曰：『上與昭儀大怒，奈何不殺？』武叩頭啼曰：『不殺兒，自知當死；殺之，亦死！』即因客奏封事，曰：『陛下未有繼嗣，子無貴賤，唯留意！』奏入，客復持詔記予武曰：『今夜漏上五刻，持兒與舜，會東交掖門。』武因問客：『陛下得武書，意如何？』曰：『憞也。』武以兒付舜。舜受詔，內兒殿中，爲擇乳母，告『善養兒，且有賞。毋令漏泄！』舜擇棄爲乳母，時兒生八九日。後三日，客復持詔記，封如前予武，中有封小綠篋，記曰：「告武以篋中物書予獄中婦人，武自臨飲之。」武發篋中有裏藥二枚，赫蹏書，曰：『告偉能：努力飲此藥，不可復入。女自知之！』偉能即宮，宮讀書已，曰：「果也！欲姊弟擅天下！我兒男也，額上有壯髮，類孝元皇帝。今兒安在？危殺之矣！奈何令長信得聞之？」宮飲藥死。後宮婢六人召入，出語武曰：『昭儀言"女無過。寧自殺邪，若外家也？"我曹言願自殺。』即自繆死。武皆表奏狀。棄所養兒十一日，宮長李南以詔書取兒去，不知所置。」同前註，頁3990～3991。

〔註102〕許美人前在上林涿沐館，數召入飾室中若舍，一歲再三召，留數月或半歲御幸。元延二年（前11年）裏子，其十一月乳。詔使嚴持乳醫及五種和藥丸三，送美人所。後客子、偏、兼聞昭儀謂成帝曰：『常給我言從（宮中）〔中宮〕來，即從中宮來，許美人兒何從生中？許氏竟當復立邪！』憞，以手自搯，以頭擊壁戶柱，從牀上自投地，啼泣不肯食，曰：『今當安置我，欲歸耳！』

身懷龍子是何等的喜悅，象徵著未來后位的無限榮寵，但是宮廷鬥爭的可怕，卻也是冤死的來由！曹宮與許美人在史書上的個性形象並不突顯，曹宮雖主動爲其子爭取生存的空間，無奈形勢不如人，依然落得身亡的下場，而許美人更是被動地交出孩子的性命，在趙氏姊妹的淫威下，又有幾人能安全脫離虎口！

（十一）毫無自主——哀帝傅后

哀帝（前 21～前 1）傅皇后，雖貴爲一國之后，但一生的命運卻是掌控在別人的手裡。在哀帝尚爲定陶王時，其姑母傅昭儀欲重親之故，所以決定了她的婚姻大事，這是一樁下輩娶上輩的重親例子；哀帝爲漢太子，傅氏即爲妃，待哀帝即位後，成帝大行尚在前殿，傅昭儀即迫不及待同日俱封傅妃之父爲孔鄉侯，帝舅爲陽安侯，月餘，傅妃即爲皇后；然而哀帝崩後，卻被王莽廢爲庶人而選擇自殺：

> 哀帝崩，王莽白太皇太后下詔曰：「定陶共王太后與孔鄉侯晏同心合謀，背恩忘本，專恣不軌，與至尊同稱號，終沒，至乃配食於左坐，誖逆無道。今令孝哀皇后退就桂宮。」後月餘，復與孝成趙皇后俱廢爲庶人，就其園自殺。〔註103〕

史書上對這位傅皇后並無太多形象著墨，但從簡短的文句介紹其政治婚姻的一生，可以得知身在深宮種種毫無自主權的無奈。

第三節　後人同情西漢宮廷婦女之說法

歷來中國沒有一個朝代的權力寶座上是沒有沾染鮮血的，即使是脂粉飄香的後宮也不例外，從上述這些貴爲后妃或公主的身上，我們看到了封建制

帝曰：『今故告之，反怒爲！殊不可曉也。』帝亦不食。昭儀曰：『陛下自知是，不食爲何？陛下常自言"約不負女"，今美人有子，竟負約，謂何？』帝曰：「約以趙氏，故不立許氏。使天下無出趙氏上者，毋憂也！」後詔使嚴持綠囊書予許美人，告嚴曰：「美人當有以予女，受來，置飾室中簾南。」美人以葦篋一合盛所生兒，緘封，及綠囊報書予嚴。嚴持篋書，置飾室簾南去。帝與昭儀坐，使客子解篋緘。未已，帝使客子、偏、兼皆出，自閉戶，獨與昭儀在。須臾開戶，嘑客子、偏、兼，使緘封篋及綠綈方底，推置屏風東。恭受詔，持篋方底予武，皆封以御史中丞印，曰：『告武：篋中有死兒，埋屏處，勿令人知。』武穿獄樓垣下爲坎，埋其中。」同前註，頁3993～3994。
〔註103〕同前註，卷97下〈外戚傳・傳孝哀傅皇后〉，頁4005。

度下婦女的悲苦，表面上這群婦女享有富貴榮華，過著錦衣玉食，珠環翠繞的生活，但實際上卻是身處在無聲的戰場，只要後宮有人為爭奪皇帝的專寵，或欲擴充權力的結構，或有因子而貴的想法及作為，整個後宮就沒有平靜與安寧的日子可過，於是乎無辜的生命又犧牲了。

或許正是因為這群婦女的身份與常人不同，因此其遭遇特別容易引發文人士大夫的憐憫，尤其是失意的讀書人，往往借此比擬為懷才不遇的自己，於是年輕貌美的后妃或公主，在享盡人間富貴的同時，也嘗盡人間的冷暖辛酸，讀書人更是掬一把同情的淚水，所以歷來以宮廷后妃或公主不幸遭遇為主的詩篇特別多，西漢哀怨的後宮婦女當然亦是文人士大夫筆下最佳的題材。

本節主要是舉隅唐代文人對西漢戚夫人、武帝陳后及和親出塞的王昭君為對象所抒發的情感為主〔註104〕；戚夫人悲慘的死狀，想來總是令人毛骨悚然；而阿嬌對武帝的愛妒，及司馬相如〈長門賦〉的影響，使得歷來的文人對這位從小就指腹給膠東王的金枝玉葉，最終還是被金屋「藏」嬌，又惜又惋；至於王昭君更是自兩晉以來，就已步入文學的殿堂，成為一個家喻戶曉、富有傳奇色彩的文學形象，這當然歸功於唐朝文人在共有和親的政治背景下，以他們全部的心靈、審美理想及豐富想像進行藝術加工，當然其他朝代的文人只要一想到這位中原美人嫁到塞外漠北，過著茹毛飲血的日子，更是心疼不已，因此加油添醋了不少昭君不甘和番的情感成份，從而共同創造了昭君形象，使她從一個原本沒沒無聞的宮女，一躍成為民族和睦親善的大使。直至今日，拜電視、電影的廣大群眾魅力之賜，「昭君和親」的故事雖然早已失去正史原貌，然無論如何，王昭君在歷史的知名度始終是居高不下的。

一、悲戚夫人

有關悲憐戚夫人的後世迴響，最有名的就屬唐‧李昂〈賦戚夫人楚舞歌〉一詩，其悲詠戚夫人得寵之狀及憂呂后之妒：

〔註104〕之所以選定唐代文人士大夫的作品對西漢宮廷婦女的迴響，最主要的是漢代與唐代是兩個歷史背景很相近的朝代：就社會環境而言，漢唐二朝可說是國運昌盛，萬國來朝，稱得上國泰民安；就精神文化而言，讀書人皆潛心於學問，漢人則著重於注經解經，致力於名物訓詁，唐人則大量翻譯佛經，融合本土與域外文化；就政治和親而言，漢有王昭君，唐有文成公主。漢唐二朝在中國的歷史上可說是兩個政治文化的高潮期。

定陶城中是妾家，妾年二八顏如花；閨中歌舞未終曲，天下死人如亂麻。漢王此地因征戰，未出簾櫳人已薦；風花菡萏落轅門，雲雨裴回入行殿。日夕悠悠非舊鄉，飄飄處處逐君王；閨門向裡通歸夢，銀燭迎來在戰場。相從顧恩不顧己，何異浮萍寄深水；逐戰曾迷隻輪下，隨君幾陷重圍裡。此時平楚復平齊，咸陽宮闕到關西；珠簾夕殿聞鐘磬，白日秋天憶鼓鼙。君王縱恣翻成誤，呂后由來有深妒；不奈君王容鬢衰，相存相顧能幾時。黃泉白骨不可報，雀釵翠羽從此辭；君楚歌兮妾楚舞，脈脈相看兩心苦。曲未終兮袂更揚，君流涕兮妾斷腸；已見儲君歸惠帝，徒留愛子付周昌。〔註105〕

李昂詩中首言戚夫人的家世，再敘戚夫人與高祖相識的緣由，爾後戚夫人見幸於高祖，隨其南征北討，幾度陷入重圍，然而好景不常，戚夫人雖倍受寵愛，但是呂后生性好妒，高祖又日漸衰老，能相存相顧還有幾時，最後言及立惠帝為儲君，更令戚夫人惶恐萬般。

戚夫人的悲慘故事，借著歷史的記載，與永巷歌的流傳，著實令後人欷歔不已。

二、嘆陳皇后

武帝陳皇后因「數歲無子」，且「擅寵驕貴」，在得知衛子夫得寵後，一哭二鬧的結果反而被打入冷宮，為了挽回武帝之心，因此託人重金賞賜當時頗富盛名的辭賦家司馬相如，為其撰寫〈長門賦〉一闋，無論是否如傳說中武帝因而動容，諒解陳皇后所作的一切，總之因為陳皇后的善妒，與在冷宮中的哀怨，及司馬相如的〈長門賦〉，這三者的結合使得歷來題名〈長門怨〉的詩歌甚多，所吟詠的主題皆是描寫漢武帝廢掉的陳皇后，獨處深宮時的孤苦寂寞之情。

陳皇后雖貴為皇后，仍不免因皇帝丈夫移情別戀而成為天底下最可憐的女人，因為皇后的身份尊貴，一旦被廢，除了永閉長門，終老深宮，別無他途，境遇十分悲慘。下文即是唐人以〈長門怨〉為主題的詩歌〔註106〕，試述其以五、七言的絕句或律詩表達這位金屋夢碎的阿嬌皇后，深處冷宮中的孤寂及其善妒的性格形象。

〔註105〕《全唐詩》，前引書，卷120，頁1209。
〔註106〕唐人詩歌有關陳后詩題，有〈長門怨〉、〈長門〉、〈長門燭〉、〈長門失寵〉、〈阿嬌怨〉等，本文主要以題為〈長門怨〉之詩歌，舉隅論述。

（一）善妒的性格

後宮三千佳麗，后妃得幸廢棄，本無定理，有因無子而失寵，有因色衰
而愛弛，阿嬌專寵多年，已非妙齡少女，不但未能生下一兒半女，而且素性
好妒，當然使得武帝日益疏離。

> 妾妒今應改，君恩惜末平。〔註107〕（張循之，一作張修之詩）

> 妾妒亦知非，君恩那不借。〔註108〕（濟瀚，一作劉皐詩）

二首均是描敘因自身的妒意，使得君王不再恩寵。

> 君王嫌妾妒，閉妾在長門。〔註109〕（岑參）

寫君王嫌陳皇后好妒，因而將他禁閉在長門深宮。

> 自憶專房寵，曾居第一流；移恩向何處，暫妒不容收。〔註110〕（戴
> 叔倫）

描寫曾幾何時，屬於皇后的專寵不再，這全是皇后的好妒所造成。

（二）獨居的孤寂

婚姻原是男女生命旅途中，同行互持的一項應許，陳皇后既已託討終身
與武帝，自是希望君王能無二心，得以共效于飛，白首不相離；誰知君王薄
幸寡恩，喜新厭舊，往昔的專房之寵，如今卻已成為永巷之陰〔註111〕，後人
憐憫陳皇后蕭意失寵，獨居長門，因此多以君王與新寵笙歌樂舞的歡娛，對
照陳皇后被棄的淒涼孤寂。如：

> 月皎風冷冷，長門次披庭；玉階閒墜葉，羅幌見飛螢。清露凝珠綴，
> 流塵下翠屏；亡心君未察，愁欺劇繁星。〔註112〕（沈佺期）

借墜葉、飛螢、清露與流塵的變化，襯托出獨居長門的悲涼與孤寂。

> 月出映層城，孤圓上太清；君王眷愛歇，枕席涼風生。怨咽不能寢，
> 踟躕步前楹；空階白露色，百草寒蟲鳴。念昔金房裡，猶嫌玉座輕；
> 如何嬌所誤，長夜泣恩情。〔註113〕（吳少微）

〔註107〕同前註，卷99，頁1065。
〔註108〕同前註，卷94，頁1017。
〔註109〕同前註，卷200，頁2064。
〔註110〕同前註，卷273，頁3081。
〔註111〕黃美玉《唐人以漢代婦女為主題詩歌之研究》，政治大學中文所碩士論文，1988
　　　　年，頁170。
〔註112〕《全唐詩》，卷96，頁1032。
〔註113〕同前註，卷94，頁1012。

因失寵於君王，以致悲怨孤寂，暗夜仍不寐。

> 獨坐思千里，春庭曉景長；鶯喧翡翠幕，柳覆鬱金堂。舞蝶縈愁緒，
>
> 繁花對靚妝；深情托瑤瑟，絃斷不成章。〔註114〕（賈至）

借花柳盛開、鶯蝶飛舞的情景反襯陳皇后長門春日的孤寂悲怨。

> 春風日日閉長門，搖蕩春心似夢魂。〔註115〕（皎然）

寫禁閉長門的孤獨寂寥。

> 雨滴長門秋夜長，愁心和雨到昭陽；淚痕不學君恩斷，拭卻千行更
>
> 萬行。〔註116〕（劉皂，一作劉媛詩）

借長門秋夜的雨滴，如同困愁淚，拭去千行，卻更萬行，表達陳皇后失寵後獨居冷宮的孤寂。

> 葉落長門靜，苔生永巷幽；相思對明月，獨坐向空樓。鑾駕迷終轉，
>
> 蛾眉老自愁；昭陽歌舞伴，此夕未知秋。〔註117〕（王貞白）

從長門的淒清，與廢后的憂傷自憐相對照，君王的另結新歡，整天陶醉在歌舞宴遊中，陳后獨守冷宮的悠悠歲月，顯得是更孤寂了。

> 自從別鑾殿，長門幾度春；不知金屋裡，更貯若為人。〔註118〕（蕭意）

當年「金屋藏嬌」的諾言已隨風而逝，退居長門數載，盡是孤獨落寞。

（三）長門的悲怨

自古帝王與后妃的地位，如同雲泥之別，極為懸殊，帝王是絕對的「施恩」者，而后妃只有被動地接受寵愛或廢退的命運，因此得寵與否，擺盪之際，終究難以灑脫淡然，陳皇后憑藉與武帝姑表的關係，擅寵嬌貴十餘年，突然墜入冷宮，情何以堪？

> 君王寵初歇，棄妾長門宮。〔註119〕（崔顥）

寫失寵於君王，以致被打入長門宮。

> 何事長門閉，珠簾只自垂；月移深殿早，春向後宮遲。蕙草生閒地，
>
> 梨花發舊枝；芳菲自恩幸，看卻被風吹。〔註120〕（劉長卿）

〔註114〕同前註，卷235，頁2594。
〔註115〕同前註，卷820，頁9247。
〔註116〕同前註，卷472，頁5358。
〔註117〕同前註，卷701，頁8057。
〔註118〕同前註，卷773，頁8763。
〔註119〕同前註，卷130，頁1327。
〔註120〕同前註，卷148，頁1511。

整首詩乃由珠簾自垂，長門深鎖來表達冷宮的淒涼，而月早移，春來遲都是因爲冷宮的長夜漫漫，至於梨花之發，看似美，卻經不起風雨的吹折即凋零殘敗，這是以花喻人，以表達阿嬌失寵的悲怨。

> 天迴北斗挂西樓，金屋無人螢火流；月光欲到長門殿，別作深宮一段愁。桂殿長愁不知春，黃金四屋起秋塵；夜懸明鏡青天上，獨照長門宮裡人。〔註121〕（李白）

寫長門深夜的幽淒，以華麗的金屋，對照失寵的妃子，明亮的月光，對照獨居的哀怨，李白以反襯的手法，襯托出陳后失寵被棄的悲愁，令人倍覺淒涼。

> 弱體鴛鴦薦，啼妝翡翠衾；鴉鳴秋殿曉，人靜禁門深。〔註122〕（李華）

描寫陳皇后幽居長門，人煙罕至，悲怨之餘，以致食不知味，衣帶漸寬的淒涼情景。

> 獨坐爐邊結夜愁，暫時思去亦難留；手持金筯垂紅淚，亂擬寒灰不舉頭。〔註123〕（劉言史）

以陳皇后獨坐爐邊取暖，因失去君王恩寵，只有手持金箸，亂撥寒灰，表達其心已如槁木死灰，悲怨至極。

> 閒把羅衣泣鳳凰，先朝曾教舞霓裳；春來卻羨庭花落，得逐晴風出禁牆。〔註124〕（三首之一，鄭谷）

以艷羨庭前落花，可以隨風飄出牆外，自己卻因失寵而禁居長門，從前的樂舞笙歌已逝去，今日只剩羅衣對泣。

> 長門花泣一枝春，爭奈君恩別處新。〔註125〕（崔道融）

先寫獨守長門的悲泣，再寫君王恩寵別移的無奈。

> 悵望黃金屋，恩衰似越逃；花生針眼刺，月送剪腸刀。〔註126〕（無名氏）

以花、月的景象，描寫陳皇后失寵的悲愁哀怨。

〔註121〕同前註，卷184，頁1880。
〔註122〕同前註，卷153，頁1589。
〔註123〕同前註，卷468，頁5325。
〔註124〕同前註，卷677，頁7762。
〔註125〕同前註，卷714，頁8208。
〔註126〕同前註，卷785，頁8861。

司馬相如〈長門賦〉中阿嬌的多情，使得金屋藏嬌的故事更是倍受後人憐惜。

三、憐王昭君

中國自古即有胡漢融合的情形，其中昭君和親的故事，迄今雖有二千餘年，但流傳之廣，影響之大，無人能出其右。就歷史而言，昭君出塞解決漢朝與匈奴長年的糾紛，且促進彼此文化的交流，而昭君本身亦貴為匈奴兩代閼氏，其子女或為王或為公主，對匈奴或多或少有折衝樽俎的作用；就文學作品而言，昭君和親的故事已成歷代文人士大夫吟詠寫作的題材，上自漢魏隋唐，下至宋元明清，不論帝王后妃，或凡夫俗子，在詩詞文賦，甚至小說戲曲，作品多得難以勝舉。有些加油添醋昭君出塞的前因後果，豐富了和親的內容，使故事充滿了張力；有些純粹以悲天憫人的情懷感嘆昭君遠離家國的哀愁；有些則藉此敘述人間的生離死別，或生不逢時的悲痛。

在西漢的和親政策下，昭君以良家女的身份遠嫁異域，無疑是一種賞賜的贈品，因為相較於同時代其他宗室女的妝奩之豐，昭君受到的待遇簡直是天壤之別〔註127〕，或許正因為如此，加上和親的身份特殊，以至於較易獲得文人士大夫與廣大民眾的關注及同情，而在民間形成傳說流行，且成為漢朝和親政策的代表性人物，這應是當初史家所始料未及。

下文敘述昭君和親自史實轉為民間傳說，以及唐代文人以詩歌吟詠方式表達昭君和親的情形：

（一）民間傳說

最早關於昭君故事轉化為民間傳說的文學作品，應是東漢蔡邕的《琴操·怨曠思惟歌》〔註128〕：

> 王昭君者，齊國王襄女也，昭君年十七時，顏色皎潔，聞於國中，

〔註127〕從《漢書》記載細君與昭君和親事件中可見一斑，細君的和親，〈西域傳〉記載：「漢元封中，遣江都王建女細君為公主，以妻焉，……贈送甚盛，……昆莫年老，語言不通，公主悲愁，自為作歌曰：……天子聞而憐之，間歲遣使者持帷帳錦繡給遺焉。」前引書，卷96下，頁3903～3904。至於昭君的和親，〈元帝紀〉與〈匈奴傳〉均無任何字眼記載其妝奩。

〔註128〕關於《琴操》作者，歷來有東漢桓譚、蔡邕、東晉孔衍三種說法，根據清馬瑞辰在平津館本校本序中考辨，該書作者應是東漢蔡邕，見陳盈妃《王昭君戲曲研究——以雜劇、傳奇為範圍》，輔仁大學中文所碩士論文，1994年，頁8～10。

襄見昭君端正閑麗，未嘗窺看門戶，以其有異於人，求之皆不與，
獻於孝元帝。以地遠既不幸納，叨備後宮，積五、六年，昭君心有
曠怨，僞不飾其形容。元帝每歷後宮，疏略不過其處，後單于遣使
者朝賀，元帝陳設倡樂，乃令後宮粧出。昭君怨恚日久，不得侍列，
乃更脩飾，善粧盛服，形容光輝而出，俱列坐，元帝謂使者曰：「單
于何所願樂？」對曰：「珍奇怪物，皆悉自備，惟婦人醜陋，不如中
國。」帝乃問後宮，欲一女賜單于，誰能行者起。於是昭君喟然越
席而前曰：「妾幸得備在後宮，麤醜卑陋，不合陛下之心，誠願得行。」
時單于使者在旁，帝大驚悔之，不得復止。良久太息曰：「朕已誤矣！」
遂以與之。昭君至匈奴，單于大悦，以爲漢與我厚，縱酒作樂，遣
使者報漢，送白璧一雙、駿馬十匹、胡地珠寶之類。昭君恨帝始不
見遇，心思不樂，心念鄉土，乃作怨曠思惟歌曰：「秋木萋萋，其葉
萋黃，有鳥爰止，集于苞桑，養育毛羽，形容生光，既得升雲，獲
侍帷房，離宮絕曠，身體摧藏，志念幽沉，不得頡頏，雖得餧食，
心有徊徨，我獨依何，改往變常，翩翩之燕，遠集西羌，高山峨峨，
河水泱泱，父兮母兮，道里悠長，鳴呼哀哉，憂心惻傷。」〔註129〕
昭君有子曰世違，單于死，子世違繼立，凡爲胡者，父死妻母，昭
君問世違曰：「汝爲漢也？爲胡也？」世違曰：「欲爲胡耳。」昭君
乃呑藥自殺，單于舉葬之，胡中多白草，而此冢獨青。〔註130〕

文中詳細描述昭君的身世與容貌，也說明出塞和親是基於心有曠怨，進入胡
地後，又飽受思鄉之苦，最後因不願從胡俗而自殺，這樣的情節已與正史記
載相距甚遠，《琴操》中的昭君，不但有美貌、懂禮教，也有才氣，但是加上
不願從胡俗的情節看來，似有從《漢書・西域傳》細君公主一事脫胎而來，

〔註129〕關於〈怨曠思惟歌〉的作者，一般學者皆認爲此詩歌乃僞作。1. 張修蓉引梁
啓超看法：全詩以四言寫成，隔句用韻，押平聲陽韻，一韻到底，文詞淺顯
樸實，無過份渲染，若說爲漢人之作，未嘗不可，然畢竟算不上是佳作，與
〈烏孫公主歌〉相較，遜色不少，見《漢唐貴族與才女詩歌研究》，前引書，
頁 26。2. 陳盈妃亦舉出此詩歌非昭君所作的理由，見其碩論《王昭君戲曲研
究──以雜劇、傳奇爲範圍》，前引書，頁 47。3. 高國藩則認爲此詩歌應出
於東漢，不似文人所作，見藩《敦煌民間文學・論敦煌王昭君傳說》，臺北：
聯經出版事業公司，1994 年，頁 521。
〔註130〕〔東漢〕蔡邕撰，嚴一萍選輯，平津館叢書，臺北：藝文印書館，1967 年，
卷下，頁 3～4。

可見在東漢時期，昭君與細君的故事似乎混淆在一起，至於最後吞藥自殺的結局，應是當時文人無法認同昭君屈服於「父子共妻」的習俗，而賦予的高尚情操。

後來昭君的故事又加上「馬上琵琶」與「畫工圖畫」兩個主要情節：

> 王明君者，本是王昭君，以觸文帝諱改之。匈奴盛，請婚於漢，元帝以後宮良家子昭君配焉。昔公主嫁烏孫，令琵琶馬上作樂〔註131〕以慰其道路之思。其送明君亦必爾也。〔註132〕

這是根據西晉・石崇〈王明君詞〉序文而來，石崇認為烏孫公主遠嫁時有「馬上琵琶」作樂之說，想當然爾，昭君的出塞途中必有馬上樂師，彈奏琵琶以慰藉。正史並沒有記載這一段，顯然細君遠嫁烏孫的故事已融進昭君自請和番的故事了。

從正史看來，亦沒有畫工毛延壽一人，但東晉・葛洪《西京雜記》卻描述生動：

> 元帝後宮既多，不得常見，乃使畫工圖形，案圖召幸之。諸宮人皆略畫工，多者十萬，少者亦不減五萬，獨王嬙不肯，遂不得見。匈奴入朝求美人為閼氏，於是上案圖以昭君行。及去，召見，貌為後宮第一，善應對，舉止嫻雅，帝悔之。而名籍已定，帝重信於外國，故不復更人。乃窮案其事，畫工皆棄市，籍其家，資皆巨萬。畫工有杜陵毛延壽，為人形，醜好老少，必得其真。安陵陳敞，新豐劉白、龔寬，並工為牛馬飛鳥，亦肖人形，好醜不逮延壽。下杜陽望亦善畫，尤善布色。樊育亦善布色。同日棄市。吮師畫工，於是差稀。〔註133〕

畫工毛延壽的出現為昭君的入胡和親做了合理的解釋，同時帶有強烈的戲劇色彩，使人們對昭君的際遇寄予無限的同情與惋惜〔註134〕，「畫工圖畫」之說

〔註131〕〔梁〕沈約撰，《宋書》：「琵琶，傅玄琵琶賦曰：『漢遣烏孫公主嫁昆彌，念其行道思慕，故使工人裁箏、筑，為馬上之樂。欲從方俗語，故名曰琵琶，取其易傳於外國也。』」，臺北：鼎文書局，1975年，卷19〈樂志〉，頁556。由此可見琵琶曲所流露出來的樂聲是悲苦思念的象徵。

〔註132〕〔清〕胡鳳丹編《青冢志》，卷3，頁5087，收錄於〔清〕王韜撰《淞濱瑣話》，〔清〕蟲天子輯《香豔叢書》第18集，臺北：古亭書屋，出版年不詳。

〔註133〕前引書，頁55。

〔註134〕敦煌〈王昭君變文〉殘卷印證《西京雜記》的說法：「昭軍（君）一度登千山，千迴下淚。慈母只今何在，君王不見追來。當嫁單于，誰望喜樂。良由畫匠

亦成爲往後昭君故事發展的脈胳，重要的核心情節。

至此，昭君故事除了《漢書》與《後漢書》的記載，亦加入《琴操》與「馬上琵琶」及「畫工圖書」之說，已完全走出史實的原貌，成爲民間文學的題材，故事的結構逐漸凝聚於「辭漢」、「出塞」與「胡地生活」三個主題，歷來同情憐惜昭君際遇的文人士大夫，其作品幾乎圍繞在這三個情節。

昭君故事的發展至元代可說是達到高峰，馬致遠《破幽夢孤雁漢宮秋》（簡稱《漢宮秋》）雜劇，上承東漢至兩宋昭君故事的衍變，下啓明清昭君雜劇及傳奇，其關鍵地位不容忽視〔註135〕。《漢宮秋》全劇分爲四折及一楔子，內容簡述如下：

漢朝毛延壽替漢元帝選拔美女，至四川遇到美女王嬙，字昭君，毛延壽向其索賄不成，心懷恨意，於是畫其圖形選入，卻於圖中點痣破相，使昭君久居後宮。一夜，昭君彈琵琶解悶，爲元帝發現，毛延壽於是畏罪潛入番，向番王獻昭君圖像，並大力吹捧其美貌，單于欣喜之餘，向漢朝索求昭君爲關氏，元帝雖萬般不願，然滿朝文臣武將皆畏懼，爲平息這場危機，昭君毅然同意入胡和親。元帝忍痛爲昭君餞別，昭君脫下漢服，披上煖帽貂裘，帶著無奈與不捨之情，北入荒漠。然而行至漢匈交界，昭君借酒一盃，向南澆奠辭漢後，竟投江自盡。番王感慨不已，將其葬於江畔，名爲青塚，並令人將禍首毛延壽解送至漢庭。元帝自昭君離去後，落寞寡歡，每每望圖思人，一日恍惚入夢之際，忽見昭君飄忽而至，卻被孤雁哀鳴驚醒。劇末由丞相上場，說明元帝下令斬首毛延壽，以祭昭君。

據史籍記載，漢元帝並沒有寵幸過王昭君，其在位時，漢朝甚至比匈奴強盛，昭君的和親乃出於鞏固漢朝與匈奴的友好關係，並非受到匈奴的脅迫，但在《漢宮秋》中，馬致遠爲了影射元滅宋的政治現實，於是「借他人酒杯

捉妾陵持，遂使望斷黃沙，悲連紫塞，長辭辭赤縣，永別神州。虞舜妻賢，沛能變竹，圮良（杞梁）婦聖，哭烈（裂）長城。乃可恨積如山，愁盈若海。單于不知他怨，至夜方歸。雖還至帳臥，仍不去。因此得病，漸加羸瘦。……故知生有地，死有處，恰至三更，大命方盡。」描寫昭君入胡，抑鬱不已，最後客死異鄉。潘重規《敦煌變文集新書》，敦煌學叢書第六種，臺北：中國文化大學中文研究所，1983年，頁915～916。

〔註135〕元馬致遠《漢宮秋》是元代唯一留下關於昭君故事最重要的雜劇著作，元代以昭君爲題的雜劇，除了《漢宮秋》外，尚有關漢卿《漢文帝哭昭君》、張時起《昭君出塞》與吳昌齡《夜月走昭君》，然三者皆已失傳，參見陳盈妃碩士論文《王昭君戲曲研究——以雜劇、傳奇爲範圍》，前引書，頁26。

以澆自己胸中塊壘」，抒寫亡國之嘆。

　　無論如何，《漢宮秋》可說是昭君文學上的重要作品，作為戲劇的呈現，除了「青冢」之說是結合唐宋以來的詩歌表現，對於昭君和親出塞的始末亦增加了許多新的情節，如昭君彈琵琶解悶、昭君與元帝的愛情、昭君的愛國情操、元帝為之餞別、出塞途中自沉於江、夢中返漢等，《漢宮秋》中安排昭君入胡前，以酒澆奠辭漢自沉於江，不僅予以更濃厚的戲劇性色彩，亦有意將昭君的人格塑造得更悲壯。明清之後的雜劇與傳奇均不離此結構情節，顯然昭君和親一事，經民間加工傳說後，已不似正史所載，內容的添加愈來愈豐富，劇情愈來愈有張力，經戲劇的演出更是成為家喻戶曉的故事了。

（二）詩歌吟詠

　　歷來有關文人士大夫以詩歌方式悲憐昭君際遇，其內容大致如下：辭宮、跨鞍、行役、和親、畫師、望鄉、思漢王、客死與詠懷九類〔註136〕，凡此數端，多具悲怨象徵。本文依上述有關昭君民間傳說故事的主要三個情節核心：辭漢、出塞與胡地生活，舉隅有關昭君出塞和親的詩歌，敘述其內容梗概。

1. 辭　漢

　　晉・石崇〈王明君詞〉：「辭訣未及終，前驅已抗旌。僕御涕流離，轅馬悲且鳴，哀鬱傷五內，泣淚沾朱纓。」〔註137〕描寫昭君向漢庭道別的情景，敘述昭君臨行前的哀痛逾恆，連轅馬之鳴亦顯得哀傷。而和親的隊伍中，已有舉著旌旗的車隊。北周・庾信〈王昭君〉「拭啼辭戚里，回顧望昭陽。」〔註138〕與庾信〈王昭君〉：「蘭殿辭新寵，椒房餘故情。」〔註139〕都是說明昭君辭漢時依依不捨之情。到了唐代胡曾〈漢宮〉：

　　　　明妃遠嫁泣西風，玉筋雙垂出漢宮。〔註140〕

此詩寫昭君辭別漢宮，和親遠嫁的情景，由「泣西風」與「玉箸雙垂」可見其悲傷之情。

〔註136〕根據黃美玉碩士論文《唐人以漢代婦女為主題詩歌之研究》分法，前引書，頁 63。
〔註137〕《青冢志》，卷 6，頁 5135。
〔註138〕同前註，卷 4，頁 5093～5094。
〔註139〕同前註，頁 5137～5138。
〔註140〕《全唐詩》，前引書，卷 647，頁 7424。

2. 出　塞

　　此主題是描寫昭君辭漢後前往漠北的途中情景，文人往往以「琵琶」、「馬」等詞描述出塞旅途的艱苦。如：梁・沈約〈明君詞〉：「朝發披香殿，夕濟汾陰河。」〔註141〕這是描述昭君離開漢地，前往漠北的速度之快，情感難以承受。庾信〈王昭君〉：「綠衫承馬汗，紅袖拂秋霜；別曲眞多恨，哀絃須更張。」〔註142〕描述昭君以衫袖抵擋胡地冰寒蝕骨的風雪，琵琶則是襯托哀情。另一首〈明妃詞〉：「冰河牽馬渡，雪路抱鞍行，胡風入骨冷，夜月照心明。方調琴上曲，變入胡笳聲。」〔註143〕則是描寫昭君一行人在冰冷刺骨的雪地中艱難地牽馬渡過冰河，這是詩人對昭君出塞旅途艱苦的想像，至於琵琶聲轉變成胡笳聲，是用以表達昭君內心的悲怨，因爲聽到胡笳聲就表示人已到了漠北，離漢地是愈來愈遠了。

　　唐代文人對昭君出塞時的「情」與「景」亦作不少描繪：

　　　戎途飛萬里，回首望三秦；忽見天山雪，還疑上苑春。〔註144〕（唐・
　　　張文琮〈昭君詞〉）

此詩寫昭君出塞，飛渡萬里的情景，由於行程速度快，思漢情切，以致於將天山皚皚白雪誤爲上苑春光。

　　　玉關春色晚，金河路幾千；琴悲桂條柳，笛怨柳花前。〔註145〕（唐・
　　　上官儀〈王昭君〉）

這是描寫出塞路途的遙遠，同時以琴曲之悲、羌笛之怨表達昭君的悲怨。

　　　新年猶尚小，那堪遠聘秦；裙衫霑馬汗，眉黛染胡塵。舉眼無相識，
　　　路逢皆異人；唯有梅將李，猶帶故鄉春。〔註146〕（唐・董思恭〈昭
　　　君怨〉二首之一，一作董初詩）

寫昭君年紀尚小，實不堪出塞旅途的辛苦，而途中放眼望去，皆爲胡人，只有梅李尚有故鄉味，描述昭君尚未至胡地已開始思鄉。

　　　琵琶馬上彈，行路曲中難；漢月正南遠，燕山直北寒。〔註147〕（唐・

〔註141〕《青冢志》，前引書，卷6，頁5137。
〔註142〕同前註，卷3，頁5094。
〔註143〕同前註，卷6，頁5138。
〔註144〕《全唐詩》，前引書，卷39，頁504。
〔註145〕同前註，卷40，頁507。
〔註146〕同前註，卷63，頁742。
〔註147〕同前註，卷63，頁742。

董思恭〈昭君怨〉二首之二）

此詩以昭君跨鞍出塞為主，描述昭君出塞旅途艱難，漸去漸遠的情景。

> 拭淚辭丹鳳，銜悲向白龍；單于浪驚喜，無復舊時容。〔註148〕（唐·
> 東方虬〈王昭君〉三首之二）

這是描寫昭君出塞時憔悴憂傷，已不復當年的美貌，但仍讓單于驚喜不已！

> 莫將鉛粉匣，不用鏡花光；一去邊城路，何情更畫妝。〔註149〕（唐·
> 顧昭陽〈昭君怨〉）

此詩是描寫昭君出塞，因傷悲而無心妝扮。

> 自矜妖艷色，不顧丹青人；那知粉繪能相負，卻使容華誤身。上馬
> 辭君嫁驕虜，玉顏對人啼不語；北風雁急浮清秋，萬里獨見黃河流。
> 纖腰不復漢宮寵，雙蛾長向胡天愁；琵琶弦中苦調多，蕭蕭羌笛聲
> 相和。可憐一曲傳樂府，能使千秋傷綺羅。〔註150〕（唐·劉長卿〈王
> 昭君歌〉）

前四句說明遠嫁和親是因為容貌皎好所引起，其次表達出塞時，因傷悲而說
不出話來，隨著旅途一步一步向漠北邁進，眼前景色愈來愈悲涼，內心的傷
痛更是不可遏止，似乎只有琵琶曲才能慰藉昭君出遠離故國之痛，即使千年
後亦如此。

> 錦車天外去，毳幕雲中開；魏闕蒼龍遠，蕭關亦雁哀。〔註151〕（唐·
> 令狐楚〈王昭君〉）

寫昭君出塞的情景，錦車慢慢離宮，距離故國愈遠，聽聞雁聲愈覺悲哀。

> 滿面胡沙滿鬢風，眉銷殘黛臉銷紅。〔註152〕（唐·白居易〈王昭君〉
> 二首之一）

描寫昭君出塞的旅途勞累，以致容顏憔悴。

> 萬里邊城遠，千山行路難；舉頭惟見月，何處是長安。〔註153〕（唐·
> 張祜〈昭君怨〉二首之一）

此詩描寫昭君出塞路途的艱難，尤其舉頭不見長安，只見明月當空，月仍是

〔註148〕同前註，卷100，頁1075。
〔註149〕同前註，卷124，頁1232。
〔註150〕同前註，卷151，頁1579。
〔註151〕同前註，卷334，頁3750。
〔註152〕同前註，卷437，頁4858。
〔註153〕同前註，卷511，頁5834。

漢時月，然兩地卻相隔千里，更是使整個出塞旅途充滿感傷。

馬上琵琶行萬里，漢宮長有隔生春。〔註154〕（唐‧李商隱〈王昭君〉）寫昭君含悲出塞，終其一生待在胡地，漢宮春色，對她而言，已恍如隔世，無緣再見。

3. 胡地生活

描寫昭君出塞後，進入胡地生活的種種情景，關於這一主題的描寫甚多，隋‧薛道衡〈明君詞〉是值得注意的：「夜依寒草宿，朝逐轉蓬征，卻望關山迴，前瞻沙漠平。胡風帶秋月，嘶馬雜笳聲。毛裘易羅綺，氊帳代金屏。自知蓮臉歇，羞看菱鏡明，釵落終應棄，鬢解不需縈。……馬駄驖聊彊食，筒酒未能傾。」〔註155〕作者以寒草、沙漠、胡風、胡馬、胡笳、毛裘、氊帳、馬肉、馬酒等實際的胡地生活，描繪昭君淒苦與悲怨的出塞生活。唐以後昭君詩歌數量之多，前所未有，其中描寫昭君思漢之情及胡地生活悲苦尤多，薛道衡〈明君詞〉中以寒草等意象字眼亦成爲唐代以後文人士大夫敘述昭君思漢心緒及和親悲怨的象徵詞。

（1）思　漢

描寫昭君居胡思漢之情，歷來作品即不少，如石崇〈王明君詞〉：「願假飛鴻翼，乘之以遐征，飛鴻不我顧，佇立以屏營。」〔註156〕因思漢情切，所以希望假飛鴻之翼飛回大漢，然卻不可得。梁‧簡文帝〈明君詞〉：「秋簷照漢月，愁帳入胡風。」〔註157〕秋天原本就是想念的季節，連「月」都是「漢月」，說明昭君思漢之情。至於沈約〈明君詞〉：「日見奔沙起，稍覺轉蓬多，胡風犯肌骨，非直傷綺羅；銜涕試南望，關山鬱嵯峨。始作陽春曲，終成苦寒歌，唯有三五夜，明月暫經過。」〔註158〕則是以「沙」、「蓬」、「胡風」來表明昭君居胡地之苦，關山蒼木鬱鬱，也只能銜淚南望，以陽春曲成爲苦寒歌，可見昭君居胡的百般無奈，即使是相思欲託明月，明月也不久留。到了唐代：

漢地草應綠，胡庭沙正飛，願逐三秋雁，年年一度歸。〔註159〕（唐‧
盧照鄰〈昭君怨〉）

〔註154〕同前註，卷540，頁6209。
〔註155〕《青冢志》，前引書，卷6，頁5138～5139。
〔註156〕同前註，卷3，頁5087。
〔註157〕同前註，卷6，頁5136。
〔註158〕同前註。
〔註159〕《全唐詩》，前引書，卷42，頁523。

以今昔胡漢景物的不同，引出昭君雖身在異鄉，但卻心繫漢庭，只希望能隨三秋鴻雁，年年一度得以南歸故鄉。

> 嫁來胡地日，不並漢宮時，辛苦無聊賴，何堪馬上辭。〔註160〕（唐·
> 宋之問〈王昭君〉，一說作者沈佺期）

此詩寫昭君嫁至胡地，景物不如中原，更是思念漢庭一切，當年上馬辭去，依依難捨之情再躍上心頭。

> 厭踐冰霜域，嗟爲邊塞人；思從漠南獵，一見漢家塵。〔註161〕（唐·
> 郭震〈王昭君〉三首之二）

塞外氣候嚴寒，昭君奉命和親，身在塞外，成爲邊塞人，然思鄉情切，只能趁與單于在漠南一帶打獵，一見故土塵埃，方能解思鄉之愁。

> 古鏡菱花暗，愁眉柳葉顰；唯有清笳曲，時聞芳樹春。〔註162〕（唐·
> 駱賓王〈王昭君〉）

此詩寫昭君身在胡地，因思漢之情難以排遣，所以無心妝扮，只有愁眉深鎖，寄語胡笳之曲，聊以自慰。

> 漢使南還盡，胡中妾獨存；紫臺綿望絕，秋草不堪論。〔註163〕（唐·
> 崔國輔〈王昭君〉，一作〈吟歎曲〉）

此詩先寫胡地僅有昭君一漢人，後寫難見漢庭的悲懷，於是寄託萋萋的秋草，以見思漢之情。

> 一回望月一回悲，望月月人不移；何時得見漢朝使，爲妾傳書斬畫
> 師。〔註164〕（崔國輔〈王昭君〉）

此詩以「人」與「月」並寫，兩者映襯，月移而人不移，以見昭君思漢的心情。

> 毳幕夜來時宛轉，何由得似漢王邊。〔註165〕（唐·儲光羲〈明妃曲〉
> 四首之一）

夜幕低垂時分，可是昭君仍難以入眠，這亦是因思漢情切。

> 漢家宮闕夢中歸，幾度氈房淚溼衣；惆悵不如邊雁影，秋風猶得向

〔註160〕同前註，卷 52，頁 644。
〔註161〕同前註，卷 66，頁 757。
〔註162〕同前註，卷 78，頁 840。
〔註163〕同前註，卷 119，頁 1204。
〔註164〕同前註，卷 119，頁 1205。
〔註165〕同前註，卷 139，頁 1419。

南飛。〔註166〕（唐・戴叔倫〈昭君詞〉）

此詩先寫昭君夢中回歸漢庭，醒來卻是夢一場的失落，不禁潸然淚下；再寫大雁得以一年一度隨秋風南飛，昭君卻不可得，實有人不如雁之嘆。

李陵初送子卿回，漢月明時惆悵來；憶著長安舊遊處，千門萬戶玉樓臺。〔註167〕（唐・李端〈昭君詞〉）

先以李陵送羈胡多年的蘇武回歸漢朝，但昭君嫁至匈奴後，卻永不得回歸故土，再以回憶長安的千門萬戶，對照胡地的淒涼，由此可見昭君思漢情切。

漢使卻回憑寄語，黃金何日贖蛾眉；君王若問妾顏色，莫道不如宮裡時。〔註168〕（白居易〈王昭君〉二首之二）

從「黃金何日贖蛾眉」可知昭君思漢情切，全詩以漢使欲反朝，昭君對其叮嚀，莫道此時容顏已不如從前，為恐色衰愛弛，而長久被棄於胡地，不得反國，《歸田詩話》對此詩評價甚高：「詩人詠昭君者多矣。大篇短章，率敘其離愁別恨而已。惟樂天云：『漢使卻回憑寄語，黃金何日贖蛾眉？君王若問妾顏色，莫道不如宮裡時。』不言怨恨，而惓惓舊主，高過人遠甚。其與『漢恩自淺胡自深，人生樂在相知心』者異矣。」〔註169〕白居易以昭君對漢使的傳語，毫無怨恨之詞，更可見其思漢之情。

青塚前頭隴水流，燕支山上暮雲秋；蛾眉一墜窮泉路，夜夜孤魂月下愁。〔註170〕（唐・杜牧〈青塚〉）

以昭君青塚淒涼的景色，襯托出荒涼寂寞之感，而昭君雖已死，孤魂卻仍在月夜下思歸，由此可見其生前思漢的哀愁。

夢裡分明入漢宮，覺來燈背錦屏空；紫臺月落關山曉，腸斷君恩信畫工。〔註171〕（唐・王渙〈惆悵詩〉十二首之十二）

寫昭君於夢中歸漢，醒來卻是一場空，突顯其思鄉情切。

紅顏如朔雪，日爍忽成空；淚盡黃雲雨，塵消白草風。君心爭不悔，恨思竟何窮；願化南飛燕，年年入漢宮。〔註172〕（唐・徐夤〈追和

〔註166〕同前註，卷274，頁3103。
〔註167〕同前註，卷286，頁3282。
〔註168〕同前註，卷437，頁4858。
〔註169〕丁福保《歷代詩話續編》下，臺北：藝文印書館，出版年不詳，卷上，頁6。
〔註170〕《全唐詩》，前引書，卷525，頁6010。
〔註171〕同前註，卷690，頁7920。
〔註172〕同前註，卷708，頁8140。

常建嘆王昭君〉）

此詩由塞外嚴寒的景物，引發其居胡的怨恨，寧可化爲南飛燕，得以年年飛
入漢宮，也不願身爲胡地閼氏，待在漠北，全詩以欲回歸漢宮爲主旨。

　　　香魂若得昇明月，夜夜還應照漢宮。〔註173〕（徐夤〈明妃〉）

寫昭君即使已死，其魂魄亦伴月照臨漢宮，可見其思漢之深。

　　　胡風似劍鏤人骨，漢月如鉤釣胃腸；魂夢不知身在路，夜來猶自到

　　　昭陽。〔註174〕（唐・胡令能〈王昭君〉）

從「漢月如鉤釣胃腸」可知昭君熾熱的鄉愁，以致夢回故國，以爲已身在漢
宮，殊不知尚在路途中，突顯其思漢深切。

　　　滴淚胡風起，寬心漢月圓。〔註175〕（唐・李中〈王昭君〉）

言昭君思漢情切。

　　　北望單于日半斜，明君馬上泣胡沙；一雙淚滴黃河水，應得東流入

　　　漢家。〔註176〕（唐・王偃〈明君曲〉）

此詩寫昭君辭漢，行經黃河，淚珠隨波東去，希望能流入漢家，以見其對漢
庭戀戀不捨之情。

　　琵琶對昭君在胡地的生活而言，儼然是抒發思漢的工具，現今我們所見
的昭君圖，或是有關昭君戲劇的演出，琵琶更是成爲昭君的形象標記。

　　（2）悲　怨

　　此一主題主要描寫昭君身在漠北，種種不適的胡地生活，以致心生悲怨，
如石崇〈王明君詞〉：「昔爲匣中玉，今爲糞上英，朝華不足歡，甘與秋草并。
傳語後世人，遠嫁難爲情。」〔註177〕敍述昭君雖然在漢庭時，不爲元帝注目，
有如「匣中玉」，但是前來匈奴，即使貴爲單于閼氏，終究是他鄉異地的荒漠，
有如「糞上英」，寧願命如秋草，而末尾「遠嫁難爲情」更是道盡昭君和親的
怨恨。

　　　自嫁單于國，長銜漢掖悲；容顏日憔悴，有甚畫圖時。〔註178〕（郭

　　　震〈王昭君〉三首之一）

〔註173〕同前註，卷711，頁8188。
〔註174〕同前註，卷727，頁8325。
〔註175〕同前註，卷749，頁8535。
〔註176〕同前註，卷773，頁8768。
〔註177〕同前註，卷3，頁5087。
〔註178〕《全唐詩》，前引書，卷66，頁757。

此詩描述昭君遠嫁匈奴，悲怨不已，以致容顏憔悴，詩中「銜悲」二字正表達出昭君居胡的悲怨。

> 日暮驚沙亂雪飛，傍人相勸易羅衣；強來前殿看歌舞，共待單于夜獵歸。〔註179〕（儲光羲〈明妃曲〉四首之三）

描寫昭君愁苦的胡地生活，雖然胡人十分照顧昭君，但總不是在自己的國土，因此只能強顏歡笑，等待單于獸獵歸來。

> 漢宮豈不死，異域傷獨沒；萬里馱黃金，蛾眉爲枯骨。〔註180〕（唐‧常建〈昭君墓〉）

描寫昭君出塞和親，卻葬身胡地，以突顯昭君一生的哀怨。

> 因嫁單于怨在邊，蛾眉萬古葬胡天；漢家此去三千里，青冢常無草木煙。〔註181〕（常建〈塞下曲〉四首之四）

一句「漢家此去三千里」襯托出昭君的「遠」嫁，而青冢的荒涼，更是道出死後不得歸葬的悲愁孤寂。

> 漢國明妃去不還，馬馱絃管向陰山；匣中縱有菱花鏡，羞對單于照舊顏。〔註182〕（唐‧楊凌〈明妃怨〉，一說作者楊達）

寫昭君出塞後，因不得回歸漢庭，所以心情惡劣，無心打扮。

> 萬里關山塚，明妃舊死心；恨爲秋色晚，愁結暮雲陰。夜切胡風起，天高漢月臨；已知無玉貌，何事送金黃金。〔註183〕（唐‧張祜〈賦昭君塚〉）

此詩先藉由昭君塚來敘寫昭君和親遠嫁的結果，文人以豐富的想像力假想當初昭君和親遠嫁時內心必定十分悲痛，如今悲痛化作淒涼秋色，哀愁結爲暮雲濃蔭；再寫昭君在胡地的情形，認爲既已遺嫁匈奴，容貌不復，漢王又何必送黃金，假意爲其贖身，可見昭君在胡地悲怨之深。

> 自古無和親，貽災到妾身；胡風嘶去馬，漢月出行輪。衣薄狼山雪，妝成虜塞春；迴看父母國，生死畢胡塵。〔註184〕（唐‧梁瓊〈昭君怨〉）

此詩描寫昭君對於和親一事的無奈，入胡後，打扮均爲胡相，回頭看看故國，

〔註179〕同前註，卷139，頁1419。
〔註180〕同前註，卷144，頁1460。
〔註181〕同前註，卷144，頁1464。
〔註182〕同前註，卷291，頁3308。
〔註183〕同前註，卷510，頁5809。
〔註184〕同前註，卷801，頁9009。

確認自己將終身待在胡地，直到老死，心中更是悲怨哀絕。

　　李白〈王昭君〉二首之一說：「漢家秦地月，流影照明妃；一上玉關道，天涯去不歸。漢月還從東海出，明妃西嫁無來日；燕支長寒雪作花，蛾眉憔悴沒胡沙，生乏黃金枉圖畫，死留青冢使人嗟。」〔註185〕與杜甫〈詠懷古跡〉五首之三：「群山萬壑赴荊門，生長明妃尚有村；一去紫臺連朔漠，獨留青冢向黃昏。畫圖省識春風面，環珮空歸月夜魂；千載琵琶作胡語，分明怨恨曲中論。」〔註186〕道盡王昭君一生的悲哀，其際遇的不幸，起因於不肯賄賂畫工，以致和親遠嫁，永無歸期，明月尚能復出，人兒卻永留胡地，最後徒留青冢，令人嗟嘆，千年以來也只有琵琶曲能了解其遠嫁的苦楚。王叡〈解昭君怨〉：「莫怨工人醜畫身，莫嫌明主遣和親；當時若不嫁胡虜，祇是宮中一舞人。」〔註187〕則以反面來勸說昭君莫怨畫工醜其圖形，也莫恨君王遣其和親，因為當初若不嫁至胡地，至死也只是宮女，一生沒沒無聞。其實歷來多少佳人，一入侯門深似海，更何況是進入宮廷，白頭宮女何其多，她們的怨恨並不亞於昭君，昭君雖至胡地，總比她們一輩子老死在後宮強多了！但這只是「如人飲水，冷暖自知」，未身歷其境，是難以了解其淒苦的。

　　綜合上述，造成西漢宮廷后妃哀怨的根源，主要是來自帝王多妻，一夫多妻的後宮制度，導致所有望幸的嬪妃無不竭力獻媚較勁，她們的競爭並不亞於朝廷的文武百官，充滿了陰謀和傾軋，幾千年來歷史上不斷上演的宮廷悲劇，這種多妻制度正是罪魁禍首，而且不僅是封建王朝，即使是一般民間亦有三妻四妾的情形。然而就個人的生理、心理、兩性的結構及家庭子女或社會而言，一夫一妻制仍是人類比較可以接受的婚姻模式，因為人皆有佔有欲，與人一起分享愛情，對多數的尋常人而言是難以可以做到的。四千年的封建帝制已經結束九十年了，現在已經是沒有皇帝的時代了，但是官僚巨賈一樣有不少地下妻妾，甚至時下年輕人性生活紊亂，造成社會額外成本的付出，則是成為文明社會進步的最大障礙。

〔註185〕同前註，卷163，頁1691。

〔註186〕同前註，卷230，頁2511。

〔註187〕同前註，卷505，頁5743。

第四章 西漢荒淫類宮廷婦女之形象

　　《孟子‧告子》曾引述告子「食色，性也。」〔註1〕之語，這句話直接表達出古人將「色」與「食」相提並論，古人認爲「色」與「食」皆爲人的本性，追求本性的滿足是天性使然，然而「色」與「食」對人的需要性，是否就毫無差異？曾經擔任台北醫學院學生輔導中心主任魏世台說：

> 心理學家在探討人類行爲的動機時，將人類的動機分爲與生俱來的
> 原始動機與後天經由學習而獲得的習得性動機二類，性與饑、渴、
> 母性驅力、及好奇、探索、操弄等同爲原始性動機；然而性與饑、
> 渴雖然同爲與生俱來的生理需欲，但二者間有兩大差異：其一，饑
> 與渴的需要在個體存活期間必然存在，一個人不吃不喝，至多只能
> 活一個星期，甚至更短；但是性需求、性衝動、與性能力，則只在
> 人生中的某段時間較活躍；其次，饑與渴的需欲一旦產生，若不加
> 以滿足，則持續存在，換言之，一個人一旦肚子感到饑餓，如果不
> 進食，饑餓感就不會消失；但是性的需求就大異其趣，當個體有了
> 性的欲求或衝動，即使不加以滿足，也可以消褪，並且不會對個體
> 的生理或心理造成必然的傷害，對日常生活的功能也不會有妨礙，
> 因此，性與饑渴同爲人之生理需求，但性質仍大有不同。〔註2〕

魏世台提出一個重要的觀念：「食」是必需的，即使是暫時缺乏，生理的需求亦會時時刻刻惦記著「食」尚未滿足；但「性」則不是，它是短暫的需求，

〔註1〕《十三經注疏》，前引書，卷11上，頁193。

〔註2〕魏世台〈從禁慾、絕慾、縱慾談兩性關係〉，收錄在《學生輔導通訊》第 19
　　　　期，1992 年 3 月，頁20。

即使不予以滿足，亦會消褪它的渴望度。因此「食」與「色」對人的生理而言，缺乏「食」則難以克制，缺乏「色」卻是可以控制，這也是所謂「人之所以異於禽獸者幾希」〔註3〕，這「幾希」之意在於人類的意識應學習如何主導人類的行為，包括人類性行為的自主性，因此「色」應是有所節制的，如此才能達人性之美，而不是毫無禁忌，索求無度。因為一旦索求無度，就成「荒淫」。《紅樓夢》第五回即言：「好色即淫，知情更淫，是以巫山之會，雲雨之歡，由既悅其色、復戀其情之所致也。吾所愛汝者，乃天下古今第一淫人也。」〔註4〕警幻仙子鄭重告訴寶玉：「淫」乃萬惡之首，然而警幻仙子的「淫」乃「意淫」，諸好的匯流，淫＝色＋情（或＝形＋神，肉＋靈，外＋內），淫＝悅＋戀（或＝賞＋愛，美＋善，藝＋德）〔註5〕。故「色」如需求過度，即為「淫」，而淫乃萬惡之首。

中國歷史自從進入私有制度的社會後，統治階級的殘酷與荒淫無恥，不僅表現在侮辱、玩弄與戕害被統治的婦女，更表現在統治階級內部的淫亂。中國古代實行一夫多妻制度，所以國君的妻妾動輒百數千人：

> 食前方丈，侍妾數百人。〔註6〕

> 當今之君，其畜私也。大國拘女累千，小國累百。〔註7〕

> 九妃六嬪，陳亡數千。〔註8〕

> 三代之季，淫而無節。謠台傾宮，陳妾數百。〔註9〕

可見當時帝王貴族的多妻及縱慾情形已經非常嚴重了。多妻制度除了提供帝王發洩性慾外，最主要的還是「多妻則多子，多子則多福氣」的觀念。這種情形到了漢代更嚴重，如漢武帝就是一個好大喜功，又風流放蕩的皇帝：

> 元朔中，上起明光宮，發燕趙美人二千人充之，率皆十五以上，二十以下，年滿三十者出嫁之。掖庭總籍，凡諸宮美女萬有八千。建章、未央、長安三宮，皆輦道相屬。率使宦者、婦人分屬，或以為

〔註3〕《孟子·離婁》下，《十三經注疏》，前引書，卷8上，頁145。

〔註4〕〔清〕曹雪芹《紅樓夢》，臺北：博元出版社，1989年，頁47。

〔註5〕康來新〈知情更淫——小說史觀下的女性情慾閱讀〉，收錄於《文訊別冊》，1998年3月，頁35。

〔註6〕《孟子·盡心篇》《十三經注疏》，前引書，卷14下，頁261。

〔註7〕〔周〕墨翟《墨子》，臺北：商務出版社，1975年，卷1〈辭過〉，頁10。

〔註8〕《管子·小匡》，前引書，卷8，頁6。

〔註9〕《後漢書·荀爽傳》，前引書，卷62，頁2054。

僕射，大者領四五百，小者領一二百人。常被幸御者，輒注其籍，
增其俸秩，比六百石。宮人既多，極被幸者數年一再遇。挾婦人媚
術者甚眾。選二百人常從幸郡國，載之后車，與上同輦者十六人，
充數恒使滿，皆自然美麗，不假粉白黛綠。侍尚衣軒者亦如之。嘗
自言：「能三日不食，不能一日無婦人。」善行導養術，故體常壯悅。
其應有子者，皆記其時日，賜金千斤。孕者拜爵爲容華，充侍衣之
屬。〔註10〕

從「諸宮美女萬有八千」可見漢武帝當時的宮女之多，以致許多人終其一生
都不能被皇帝召幸，即使被召幸者，往往也要再過好幾年才有機會再遇到一
次，漢武帝自言「能三日不食，不能一日無婦人。」即生動地勾勒出封建帝
王所重視的性生活。

　　然而在封建帝王大肆玩弄婦女的同時，他們的妻妾在後宮往往也大搞淫
亂活動，宮闈醜聞層出不窮，窘態盡出，本文主要是敘述西漢宮廷婦女荒淫
的形象，並分析其荒淫的原因，及宮廷婦女荒淫的影響。

第一節　西漢宮廷婦女荒淫之因

　　試述西漢宮廷婦女，其荒淫原因如下：

一、情慾之放縱

　　支持情慾放縱論的最具代表性人物就屬戰國初期的楊朱。楊朱，又稱陽
子居，或陽生，事蹟鮮少，思想言論散見於《孟子》、《莊子》、《荀子》、《韓
非子》、《呂氏春秋》、《淮南子》及《列子》等〔註11〕。

　　楊朱「縱慾」的主張與老子「無慾」的觀點正相反，極力推崇縱慾，孟
子譏諷他是「拔一毛而利天下不爲」〔註12〕，從「爲我」的理論核心出發，
主張縱慾，盡情享樂。劉達臨在《中國古代性文化》論述楊朱主張縱慾有三

〔註10〕〔明〕馮夢龍《情史》，古今圖書集成，上海：古籍出版社，出版年不詳，卷
　　　　5〈情豪類〉，頁377。
〔註11〕楊朱，戰國初期哲學家，魏國人，主張「貴生」、「重己」，「全性保眞，不以
　　　　物累形」，重視個人生命的保存，反對他人對自己的侵奪，也反對侵奪別人。
　　　　《列子·楊朱》極端表現縱慾、厭世的人生觀。王強模譯注《列子·前言·《列
　　　　子》的眞僞》，臺北：古籍出版社，1996年，頁6～10。
〔註12〕《孟子·盡心》上，前引書，卷13，頁239。

個理由〔註 13〕，第一個理由是，慾乃是一種自然的需求，理應得到滿足；第二個理由是，人生苦短，應及時行樂，因為「百年壽之大齊，得百年者，千無一焉。設有一者，孩抱以逮昏老，幾居其半矣。夜眠之所弭，晝覺之所遺，又幾居其半矣。痛疾哀苦，亡失憂懼，又幾居其半矣。」〔註 14〕第三個理由是，生命對任何人的意義是相同的，所謂「十年亦死，百年亦死；仁聖亦死，凶愚亦死；生則堯舜，死則腐骨；生則桀紂，死則腐骨。腐骨一矣，孰知其異！」〔註 15〕在死神面前，貴賤賢愚一律平等，因此守仁節慾之人，生前活的辛苦，雖然博得好名聲，但是當雙眼一閉，與那些縱慾一世的人沒有兩樣。

楊朱的縱慾論對後世影響很大，它代表著一種狂傲自私的人生觀，中國幾千年的封建社會，統治者往往要求人民百姓要清心寡慾，可是他們自己卻奉行縱慾論。封建禮教開始發展是在秦漢時期，從秦始皇開始，封建帝王即提倡儉樸且規範男女的禮教，但是帝王本身的奢侈淫亂卻屢次傳出駭人聽聞的消息，如《史記·秦本紀》與〈留侯世家〉記載秦始皇每破一國及劉邦入秦宮時，即大肆搜括美女，佔為己有〔註 16〕。西漢帝王宮闈生活的淫亂，比起先秦亦是有過之，幾乎每個皇帝在宮中皆畜養著眾多的女子以供其淫樂，由於上行下效，淫侈之風大熾，漢成帝曾於西元前 13 年下令對臣僚貴族的奢侈淫縱行為加以節制〔註 17〕，但是漢成帝本身卻是縱慾論的最佳實行者。然而漢廷不只是帝王本身荒淫，即使是帝王的嬪妃，或是帝王的女兒，淫亂後

〔註 13〕《中國古代性文化》上，臺北：新雨出版社，1995 年，第三章〈私有制社會建立以後〉，頁 225～226。

〔註 14〕《列子·楊朱》，諸子集成，北京：中華書局，1954 年，卷 7，頁 77。

〔註 15〕同前註，頁 78。

〔註 16〕《史記·秦本紀》：「秦每破諸侯，寫放其宮室，作之咸陽北阪上，南臨渭，自雍門以東，至涇渭，殿屋復道周閣相屬。所得諸侯美人鐘鼓，以充入之。」前引書，卷 6，頁 239；〈留侯世家〉：「沛公入秦宮，宮室惟帳狗馬重寶婦女以千數，意欲留居之，樊噲諫沛公出舍，沛公不聽。」卷 55，頁 2037。

〔註 17〕《漢書·成帝紀》：「聖王明禮制以序尊卑，異車服以章有德，雖有其財，而無其尊，不得踰制，故民興行，上義而下利。方今世俗奢僭罔極，靡有厭足。公卿列侯親屬近臣，四方所則，未聞修身遵禮，同心憂國者也。或乃奢侈逸豫，務廣第宅，治園池，多畜奴婢，被服綺縠，設鐘鼓，備女樂，車服嫁娶葬埋過制。吏民慕效，寖以成俗，而欲望百姓儉節，家給人足，豈不難哉！《詩》不云乎？「赫赫師尹，民具爾瞻。」其申敕有司，以漸禁之。青綠民所常服，且勿止。列侯近臣，各自省改。司隸校尉察不變者。」前引書，卷 10，頁 324～325。

宮的情形亦非常嚴重，如成帝時的趙氏姊妹與宣帝敬武公主〔註18〕。

　　從正史與野史記載，漢成帝是死於縱慾過度，漢成帝寵愛趙氏姊妹，與兩姊妹在宮中荒淫無度，造成體虛，但為享樂，竟吃春藥，有一晚連吃七顆，漢成帝因而暴斃，另外，趙氏姊妹有了成帝的專寵，卻與宮奴燕赤鳳私通；甚至入宮多年無子，竟別開一室，以小牛車載少年男子，裝扮成女子進宮，與之私通，「入後宮者日以十數，與之淫通，無時休息。有疲怠者，輒差代之。」〔註19〕每天要與十個以上的年輕男子私通，真是駭人聽聞；至於宣帝敬武公主的的作為更是匪夷所思，在三嫁之夫死後，竟與其繼子悖倫淫亂。趙氏姊妹與敬武公主均貴為後宮后妃、公主，但其淫亂生活東窗事發後，均以自殺或賜死收場。

二、傳宗接代之壓力

　　中國，每個年代裡，都有被斫殺的女人的哭聲，女人的哭，是來自頂上的箍咒。這箍咒是掌控時代的男人給的。箍咒裡印著的漫天條規寫著：生子傳宗！這個箍咒，直到今天，華人地區的女人心底，還在蠕蟆著啃噬著〔註20〕。芬蘭學者愛德華・韋斯特馬克（Edward Westermarck 1862～1939）在其《人類婚姻史》一書中說：

> 然而人之欲擁有多妻，非僅基於性的動機。性以外如子孫、富、權威，皆足令其誘惑。且妻之不產，或生女不生男，亦常使男子有另求新配的要求。在東方各國以獲得子孫為實行一夫多妻之主要原因。〔註21〕

「以獲得子孫為實行一夫多妻」一語道出古代中國的社會概況。翻開中國歷史的扉頁，數千年來傳統的中國社會，似乎男性子嗣才是整個家庭希望的寄託，更遑論是擁有全國最高權力傳遞的帝王之家，因此即使再恩愛的夫妻，

〔註18〕西漢宮廷婦女荒淫，除本文所記述的趙氏姊妹與宣帝敬武公主外，稗官野史中亦記載呂后辟陽侯審食其有隱情，而《史記・東方朔傳》對帝館陶公主與董偃亦有一段私情的記載，然因其「政治」形象較之鮮明，因此本文將之歸類於第二章參政類形象的婦女。

〔註19〕《西京雜記》，前引書，卷2〈趙后淫亂〉，頁71。

〔註20〕景小佩〈橘子紅了〉，收錄在《聯合報・聯合副刊》第37版，2001年7月1日。

〔註21〕王亞南譯，上海：文藝出版社，1988年，第九章〈一夫一妻制與一夫多妻制〉，頁187。

如果婚後多年遲遲未能孕育子嗣，再瑰麗的愛情都會褪色，因為女子嫁入夫家即賦於「傳宗接代」的使命，無人幸免。孟子說：「不孝有三，無後為大。」〔註22〕這「後」指的是「男性子嗣」，也就是說如果未能產下「兒子」，即使是生了很多女兒，亦是犯了「七出」之律的首條，身為太太如果又不接受丈夫納妾，代為完成此一使命，便犯「七出」的第六條。於是無子→娶妾→爭寵→小型戰場，封建社會就一直在此輪迴著，因為「三從」與「四德」刻劃出女性順服、無知又卑微的一生，傳統禮教挾持女性心靈，將女性的身體視為孕育子嗣的容器，這是中國千年以來婦女的縮影圖。自從周代的法家庭組織確立後，中國人的子嗣觀念更加濃厚，甚至認為多產能力亦是婦女的美德之一，如《詩經‧螽斯》與〈桃夭〉：

> 螽斯羽，詵詵兮。宜爾子孫振振兮。螽斯羽，薨薨兮。宜爾子孫繩繩兮。螽斯羽，揖揖兮。宜爾子孫蟄蟄兮。〔註23〕

> 桃之夭夭，灼灼其華。之子于歸，宜其室家。桃之夭夭，有蕡其實。之子于歸，宜其家室。桃之夭夭，其葉蓁蓁。之子于歸，宜其家人。〔註24〕

婦女「之子于歸」後，要像螽斯一樣善於生子，因為如此才能「宜其室家」、「宜其家人」，所謂婦德不就是「有花」、「有實」、「有葉」，才能綠蔭成蔭子滿枝！先秦多子嗣的觀念影響日後一夫多妻的婚姻制度，帝王、貴族、官僚的多妻情況，或者一般百姓的納妾，多以繁延子孫為由，如《白虎通義‧嫁娶》：「天子諸侯一娶九女者何，重國廣繼嗣也。」〔註25〕又說：「卿大夫妻二妾者何，不足盡執人骨肉之親。」〔註26〕都有宣傳多子多孫多福氣的觀念。

　　因此在中國這個重視傳宗接代的社會中，「母以子貴」的現象並不奇怪，因為這是很現實的問題，尤其是在全國最高權力的家庭，如果要維持皇帝丈夫長久的寵愛，及在後宮中尊貴的地位，光靠自己的美色、及對皇帝的服從，絕非長久之計，唯一之計就是為皇帝傳宗接代。

　　然而在「一夫多妻」的宮廷婚姻制度中，除了皇后可享有較高的尊崇與地位外，如果嬪妃們為皇帝生了兒子，亦可「母以子貴」得到皇帝丈夫的寵愛，

〔註22〕《十三經注疏》，前引書，卷7下〈離婁〉，頁137。
〔註23〕〈國風‧周南‧螽斯〉，《十三經注疏》，前引書，卷1之2，頁34～35。
〔註24〕同前註，頁37。
〔註25〕《白虎通義》，前引書，卷4，頁408。
〔註26〕同前註。

在後宮的地位亦可扶搖直上，取后位而代之，因為「天子之妃曰后」〔註27〕，何以稱后，含義之一，就是繁育後嗣，因此歷來后妃們為了鞏固自己在後宮的地位，無不使出渾身解數，使帝王多臨幸，以致於造成宮廷間后妃明爭暗鬥日益嚴重。

　　每個人的意識中都有強烈的生子渴望，除了想盡辦法讓自己懷孕外，更因這場「生子戰」而做出許多駭人聽聞、令人難以想像的事情。如漢成帝時的趙飛燕與趙合德姊妹就是西漢歷史上有名的例子，趙氏姊妹為了阻止其他嬪妃替成帝生子，除了不准成帝接觸其他女子外，一旦發現後宮女子懷孕生子，即痛下毒手，但是姊妹倆又久久不孕，為了使自己儘快懷有龍子，以保住后位，竟然以借種計策，在後宮中蓄養多名男子，供其淫樂，荒淫浪蕩整個後宮。

第二節　西漢宮廷婦女荒淫之形象

　　試分析西漢宮廷婦女，其荒淫形象如下：

一、淫亂致禍型──宣帝敬武公主

　　敬武公主，宣帝之女，元帝之妹，先嫁富平侯張世之曾孫張臨為妻，成帝建始元年（前32年）張臨病死，再嫁名將趙充國之孫趙欽，成帝綏和元年（前 8 年）趙欽亦病死，七年後，三嫁高陽侯丞相薛宣。史籍對敬武公主事蹟描繪不多，但敬武公主與其夫婿之子薛況淫亂倫理，卻是使堂堂一個公主被迫飲藥自殺的導火線。

　　哀帝即位，薛宣因不服繼母喪被告發，免為庶人，趕回原籍郊縣（今山東），其子薛況流放敦煌，從此薛宣與敬武公主分居兩地，至死均未再見面，然而沒有想到的是在薛宣死後，薛況竟潛回長安，住在公主府，與敬武公主悖倫淫亂。當時

> 外家丁、傅貴，主附事之，而疏王氏。元始中，莽自尊為安漢公，主又出言非莽。而況與呂寬相善，及寬事覺時，莽并治況，發揚其罪，使使者以太皇太后詔賜主藥。〔註28〕

即使敬武公主怒曰：「劉氏孤弱，王氏擅朝，排擠宗室，且嫂何與取妹抉其

〔註27〕《禮記集解》上，前引書，卷6〈曲禮〉下2之2，頁144。
〔註28〕《漢書》，前引書，卷83〈薛宣傳〉，頁3397～3398。

閨門而殺之？」〔註 29〕但是使者仍逼迫敬武公主，敬武公主遂飲藥死，而薛況梟首於市。

貴爲朝廷的公主三嫁，臨老時與其繼子私亂，想必爲保守的封建社會所不容，即使不是因爲疏王氏而被王莽逼死，亦會被假道學的王莽以「淫亂」爲罪名逼死。

二、奢侈荒淫型——成帝趙后與趙昭儀

趙氏姊妹，成帝時，姊趙飛燕爲皇后，妹趙合德爲昭儀，寵極一時，但皆以自殺收場。論起這對姊妹，其美貌艷冠群芳〔註 30〕，心腸卻惡毒至極，首先用計廢掉許皇后，使班健仔退居長信宮，而後連殺二位皇子，使得成帝終其一生並無子嗣。

《漢書·外戚傳·孝成趙皇后》記述趙氏姊妹出身微賤，乃陽阿公主家之歌女，因成帝微行，經陽阿公主家作樂，見飛燕而喜之，召入宮後極爲寵愛，後來連其妹趙合德亦入宮，皆爲健仔，許皇后被廢，趙飛燕爲皇后，趙合德爲昭儀，貴傾後宮。

趙氏姊妹專寵十餘年，卒皆無子，其奢侈荒淫與惡毒手法的形象令人咋舌不已，試述如下：

（一）奢侈豪華

〈孝成趙皇后傳〉記載趙合德所居之昭陽殿乃

其中庭彤朱，而殿上髹漆，切皆銅沓（冒）黃金塗，白玉階，壁帶往往爲黃金釭，函藍田璧，明珠、翠羽飾之，自後宮未嘗有焉。〔註31〕

《西京雜記·昭陽殿》記載昭陽殿的裝潢陳設更爲清楚詳細：

趙飛燕女弟居昭陽殿，中庭彤朱，而殿上丹漆，砌皆銅沓黃金塗，白玉階，壁帶往往爲黃金釭，含藍田璧，明珠、翠羽飾之。上設九金龍，皆銜九子金鈴，五色流蘇。帶以綠文紫綬，金銀花鑷。每好風日，幡旄光影，照耀一殿；鈴鑷之聲，驚動左右。中設木畫屏風，文如蜘蛛絲縷。玉几玉床，白象牙簟，綠熊席。席毛長二尺餘。人

〔註29〕同前註。
〔註30〕《西京雜記·寵擅後宮》記述趙氏姊妹嬌美的容貌及動人的姿態：「趙后體輕腰弱，善行步進退，女弟昭儀不能及也。但昭儀弱骨豐肌，尤工笑語。二人並色如紅玉，爲當時第一，皆擅寵後宮。」前引書，卷1，頁52。
〔註31〕《漢書》，前引書，卷97下，頁3989。

眠而擁毛自蔽，望之不能見，坐則沒膝，其中雜重諸香，一坐此席，餘香百日不歇。有四玉鎮，皆達照無瑕缺。窗扉多是綠琉璃，亦皆達照，毛髮不得藏焉。橡栭皆作龍蛇，縈繞其間，鱗甲分明，見者莫不兢懼。〔註32〕

而〈飛燕昭儀贈遺之侈〉亦記載趙飛燕為皇后時，趙合德在昭陽殿所贈送的各種貴重禮品是如何的豪華：

> 金華紫輪帽。金華紫羅面衣。織成上襦。織成下裳。五色文綬。鴛鴦襦。鴛鴦被。鴛鴦褥。金錯繡禈。七寶綦履。五色文玉環。同心七寶釵。黃金步搖。合歡圓璫。琥珀枕。龜文枕。珊瑚玦。馬腦彄。雲母扇。孔雀扇。翠羽扇。九華扇。五明扇。雲母屏風。琉璃屏風。五層金博山香爐。迴風扇。椰葉席。同心梅。含枝李。青木香。沈水香。香　螺出南海，一名丹螺。九真雄麝香。七枝燈。〔註33〕

以上記述在在呈現了一代寵姬生活豪奢的情況！

（二）荒淫浪蕩

根據《趙飛燕外傳》〔註34〕記載，趙飛燕在進宮前，即與鄰人羽林射鳥者私通，入宮後偽裝處子瞞過漢成帝而得寵，後來與妹妹趙合德和宮奴燕赤鳳私通。趙氏姊妹入宮後，與成帝多年無子，為恐危及后位，因此想起借種計策，荒淫浪蕩整個後宮：

> 趙后自以無子，常託以祈禱。別開一室，自左右侍婢以外，莫得至者，上亦不得至焉。以軺車載輕薄少年，為女子服，入後宮者日以十數，與之淫通，無時休息。有疲怠者，輒差代之，而卒無子。〔註35〕

皇宮內苑的醜陋只是冰山的一角。至於成帝之崩，從「帝素彊，無疾病」卻「傅絝韤欲起，因失衣，不能言，晝漏上十刻而崩。」推斷，顯然是縱欲過度，而趙氏姊妹專寵後宮多年，事出有因，必不能逃脫，且當晚侍寢者乃趙合德，因此「民間歸罪趙昭儀，皇太后詔大司馬莽、丞相大司空曰：『皇帝暴崩，群眾讙譁怪之。掖庭令輔等在後庭左右，侍燕迫近，雜與御史、丞相、

〔註32〕《西京雜記》，前引書，卷1，頁37。
〔註33〕同前註，頁49。
〔註34〕〔漢〕伶玄撰，嚴一萍選輯，臺北：藝文印書館，1966年。
〔註35〕《西京雜記》，卷2〈趙后淫亂〉，頁71。

廷尉治問皇帝起居發病狀。』」〔註36〕趙合德於是畏罪自殺身亡。

至於趙飛燕，成帝崩，哀帝繼位，爲皇太后，哀帝在位六年亦崩，平帝繼位，照理飛燕應升格爲太皇太后，但卻接連著被二道懿旨貶爲皇后，再貶爲庶人，原因當然出在於當年與其妹淫亂後宮與爲獨寵而殺害皇子有關：

> 前皇太后與昭儀俱侍帷幄，姊弟專寵錮寢，執賊亂之謀，殘滅繼嗣以危宗廟，誖天犯祖，無爲天下母之義。貶皇太后爲孝成皇后，徙居北宮。〔註37〕

> 皇后自知罪惡深大，朝請希闊，失婦道，無共養之禮，而有狼虎之毒，宗室所怨，海內之讎也，而尚在小君之位，誠非皇天之心，夫小不忍亂大謀，恩之所不能已者義之所割也，今廢皇后爲庶人，就其園。〔註38〕

皇詔一下，當日趙飛燕就羞愧自殺了。

（三）殺害皇子

趙氏姊妹既不能爲成帝生下一兒半女，也無法容許成帝其他妃子懷孕生子，唯恐威脅其后位，因此在後宮布滿了眼線，任何妃子與成帝間如果過從甚密必無好收場，「掖庭中御幸生子者輒死，又飲藥傷墮者無數」，最有名的例子即是曹宮與許美人，「皆御幸孝成皇帝，產子，子隱不見。」〔註39〕

趙氏姊妹連殺二位皇子，使得後宮之中人人自危，加以姊妹倆成天只知與成帝飲酒自樂，使成帝不問政事，身體健康每下愈況，爾後成帝暴斃，侍寢的趙昭儀頓時成了眾矢之的而自殺，至於趙飛燕也在哀帝過世後選擇自殺，印證了多行不義必自斃。

第三節　西漢宮廷婦女荒淫之影響

本文主要是針對趙氏姊妹的荒淫無道對後世所造成的影響作一番分析，包括女人是「禍水」之說，及劉向撰寫《列女傳》的動幾正是因爲趙氏姊妹的荒淫，茲述如下：

〔註36〕《漢書》，前引書，卷97下〈孝成趙皇后〉，頁3990。
〔註37〕同前註，頁3998～3999。
〔註38〕同前註。
〔註39〕同前註，頁3990。

一、女禍之說的完成

　　所謂「女禍」顧名思義就是由女人所造成的禍害。史稱統治者寵信女子或女主執政而敗壞國家爲女禍，此爲狹義解釋，廣義解釋則指凡因女子之言行、干政、過失和姿色而招致的各種禍害〔註 40〕。總之小至惑人敗事，大至亡國破家，只要是與女子有關，一律歸之爲女禍。在古人眼中，女性有色，或女性用權，都可以致「禍」，因此古人對於女禍的內容主要有兩個層面：「色惑」與「弄權」〔註 41〕，前者之意乃后妃以色事君，導致皇帝嬉淫不理朝政；後者之意乃后妃借機干預朝政，且引起國家政治經濟日益敗壞。本節之女禍主要是以「色惑」這個層面爲主，針對趙氏姊妹色惑漢成帝，導致西漢朝政每況愈下，成帝甚而絕嗣，外戚勢力逐漸掌握朝政，最後政權落入王莽手中，西漢帝國因而結束。

　　「女禍」一詞最早見於《新唐書》與《新五代史》：

> 女子之禍於人者甚矣！自高祖至于中宗，數十年間，再罹女禍，唐
> 祚既絕而復續，中宗不免其身，韋氏遂以滅族。玄宗親平其亂，可
> 以鑒矣，而又敗以女子。〔註 42〕

> 梁之無敵於天下，可謂虎狼之強矣。及其敗也，因於一二女子之娛，
> 至於洞胸流腸，刲若羊豕，禍生父子之間，乃知女色之能敗人矣。
> 自古女禍，大者亡天下，其次亡家，其次亡身，身苟免矣，猶及其
> 子孫，雖遲速不同，未有無禍者也。〔註 43〕

「女禍」一詞雖見於《新唐書》與，但並不表示「女禍」的觀念遲至北宋才有，西漢時即有女人是「禍水」的說法，伶玄《趙飛燕外傳》記載趙氏姊妹專寵於後宮，宮中白髮教授淖方成唾曰：「此禍水也，滅火必矣！」〔註 44〕西漢一度以火德王〔註 45〕，水剋火，「禍水」乃有滅漢之意。但是趙氏姊妹絕非

〔註 40〕周蜀蓉〈試探中國 "女禍" 之源〉，收錄於《史學月刊》，1991 年第 4 期，頁 1。

〔註 41〕劉詠聰〈先秦時期之「女禍」觀〉收錄於《德才色權——論中國古代女性》，臺北：麥田出版社，1998 年，頁 15〜16。

〔註 42〕〔宋〕歐陽修、宋祁撰《新唐書》，楊家駱主編，臺北：鼎文書局，1976 年，卷 5〈玄宗本紀・贊〉，頁 154。

〔註 43〕〔宋〕歐陽修撰《新五代史》，楊家駱主編，臺北：鼎文書局，1990 年，卷 13〈梁家人傳・序〉，頁 127。

〔註 44〕前引書，頁 13。

〔註 45〕漢高祖爲亭長時，曾夜行澤中，因大蛇當道而拔劍斬之，道有「白帝子爲赤

史家筆下第一位亡國婦人，夏之亡國在於妹喜、紂之亡國在於妲己、周之亡國在於褒姒，此三人早在史冊中遺臭萬年〔註46〕，這是以姿色得寵而釀禍的先例，因此在上古已有「紅顏禍水」的觀念，所以《漢書‧五行志》中就記載不少國內災異的產生正是因為帝王耽於美色，以致亡國。

至於趙氏姊妹專寵於後宮時，國內所發生的種種災異當然被附會，舉隅如下：（依時間先後）

時　　間	災　異　名　稱	趙　氏　事　蹟
成帝建始元年	星　孛	許皇后坐祝詛後宮懷任者廢。趙皇后立妹為昭儀，害兩皇子，上遂無嗣〔註47〕
成帝建始三年	九歲女童走入橫城門	下人將因女寵而居有宮室之象也〔註48〕
成帝建始三年	日有日食，夜有地震	日食娶女九度，占在皇后，地震蕭牆之內，咎在貴妾。二者俱發，明同事異人，共掩制陽，將害繼嗣也。…適妾將有爭寵相害而為患者〔註49〕
成帝建始四年	鼠銜黃蒿、柏葉、上民冢柏及榆樹上為巢	趙皇后自微賤登至尊，與衛后同類，趙后終無子而為害〔註50〕
成帝河平元年	蝱焚其巢	趙蜚燕得幸，立為皇后，弟為昭儀，姊妹專寵，聞後宮許美人、曹偉能生皇子也，昭儀大怒，令上奪取而殺之，皆并殺其母〔註51〕

帝子所斬」之謠，因此漢初有「火德」之說，《漢書‧高帝紀‧贊》：「漢承堯運，德祚已盛，斷蛇著符，旗幟上赤，協于火德，自然之應，得天統矣。」前引書，卷1下，頁82。又「漢高祖皇帝，著紀，伐秦繼周。木生火，故為火德。」同前註，卷21下〈律曆志‧世經〉，頁1023。又「元帝初元四年，皇后曾祖父濟南東平陵王伯墓門梓柱卒生枝葉，上出屋。劉向以為王氏貴盛將代漢家之象也。後王莽篡位，自說之曰：「初元四年，莽生之歲也，當漢九世火德之厄，而有此祥興於高祖考之門。門為開通，梓猶子也，言王氏當有賢子開通祖統，起於柱石大臣之位，受命而王之符也。」同前註，卷27中之下〈五行志〉第7中之下，頁1412～1413。水滅火，遂有「禍水」之說。然而漢代不僅有火德之說，亦有水德與土德之爭，水德乃張蒼建議，見《史記‧張丞相列傳》，卷96，頁2681；土德乃賈誼建議，見《史記‧屈原賈生列傳》，卷84，頁2492。至武帝正式以土德為主。至東漢，又以火德為主。見《後漢書‧光武紀》，卷1上，頁22。
〔註46〕其事蹟散見《荀子》、《尚書》、《呂氏春秋》、《史記》、《論衡》。
〔註47〕《漢書‧五行志》，卷27下之下，頁1517～1518。
〔註48〕同前註，卷27下之上，頁1474～1475。
〔註49〕同前註，卷27下之下，頁1504。
〔註50〕同前註，卷27中之上，頁1374。
〔註51〕同前註，卷27中之下，頁1416。

成帝陽朔元年	火　災	許皇后坐巫蠱廢，而趙飛燕爲皇后，妹爲昭儀，賊害皇子，成帝遂亡嗣〔註52〕
成帝永始元年	火　災	趙皇后遂立，姊妹驕妒，賊害皇子〔註53〕
成帝永始二年	星隕如雨	婦人群小，湛緬於酒〔註54〕
成帝元延元年	星　孛	趙昭儀害兩皇子〔註55〕
成帝時	有「燕啄皇孫」之童謠	趙氏姊妹害後宮皇子：燕燕尾涎涎，張公子，時相見。木門倉琅根，燕飛來，啄皇孫，皇孫死，燕啄矢。〔註56〕

　　受到「天人災異說」的影響，漢人習慣將自然界所發生的災異歸咎於婦人，如：

> 虹不見，婦人苞亂；……雉不入大水，國多淫婦。……虹不藏，婦不專一，天氣不上騰，地氣不下降，君臣相嫉，不閉塞而成冬，母后淫佚。……水澤腹堅，雞不始乳，淫女亂男，鷙鳥不屬，國不除兵，水澤不腹堅，言乃不從。〔註57〕

> 季夏行春令，則穀實解落，多風欬，民乃遷徙。行秋令，則丘隰水潦，嫁稼不孰，乃多女災。〔註58〕

「女災」，熊禮匯釋爲「生子不孕」，即妊娠之災〔註59〕，並非指宮廷婦女爲亂，但已開啓後人把自然現象所產生的禍患歸咎於婦女。

　　歷史上認爲君主因聽信婦言或沉迷於女色而導致亡國的論調，是屢見不鮮的。雖然說這種意識早在漢代以前已有痕跡可尋，但在歷史的長河裡，有關這種觀念的成長，漢代終究是擔當了一個重要的角色。無論是「亡國婦人」形象的增飾或者「傾國傾城」之說的發展，都具體地擴充了漢代「女禍」觀的內容和理論根據。在以男性爲中心封建社會中，將禍患歸咎婦人的看法得到合理化，是不足爲奇的。中國古代這種「女禍」觀，大抵是源自先秦，成於兩漢，而推

〔註52〕同前註，卷27上，頁1334。
〔註53〕同前註，頁1337。
〔註54〕同前註，卷27下之下，頁1510。
〔註55〕同前註，頁1518。
〔註56〕同前註，卷27中之上，頁1395。
〔註57〕〔漢〕孔晁《逸周書》，臺北：藝文印書館，1968年，卷6〈時訓解〉，頁2～5。
〔註58〕〔漢〕劉安《淮南子》，《新譯淮南子》，熊禮匯注譯，臺北：三民書局，1997年，卷5，頁232。
〔註59〕同前註，頁233。

廣於後代〔註60〕。從「禍水」說至「女禍」說，趙氏姊妹的荒淫應是個關鍵點。劉向就是有鑑於趙氏淫亂，於是撰寫《列女傳》以戒天子〔註61〕，書中第七傳〈孽嬖傳〉乃記述夏商周三代的國破家亡正因爲統治者寵信無德無行的絕色美人。

東漢亦有不少力陳女色禍國的著作與言論，前者如袁康《越絕書》和趙曄《吳越春秋》；後者如王充所言「美色之人懷毒螫」、「爲毒害者皆在好色」〔註62〕；荀悅指出「寵妻愛妾幸矣，其爲災也深矣。戚氏不幸不人豕，趙昭儀不幸不失命，栗姬不幸不廢，鉤弋不幸不憂殤，非災而何？」〔註63〕也就是說寵妻愛妾是災禍的根源，她們如果不被殺或遇害喪命，最終必爲災禍；至於崔琦則作〈外戚箴〉，歷陳上古至漢之女禍：

> 晉國之難，禍起於麗。惟家之索，牝雞之晨，⋯⋯並后匹嫡，淫女斃陳，⋯⋯暴辛惑婦，拒諫自孤，⋯⋯末嬉喪夏，褒姒斃周，妲己亡殷，趙靈沙丘。戚姬人豕，呂宗以敗。陳后作巫，卒死於外。霍欲鴆子，身乃罹廢。〔註64〕

兩漢文人對於「亡國婦人」的形象塑造愈來愈鮮明，使得後人堂而皇之將亡國的重責大任推卸至女人身上，所以楊貴妃獨自承擔安史之亂的罪名，自縊於馬嵬坡，陳圓圓因吳三桂「怒髮衝冠爲紅顏」引清兵入關而明亡，受盡指責。

中國古代在「女禍」觀念的氾濫漫延下，得寵於君王或有機會問政用事的后妃，一旦國勢衰弱，甚至國破家亡，往往成爲亡國的代罪羔羊，然而「綜觀中國上下幾千年封建社會史，改朝換代幾多回，國破家亡無其數，封建文人、史官多將這一切歸罪於女禍。難道少數女人果眞有如此神通，能將男性統治者治理的江山掀得覆地翻天？仔細研究後，結論無疑是否定的。這多半是男權社會統治階級爲維護階級等級秩序及男尊女卑的觀念而將史事誇張、曲解，甚至杜撰所致。冰凍三尺非一日之寒，每個朝代興衰、重大歷史事件的發生都有其固有的原因，從根本上看是由於當時社會、政治、經濟等因素

〔註60〕劉詠聰〈漢代「婦人言色亡國」論之發展──「女禍」觀念形成的一個層面〉，收錄在《德才色權──論中國古代女性》，前引書，頁87。
〔註61〕《漢書・楚元傳》，前引書，卷36，頁1957～1958。
〔註62〕《論衡・言毒篇》，臺北：中國子學名著集成編印基金會印行，1977年，卷23，頁224。
〔註63〕《申鑑・雜言》，臺北：中國子學名著集成編印基金會印行，1977年，卷4，頁19。
〔註64〕《後漢書・文苑列傳》，前引書，卷80上，頁2619～2621。

所引起，應當從其所處社會的生產關係及生產力的演變中加以分析總之，自有其深刻的社會動因。」〔註 65〕女禍，不正是因為男人所造成的災禍而急欲推卸責任的名詞！

二、劉向《列女傳》撰寫動機

西漢是中國文化學術史上一個輝煌燦爛的時期，擁有經學家董仲舒，史學家司馬遷，文學家司馬相如、揚雄，音樂家李延年等。劉向就在這些學術文化代表人物的行列中，成為西漢後期著名的經學家、史學家、文學家和校讎目錄學家〔註 66〕。劉向（前 77～前 6），西漢沛（今江蘇省沛縣）人，字子政，本名更生，高祖少弟楚元王劉交的後裔，約生於昭帝元鳳四年（前 77 年），卒於哀帝建平元年（前 6 年），歷官宣帝、元帝、成帝三朝，居列大夫官前後三十餘年，年七十二歲。

劉向最大的成就在於他長期從事經學研究與校勘整理圖書。他曾參加宣帝甘露三年（前 51 年）的石渠閣會議，代表穀梁春秋與諸儒講論五經異同，使原本不受重視的穀梁派立了博士；成帝河平三年（前 26 年），又奉命整理石渠閣的藏書，這是歷史上最早，也是規模最大的圖書整理及校勘工作。

漢代以後，改秦之弊，「大收篇籍，廣開獻書之路」，武帝時，有鑑於「書缺簡脫，禮壞樂崩」，因此「建藏書之策」，「置寫書之官」，至成帝時，因「書頗散亡」，再一次「使謁者陳農求遺書於天下」，且「詔光祿大夫劉向校經傳諸子詩賦，步兵校尉任宏校兵書，太史令尹咸校數術，侍醫李柱國校方技。」〔註 67〕然而由於這些求來的遺書，年代久遠，錯誤殘缺嚴重，所以劉向整理圖書的重大成就在於將篇章不一，雜亂無序的古籍，經過整理，校正其文字，依其內容體例，分類編次，編成有系統的目錄，以便庋藏尋檢，而且每校完一本書，即撰述〈敘錄〉一篇，條列書中篇目，敘述書中大意，隨同本書奏上，〈藝文志〉說：「每一書已，向輒條其篇目，撮其指意，錄而奏之。」〔註 68〕可惜劉向這項的工作尚未完成即卒，其子劉歆乃綜合群書〈敘錄〉而成《別錄》，再依據此寫成一部總的圖書目錄 —— 《七略》。劉向父子對圖書作有系統的分類，可說是奠定了傳統中國目錄學的基礎，對中國文化影

〔註65〕周蜀蓉〈試探中國"女禍"之源〉，前引書，頁 1。
〔註66〕黃清泉《新譯列女傳・導讀》，臺北：三民書局，1996 年，頁 2。
〔註67〕《漢書》，前引書，卷 30〈藝文志〉，頁 1701。
〔註68〕同前註。

響深遠。

劉向在漢代學術思想史上地位雖然重要，但最能表現其學術理念與思想還是在於他的著作，現今流傳下來的只有《新序》、《說苑》與《列女傳》是較有價值的，其他如《洪範五行傳論》、《五經通義》、《世說》、《列仙傳》與《說老子》等書及辭賦三十三篇，多已散佚〔註69〕。

其中《列女傳》可說是中國歷史上第一本為婦女立傳的典籍，內容以教育女性為主，有關先秦時期的教育典籍中，只有零星幾篇與女教相關的篇章，並沒有專文討論女子教育的問題，劉向《列女傳》可說是第一本以歷史為實例所撰寫的女教書。

《列女傳》現存八卷，第八卷〈續列女傳〉，不著撰人〔註70〕，前七卷出自劉向之手，分別是〈母儀傳〉、〈賢明傳〉、〈仁智傳〉、〈貞順傳〉、〈節義傳〉、〈辯通傳〉、〈孽嬖傳〉，除〈母儀傳〉有十四傳外，其餘各篇各有十五傳，〈孽嬖傳〉則是反面例子，其他皆從正面舉例，昭示婦女應學習有德的女性，鄙除無德的女性。

劉向《列女傳》載有列女一百一十人〔註71〕，從后妃、夫人到民女皆有，

〔註69〕 《漢書‧藝文志‧諸子略‧儒家類》：「劉向所序六十七篇。《新序》、《說苑》、《世說》、《列女傳頌圖》也。」卷30，頁1727。〈道家類〉：「劉向《說老子》四篇。」頁1729。〈詩賦略‧賦類〉：「劉向賦三十三篇。」頁1748。至於《五經通義》與《列仙傳》，根據前人考證，應是假託劉向之名，參考劉師培《左盒外集》，寧武南氏排印本，出版地不詳，1936年，卷3〈劉向撰五經通義五經要義五經雜議辨〉、張敬《列女傳今註今譯‧序文：列女傳與其作者》，臺北：商務印書館，1996年，頁3及《新譯列女傳‧導讀》，前引書，頁4。

〔註70〕 〔唐〕魏徵、令狐德棻撰《隋書‧經籍志》：「列女傳十五卷，曹大家注。」楊家駱主編，臺北：鼎文書局，1999年，卷33，頁978；〔宋〕王堯臣《崇文總目》：「《列女傳》十五卷。按：……《古列女傳》八卷，又一卷莫知其為誰續。」叢書集成簡編，王雲五主編，臺北：商務出版社，1965年，卷2，頁105；〔宋〕曾鞏《古列女傳‧目錄‧序》：「劉向所敘《列女傳》凡八篇，事具見《漢書》，向列傳而《隋書》及《崇文總目》皆稱向《列女傳》十五篇，曹大家所註，以頌義考，之蓋大家所注離其七篇為十四，與頌義凡十五篇，而益以陳嬰母及東漢以來凡十六事，非向本書然也。」臺北：商務印書館，1965年，頁1；〔清〕錢曾撰，容齋題跋《讀書敏求記》：「《古列女傳》七卷，〈續列女傳〉一卷，按：……今此本始于有虞二妃至趙悼后，號《古列女傳》。周郊婦人至東漢梁嬺等，以時次之，別為一篇，號〈續列女傳〉。頌義大字，列于目錄，前小序七篇，散見目錄中，頌見各人傳後。」叢書集成簡編，王雲五主編，臺北：商務印書館，1965年，卷2〈傳記〉，頁54。

〔註71〕 劉向《列女傳》共7卷，除第1卷有十四傳，其餘各十五傳，一傳1人，但

人物眾多，時代從上古到西漢，年代長遠，其成書時間在成帝之朝，當時正
「趙氏亂內，外家擅朝」〔註72〕。根據《漢書‧楚元王傳》記載：

> 向睹俗彌奢淫，而趙、衛之屬起微賤，踰禮制。向以爲王教由內及外，
>
> 自近者始。故採取《詩》《書》所載賢妃貞婦，興國顯家可法則，及
>
> 孽嬖亂亡者，序次爲《列女傳》，凡八篇〔註73〕，以戒天子。〔註74〕

趙衛之屬，指的是漢成帝時的趙飛燕姊妹及衛倢伃，成帝的寵妃；外戚指的
是元后兄弟王鳳等人。這說明劉向編撰《列女傳》的動機在反對后妃逾禮、
外戚專政，其目的在於挽救社會危機，維護西漢帝國的統治，這是一部爲「戒
天子」而作之書。

儒家思想是劉向社會政治的思想基礎，其經歷昭、宣、元、成四朝，這
正是西漢由盛到衰的時期，身爲皇室的後裔，眼看外戚專政、后妃逾禮、宦
官弄權，朝政日益敗壞，一生都致力於維護西漢帝國的劉向，怎可置身度外，
《列女傳》正是這種情況下產生的。

（一）《列女傳》之類別重點

《列女傳》之「列」應是「諸」、「多數」、「羅列」及「排比」之意，「列
女」的意思即「諸女」、「多數女子」，劉向將入傳的婦女羅列排開，分爲七種
類型，「列女」並非一般小說彈唱所說的「烈女」，「烈女」是指女子以強烈方
式守住貞節或盡忠行孝，此舉往往傷害自身形體，甚至犧牲生命，然而《列
女傳》中各種女子皆有，有賢明貞順，也有背節棄義，所以「列女」絕不等
同於「烈女」。

有合傳，如卷1〈有虞二妃〉、〈周室三母〉，卷4〈衛宗二順〉、卷5〈珠崖二
義〉、卷8〈衛二亂女〉，所以共110位。

〔註72〕《漢書》，前引書，卷10〈成帝紀〉，頁330。

〔註73〕現今版本前七卷是劉向所撰，第八卷不知撰者，如此則與〈楚元傳〉所記《列
女傳》凡八篇矛盾。《漢書‧藝文志‧諸子略‧儒家類》：「劉向所序六十七篇。
《新序》、《說苑》、《世說》、《列女傳頌圖》也。」卷30，頁1727。未說明卷
（篇）數，但標明有「頌」有「圖」，《古列女傳‧跋》：「臣向與黃門侍郎歆
所校《列女傳》，種類相從爲七篇，以著禍福榮辱之效、是非得失之分，畫之
于屏風四堵。」前引書，頁7～8。《古列女傳‧目錄‧頌》言：「以向所撰《列
女傳》七篇，并《續列女傳》二十傳爲一篇，共計八篇。今止依此，將頌義、
大序列於目錄前，小序七篇散見目錄中間，頌見各人傳後。」頁13。因之，
〈楚元傳〉所言八篇，應是現今版本所見的前七篇，從〈母儀傳〉至〈孽嬖
傳〉，第八篇應是〈傳頌〉，而頌見各人傳後。

〔註74〕《漢書》，前引書，卷36，頁1957～1958。

《列女傳》出自劉向之手有七傳，從其〈小序〉〔註75〕內容可知分類的重點：

〈母儀傳〉：

> 惟若母儀，賢聖有智。行爲儀表，言則中義。胎養子孫，以漸教化。
> 既成以德，致其功業。姑母察此，不可不法。

〈賢明傳〉：

> 惟若賢明，廉正以方。動作有節，言成文章。咸曉事理，知世紀綱。
> 循法興居，終日無殃。妃后賢焉，名號必揚。

〈仁智傳〉：

> 惟若仁智，豫識難易。原度天道，禍福所移，歸義從安，危險必避。
> 專專小心，永懼匪懈。夫人省茲，榮名必利。

〈貞順傳〉：

> 惟若貞順，脩道正進。避嫌遠別，爲必可信。終不更二，天下之後。
> 勤正潔行，精專謹慎。諸姬觀之，以爲法訓。

〈節義傳〉：

> 惟若節義，必死無避。好尚慕節，終不背義。誠信勇敢，何有險詖。
> 義之所在，赴之不疑。姜姒法斯，以爲世基。

〈辯通傳〉：

> 惟若辯通，文辭可從。連類引譬，以投禍凶。推摧一切，後不復重。
> 終能一心，開意甚公。妻妾則焉，爲世所誦。

〈孽嬖傳〉：

> 惟若孽嬖，亦甚嫚易。淫妒熒惑，背節棄義。指是爲非，終被禍敗。

從〈小序〉可以看出各傳著重的要點有別，但是其區別不能從句末的「姑母」、「妃后」、「夫人」、「諸姬」、「姜姒」或「妻妾」等字眼來探究，細究其含義應是：

〈母儀傳〉：重點在「胎養子孫，以漸教化」，且能「成以德，致其功業。」

〈賢明傳〉：重點在「咸曉事理，知世紀綱」，而能「循法興居。」

〈仁智傳〉：重點在「豫識難易。原度天道」，可以「歸義從安，危險必避。」

〈貞順傳〉：重點在「避嫌遠別，爲必可信」，故「終不更二」且「勤正

〔註75〕《古列女傳‧目錄》，前引書，頁1～9。

潔行。」

〈節義傳〉：重點在「好尙慕節」、「誠信勇敢」，且「義之所在，赴之不疑。」

〈辯通傳〉：重點在「文辭可從」，故能「連類引譬，以投禍凶。」

〈孽嬖傳〉：重點在指斥「淫妒熒惑，背節棄義，指是爲非」的惡行。

〈母儀傳〉，乃爲人母的典範，有帝王后妃，也有聖賢母親，共同點皆是注重教化，教育子孫，使其建功立業，如〈鄒孟軻母〉的擇鄰處、斷機杼；〈魯之母師〉約期守信、愛子重情的身教；視前妻之子如己子的繼母〈魏芒慈母〉；〈齊田稷母〉教子拒賄等等，都表現了母愛的偉大。

〈賢明傳〉，乃德行賢良，通達事理，有帝王后妃，也有卿大夫的內子、命婦，或隱士、御者之妻，其共同點爲有見識，能匡正丈夫行徑，使之改過遷善，如公正無私的〈晉文齊姜〉；安貧樂道的〈魯黔婁妻〉；夫死表揚其文辭的〈柳下惠妻〉；而〈陶荅子妻〉勸諫其夫不得被休棄，於其夫貪污治罪後，仍返夫家照顧其母等等，都是婦德的楷模。

〈仁智傳〉，乃有仁有智，轉禍爲福，有爲人母、爲人妻，或一般老嫗，其共同點爲秉賦仁智，預知難易，如教其夫避禍的〈曹僖氏妻〉，終能明哲保身；〈孫叔敖母〉深明天道，知其子埋兩頭蛇之陰德可逢凶化吉；〈魯漆室女〉見微知著，深謀遠慮等等，她們雖然膽識過人，能識天道，但其意見與相關之人的功業無關，或是不被採納，所以無法入〈母儀傳〉或〈賢明傳〉，但仍能表現婦女處變不驚的膽識。

〈貞順傳〉，乃節操忠貞，知禮守信，有夫人、姬、妻或寡婦，其共同點爲堅守正道，忠貞不移，如〈召南申女〉因夫家之禮不備而堅不往嫁；守義死節的〈宋恭伯姬〉，因傅母未至，堅持夜不可下堂，終被燒死；不因其夫深染惡疾而改嫁的〈蔡人之妻〉；不得夫意的〈黎莊夫人〉卻始終貞一，不離婦道等等，她們不苟禮儀，死節赴義在今日眼光看來，簡直不通情理，甚至愚笨至極，但是卻都成爲封建制度下古老中國婦女貞順專一的典範。

〈節義傳〉，乃堅守貞節，篤行仁義，有妃、姬、夫人、妻、妾，亦有保母、亂母、繼母、姑姊、娣妹等，身份較前數傳複雜，但是共同點皆是殺身成仁，捨生取義，對節義均作了無私無畏的奉獻，如誓死保全兄弟遺孤，而不惜犧牲己子的〈魯義姑姊〉；不以私廢公，背言忘信的〈齊義繼母〉，寧殺其子，也要許亡夫託善養前妻子之諾；〈魯秋潔婦〉恥夫不義，赴河而死；代

夫受死以解仇保父的〈京師節女〉等等，她們不違心志，節烈無比，在今日眼光看來，與看待〈貞順傳〉一樣，不通情理，甚至荒謬至極，但是她們孝行孝義的高風亮節，卻是古老中國節義婦女的風範。

〈辯通傳〉，乃能言善道，文辭辯通，身分多爲寒微的婦女，共同點是善於用言辭替自己或身邊的男性解圍，尤其是論辯對象爲在上位者，如〈齊傷槐女〉不惜爲晏子妾以救父盡孝；〈楚野辨女〉以不遷怒、不貳過之理說服鄭簡公；〈齊鐘離春〉爲宣王陳述國家危機四伏；〈齊宿瘤女〉以女性妝扮角度進諫閔王應以仁義爲飾；〈齊太倉女〉上書救父而廢肉刑等等，她們在辯通時往往引經據典，勸諫在上位者宜愛民惜民，自律戒奢，善用譬喻，以消除禍凶，在在都顯示其聰明才智，令人稱讚不已。

〈孽嬖傳〉主要是記述婦女的惡德醜行，與前六傳婦女的美德懿行形成強烈的對比。孽，妖孽；嬖，以邪僻取得愛寵；孽嬖，乃受帝王寵愛而淫亂禍國的妖孽〔註76〕。對象爲帝王的后妃，或諸侯的夫人，共同點皆爲專擅後宮，驕奢淫佚，指是爲非，背節棄義，如讓君主沈溺於享樂，誅殺忠良的〈夏桀末喜〉與〈殷紂妲已〉及〈周幽褒姒〉；爲了使己子登上王位，用盡手段，殘害原有繼承人，引發政治權力鬥爭的〈衛宣公姜〉、〈晉獻驪姬〉、〈楚考李后〉及〈趙悼倡后〉；違背一女不適二夫的「貞順」原則，周旋於多位男子之間，造成貴族男性的紛爭，以致引發政治動亂的〈魯桓文姜〉、〈魯莊哀姜〉、〈陳女夏姬〉與〈齊靈聲姬〉。她們邀寵獻媚，從中作祟，不守禮儀，亂倫無忌，禍國殃民，落得遺臭萬年的下場，劉向以反面鑒戒來作總結。

近代學者劉靜貞說，除了〈孽嬖傳〉之外，其他六篇中的女性表現都得到劉向的認可。但事實上，劉向雖不以其社會責任之實踐與否論其高低（是否善盡輔佐之責），但仍以其成敗作爲再歸類分列的標準。是以眞正能恪盡其社會職分，善盡輔佐之責，教子有成，幫夫有道的女性才被安排在〈母儀傳〉與〈賢明傳〉中，相對地，〈仁智傳〉中的母與妻，則是自身雖有才智，可預見禍福所在，然其識見既不能爲相關男性所接納，故只能退而求自保的女性。至於〈貞順傳〉與〈節義傳〉中所嘉許的女性，則都是在客觀環境不容許其善盡女性社會職分的情況下，能犧牲自身幸福或所愛，甚至不惜性命以完成禮義期許者〔註77〕。總之，《列女傳》中以〈孽嬖傳〉與前六傳作強烈對比，

〔註76〕《新譯列女傳》，前引書，卷10〈孽嬖傳‧說明〉，頁343。
〔註77〕劉靜貞〈劉向《列女傳》的性別意識〉，收錄《東吳歷史學報》，1999年3月

無非是希望寵信趙氏姊妹以致無法無天的漢成帝有所警惕，但從趙氏的殺害
子嗣，及在後宮與眾多男子的荒淫無道的行徑看來，劉向的用心顯然是沒有
起任何的作用。

（二）《列女傳》之思想內容

儒家思想是劉向社會政治思想的基礎，因此《列女傳》的撰寫目的正是
爲了要宣揚儒家的思想，觀之《列女傳》的思想內容主要是以「德治」爲主，
茲述如下：

1. 宣揚禮樂教化

爲了宣揚儒家的「德治」思想，《列女傳》的首要內容即要求君主以「禮
樂教化」替代刑罰，劉向曾上書漢成帝，表明他禮樂教化的思想：「宜興辟雍，
設庠序，陳禮樂，隆雅頌之聲，盛揖讓之容，以風化天下。」〔註 78〕亦認爲
「萬物得其本者生，百事得其道者成。道之所在，天下歸之；德之所在，天
下貴之；仁之所在，天下愛之；義之所在，天下畏之。」〔註 79〕所以在〈母
儀傳〉、〈賢明傳〉、〈仁智傳〉及〈節義傳〉描述「德治」的典範，如〈齊傷
槐女〉記述齊景公深愛槐樹，下令：「犯槐者刑，傷槐者死。」結果有一位名
叫衍的人，犯令，當處死，其女婧不惜爲齊相晏子侍妾以救其父，從其引用
之例可見劉向所欲表達之德治：

> 妾聞明君之蒞國也，不損祿而加刑，又不以私恚害公法，不爲六畜
> 傷民人，不爲野草傷禾苗。昔者，宋景公之時，大旱，三年不雨，
> 召太卜而卜之，曰：「當以人祀之。」景公乃降堂，北面稽首曰：「吾
> 所以請雨者，乃爲吾民也。今必當以人祀，寡人請自當之。」言未
> 卒，天大雨，方千里。所以然者，何也？以能順天慈民也！〔註 80〕

至於晏子以「嬰聞之窮民財力謂之暴；崇玩好，威嚴令，謂之逆；刑殺不正
謂之賊。」〔註 81〕來勸齊景公不因愛槐而賤民，重物而輕人，理想的一國之
君應愛民如子。另一則〈齊太倉女〉則敘述緹縈救父之事，緹縈爲救犯罪而
處以肉刑的父親，自願入宮爲奴，上書言肉刑使「死者不可復生，刑者不可

第 5 期，頁 23。
〔註 78〕《漢書・禮樂志》，前引書，卷 22，頁 1033。
〔註 79〕《說苑・談叢》，前引書，卷 16，頁 530。
〔註 80〕《古列女傳》，前引書，卷 6〈辯通傳〉，頁 159～160。
〔註 81〕同前註，頁 160。

復屬，雖欲改過自新，其道無由也。」打動了漢文帝，廢除了肉刑：

> 蓋聞有虞之時，畫衣冠異章服以爲僇，而民不犯，何其至治也？今
> 法有肉刑五，而姦不止，其咎安在？非朕德薄而教之不明歟？吾甚
> 自媿。夫訓道不純，而愚民陷焉。《詩》云：「愷悌君子，民之父母。」
> 今人有過，教未施而刑已加焉，或欲改行爲善，而其道無繇，朕甚
> 憐之。夫刑者至斷支體，刻肌膚，終身不息，何其痛而不德也！豈
> 稱爲民父母之意哉？其除肉刑！〔註82〕

「德治」與「刑法」皆是治國不可或缺之樞機，然而刑法是輔助德治的手段，
絕不是目的，劉向雖然亦重視刑法的作用，但是反對不教而誅，刑殺不正，
爲人君者治國仍應以禮樂教化臣民爲是。

2. 重視三綱五常

封建社會的宗法制度，注重人倫關係、血緣關係，因此《列女傳》的另
一重要內容即是重視儒家的「三綱五常」。「三綱五常」的主要作用在於維護
宗法制度，期能做到父子有親，君臣有義，夫婦有別，長幼有序，朋友有信，
而能實現齊家、治國、平天下的儒家政治理想，而「三綱五常」的內容與婦
女最有關係的當然是「夫婦」這一綱。

《禮記・昏義》：「禮之大體，而所以成男女之別，而立夫婦之義也。男
女有別，而后夫婦有義；夫婦有義，而后父子有親；父子有親，而后君臣有
正。」〔註83〕「男女有別」是三綱之始：「親親尊尊長長，男女之有別，人道
之大者也。」〔註84〕而「男女有別」與「夫婦有義」皆與婦女有關，劉向以
《列女傳》來說明「男女之別，國之大節也。」〔註85〕及「夫婦之道，固人
倫之始，王教之端。」〔註86〕正是表現其倫理道德觀。

〈魏曲沃負〉敘述魏哀王派使者爲太子娶妃，但是因爲太子妃長得很美，
於是哀王起了私心，想留下來當成自己的妃子。魏曲沃負認爲這是倫常無別，
父子不分了，於是上書哀王：

> 夫男女之盛，合之以禮則父子生焉，君臣成焉，故爲萬物始。君臣、
> 父子、夫婦三者，天下之大綱紀也。三者治則治，亂則亂。今大王

〔註82〕同前註，頁187～188。
〔註83〕《禮記集解》下，前引書，卷58〈昏義〉第44，頁1418。
〔註84〕同前註，卷32〈喪服小記〉第15之1，頁871。
〔註85〕《古列女傳》，前引書，卷7〈孽嬖傳・魯莊哀姜〉，頁199。
〔註86〕同前註，卷4〈貞順傳・楚平伯嬴〉，頁107。

亂人道之始，棄綱紀之務。敵國五六，南有從楚，西有橫秦，而魏
國居其間，可謂僅存矣。王不憂此，而從亂無別，父子同女，妾恐
大王之國政危矣。〔註87〕

三綱五常是宗法制度的基礎，而男女有別，夫婦有義是人倫秩序的關鍵，因
此合乎禮儀的婚姻過程亦是劉向所推廣的，〈召南申女〉因「夫家禮不備而欲
迎之，…遂不肯往。」其所持理由正是：

夫婦者，人倫之始也，不可不正。《傳》曰：「正其本，則萬物理，
失之毫釐，差之千里。」是以本立而道生，源治而流清。故嫁娶者，
所以傳重承業，繼續先祖，為宗廟主也。夫家輕禮違制，不可以行。
〔註88〕

而〈齊孝孟姬〉亦是「禮不備」，「過時不嫁」〔註89〕，這是重視婚姻的過程，
劉向之所以重視三綱五常，正因為三綱五常是治國平天下的基礎，人倫秩序
的最佳安定劑。

3. 弘揚重義輕利

儒家重視「義利之辨」，《論語・里仁》：「君子喻於義，小人喻於利。」
〔註90〕君子與小人最大的不同就在於「義」與「利」，劉向亦有同感：「君子
行德以全其身，小人行貪以亡其身。」〔註91〕因此「重義輕利」亦是《列女
傳》另一個主題。如〈魏節乳母〉在秦破魏的危急關頭，冒死攜帶公子出逃，
魏國故臣以「秦令曰有能得公子者，賜金千鎰，匿之者，罪至夷」威脅利誘，
甚且說服「今魏國已破亡，族已滅，子匿之，尚誰為乎？」但是魏節乳母卻
說：

夫見利而反上者，逆也；畏死而棄義者，亂也。今持逆亂而以求利，
吾不為也！且夫凡為人養子者，務生之，非為殺之也，豈可利賞畏
誅之故，廢正義而行逆節哉？妾不能生而令公子禽也。〔註92〕

這是捨利重義的表現。另一則〈楚白貞姬〉則是將「棄義求利」當成貪污的
行為。楚白貞姬是位寡婦，但是美貌動人，以致吳王不惜以黃金百鎰及白璧

〔註87〕同前註，卷3〈仁智傳〉，頁90。
〔註88〕《古列女傳》，前引書，卷4〈貞順傳〉，頁93。
〔註89〕同前註，頁101。
〔註90〕《十三經注疏》，前引書，卷4，頁37。
〔註91〕《說苑・談叢》，前引書，卷16，頁544。
〔註92〕《古列女傳》，前引書，卷5〈節義傳〉，頁143～144。

一雙，動用輜軿三十乘來迎接她，準備立爲夫人，但是卻爲楚白貞姬辭謝，
原因：

> 且夫棄義從欲者，污也；見利忘死者，貪也。夫貪污之人，王何以
> 爲哉？妾聞之，忠臣不借人以力，貞女不假人以色，豈獨事生若此
> 哉？於死者亦然。妾既不仁，不能從死，今又去而嫁，不亦太甚乎？
> 〔註93〕

魏節乳母與楚白貞姬都是不圖金錢之利，而重公義之人，其德性爲時人所稱
頌，魏節乳母雖然下場「矢著身者數十，與公子俱死」，但是卻爲秦王敬重：
「貴其守忠死義，乃以卿禮葬之，祠以太牢。」〔註94〕而楚白貞姬爲吳王「賢
其守節有義，號曰楚貞姬。」〔註95〕「重義輕利」正是劉向所要弘揚的儒家
思想之一。

4. 鼓吹匡夫教子

《禮記・大傳》：「其夫屬乎父道者，妻皆母道也；其夫屬乎子道者，妻
皆婦道也。」〔註96〕說明婦女的兩項重責大任即是「匡夫」與「教子」。匡夫，
乃匡正丈夫的過失；教子，乃教育子女。《列女傳》敘述不少關於「匡夫」與
「教子」之例。

就「匡夫」而言，大家最耳熟能詳就是〈晉文齊姜〉與〈齊相御妻〉。〈晉
文齊姜〉所說乃是晉公子重耳流亡之事，重耳流亡至齊，齊桓公待之甚佳，
將同宗女，即齊姜，嫁給重耳，沒想到重耳樂不思蜀，忘記國仇家恨，準備
終老齊國，齊姜便勸諫他：

> 自子去晉，晉無寧歲。天未亡晉，有晉國者，非子而誰？子其勉之！
> 上帝臨子，貳必有咎。……《周詩》曰：「莘莘征夫，每懷靡及。」
> 夙夜征行，猶恐無及，況欲懷安，將何及矣！人不求及，其能及乎？
> 亂不長世，公子必有晉。〔註97〕

並且設計讓重耳返回晉國，終於稱霸天下。而〈齊相御妻〉則敘述晏子僕御
之妻，見其夫爲晏子駕車時，態度竟是「擁大蓋，策駟馬，意氣洋洋，甚自
得也。」欲求去，僕御怪之，其妻回答：

〔註93〕《古列女傳》，前引書，卷4〈貞順傳〉，頁111～112。
〔註94〕同前註，卷5〈節義傳〉，頁144。
〔註95〕同前註，卷4〈貞順傳〉，頁112。
〔註96〕《禮記集解》下，前引書，卷34〈大傳〉第16，頁908。
〔註97〕《古列女傳》，前引書，卷2〈賢明傳〉，頁35～36。

> 晏子長不滿六尺，身相齊國，名顯諸侯。今者吾從門間觀其志氣，
> 恂恂自下，思念深矣。今子身長八尺，乃為之僕御耳，然子之意洋
> 洋若自足者。……是懷晏子之智，而加以八尺之長也；夫躬仁義，
> 事明主，其名必揚矣。且吾聞寧榮於義而賤，不處驕以貴。〔註98〕

齊相御妻勸勉其夫不要自滿自驕，其夫僕御接受勸諫，納善自改，終獲得晏子推薦為大夫，其妻亦為命婦。這都是能匡正其夫的缺失，戒除其安逸或驕奢，使其在事業上更上一層樓的例子。

至於教子，更是學校教育及社會教育的基礎，《列女傳》中收錄不少身教、辭教、詩教、胎教、政教、德教、文教、遷教的例子，在在都說明母親對於子女啟蒙教育的重要，這也是劉向將〈母儀傳〉置為首傳之因。茲以「胎教」與「遷教」為例說明。

現代醫學已證實「胎教」的可信度，然在春秋時期，中國的老祖先早已在注意到胎教的重要性。〈周室三母〉中文王之母太任，有娠時，因「目不視惡色，耳不聽淫聲，口不出敖言，能以胎教，溲於豕牢，而生文王。」而「文王生而明聖，太任教之，以一而識百。」從而肯定胎教的功能，且認為婦女懷孕時，要切記下列事項：

> 寢不側，坐不邊，立不蹕，不食邪味；割不正不食，席不正不坐，
> 目不視於邪色，耳不聽於淫聲；夜則令瞽誦詩、道正事。如此，則
> 生子形容端正，才德必過人矣。〔註99〕

這與現代的宣揚婦女於懷孕時應多聽音樂及多看書，可以培養優質的下一代，意思是相近的。至於「遷教」之例，最有名的莫過於「孟母三遷」，《列女傳》在〈母儀傳‧鄒孟軻母〉裡亦撰述這一則：

> 鄒孟軻之母也，號孟母。其舍近墓，孟子之少也，嬉遊為墓間之事，
> 踴躍築埋；孟母曰：「此非吾所以居處子也。」乃去，舍市傍。其嬉
> 戲為賈人衒賣之事；孟母又曰：「此非吾所以居處子也。」復徙舍學
> 宮之傍。其嬉遊乃設俎豆，揖讓進退；孟母曰：「真可以居吾子矣。」
> 遂居之。及孟子長，學六藝，卒成大儒之名。君子謂：「孟母善於漸
> 化。」〔註100〕

〔註98〕同前註，頁53。
〔註99〕同前註，卷1〈母儀傳〉，頁90。
〔註100〕同前註，頁21。

在二千多年前的春秋時期，孟母能注重耳濡目染、潛移默化的教育方式，了解社會環境對孩童啓蒙教育的影響，這是非常難得的。劉向認爲婦女不應只是具備「三從四德」的基本條件，更應兼負「匡夫教子」的重責大任，因此在〈母儀傳〉與〈賢明傳〉中置放不少關於「匡夫教子」的例子。

5. 表彰公義品德

對於「公」與「私」，劉向的看法是捨「私愛」而就「公義」，所以在《列女傳》中放置一傳〈節義傳〉。如〈魯義姑姊〉是敘述一則戰爭時棄己子保兄子的事例，當齊軍不解爲何「所抱者，妾兄之子也；所棄者，妾之子也，見軍之至，力不能兩護，故棄妾之子」，她答道：

> 己之子，私愛也；兄之子，公義也。夫背公義而嚮私愛，亡兄子而存妾子，幸而得幸，則魯君不吾畜，大夫不吾養，庶民國人不吾與也。夫如是，則脅肩無所容，而累足無所履也。子雖痛乎，獨謂義何？故忍棄子而行義。〔註101〕

由於魯義姑姊棄子行義的事蹟，感動齊軍而使兩國停止干戈，因此劉向說：「公正誠信，果於行義。夫義，其大哉！雖在匹婦，國猶賴之，況以禮義治國乎？」〔註102〕極力推崇公義的作用及影響。

至於〈齊義繼母〉亦是一則「不以私廢公」的事例。當齊義繼母的前妻子與己子有一人被懷疑犯了殺人罪，官吏盤問時又爭相承認自己才是殺手，以致於案子延宕一年不能判決，最後齊宣王以「其母能知子善惡，試問其母，聽其所欲殺活」決定。沒想到齊義繼母竟決定殺掉自己親生的兒子，原因是：

> 少者，妾之子也。長者，前妻之子也。其父疾且死之時，屬之於妾曰：「善養視之。」妾曰：「諾。」今既受人之託，許人以諾，豈可以忘人之託，而不信其諾邪？且殺兄活弟，是以私愛廢公義也；背言忘信，是欺死者也。夫言不約束，已諾不分，何以居於世哉？子雖痛乎，獨謂行何？」泣下沾襟。〔註103〕

齊義繼母不以背言忘信的結果，兩個孩子「皆赦不殺」，且爲齊宣王賜以「義母」封號，亦是劉向表彰據信行義的德行。〈魯義姑姊〉與〈齊義繼母〉均是

〔註101〕同前註，卷5〈節義傳〉，頁133～134。
〔註102〕同前註，頁134。
〔註103〕同前註，頁138。

捨私愛而就公義，結果兩者皆有所得，這是鼓勵後人行公義最好的說服力！

6. 推崇孝婦貞女

劉向《列女傳》共七傳，除〈母儀傳〉外，其他六傳均可以反映出漢代對婦女行為的規範已有所共識。如孝道，這是儒家思想對為人子女的共同要求，漢代以孝治國，表現在《列女傳》的內容，當然重視孝道，但女性和男性不同，男子只要求對自己的父母盡孝道，女性於結婚後，則要求對公婆盡孝道；至於對婦女的基本婦德要求除「三從」之外，就是「貞節」。因此《列女傳》收錄不少「孝婦」及「貞女」的事例。

「孝婦」之例，如〈陳寡孝婦〉、〈宋鮑女宗〉二傳。前者是敘述陳國一位十六歲出嫁的少女，未有子，其夫即服役戍邊，臨行前丈夫囑託若有不測，希望年輕的妻子能代為侍養其母。爾後丈夫果真不測，這位年輕的寡婦則盡心盡力奉養婆婆，居喪三年後，其父母憐憫其早寡，因此希望她改嫁，但是這位孝婦卻說：

> 妾聞寧載於義而死，不載於地而生。且夫養人老母而不能卒，許人以諾而不能信，將何以立於世？夫為人婦，固養其舅姑者也。夫不幸先死，不得盡為人子之禮，今又使妾去之，莫養老母，是明夫之不肖而著妾之不孝。不孝不信且無義，何以生哉？〔註104〕

孝婦甚至以自殺威脅，其父母因懼女兒輕生，遂不敢逼其改嫁，於是孝婦奉養婆婆二十八年，竭盡孝道，始終如一。至於後者則是敘述一位丈夫另結新歡的妻子女宗，其姊勸之離去，然女宗非但沒有離去，反而更加孝順公婆，所持理由是：

> 婦人一醮不改，夫死不嫁。執麻枲，治絲繭，織紝組紃，以供衣服，以事夫室。澈漠酒醴，羞饋食，以事舅姑。以專一為貞，以善從為順；貞順，婦人之至行也。……事姑愈謹。〔註105〕

後來宋公聞之，表其閭，號曰「女宗」。這二則事例都是婦女出嫁後，丈夫不在身邊，但是卻都更加孝順公婆，由此可見劉向非常重視孝道。

至於「貞女」的事例更多，劉向視「貞節」為女性最高榮譽，因此〈貞順傳〉與〈節義傳〉均收錄不少貞女，如〈衛宣夫人〉、〈蔡人之妻〉、〈黎莊夫人〉、〈息君夫人〉、〈楚白貞姬〉、〈魯寡陶嬰〉、〈梁寡高行〉、〈魯秋潔婦〉

〔註104〕《古列女傳》，前引書，卷4〈貞順傳〉，頁119～120。
〔註105〕同前註，卷2〈賢明傳〉，頁43～44。

及〈京師節女〉等等。茲以〈衛宣夫人〉與〈蔡人之妻〉說明。

前者是敘述衛宣夫人於衛宣公死後守節，拒不改嫁後君，且作詩以明志：

> 我心匪石，不可轉也；我心匪席，不可卷也。〔註106〕

〈頌〉曰：「齊女嫁衛，厥至城門。公薨不返，遂入三年。後君欲同，女終不渾。作詩譏刺，卒守死君。」〔註107〕劉向歌頌衛宣夫人貞順專一的美德。至於後者則敘述蔡人之妻不因其夫深染惡疾而改嫁，其理由是：

> 夫不幸，乃妾之不幸也。奈何去之。適人之道，壹與之醮，終身不
> 改，不幸遇惡疾，不改其意。且夫采采芣苢之草，雖其臭惡，猶始
> 於捋采之，終於懷擷之，浸以益親，況於夫婦之道乎？彼无大故，
> 又不遣妾，何以得去？〔註108〕

從〈貞順傳〉中的例子可以看出在周文化的薰陶中，女性視貞節猶重於生命，甚至有些是以死來維護自己的貞操。劉向撰寫《列女傳》是基於趙氏姊妹淫亂，置放〈貞順傳〉正是要突顯女性重視己身貞節的可貴。

孝道與貞節是劉向婦女觀的另一重點，如果《孝經》是男女學童共用的教材，那麼《列女傳》必定是專為女童所準備的，古代詩書之家的女性多半讀過《列女傳》，所以其中的故事肯定深入人心，包括劉向所欲表達的「孝婦」與「貞女」的故事，不只影響女性，亦會影響男性，因為讀過《列女傳》的母親或其他女性，會講述其中的故事給男童聽，所以《列女傳》在中國文化的影響有一定程度的深遠。

7. 歌頌膽識才智

對劉向而言，他的婦女觀中，婦女不僅要扮演賢妻良母、孝婦貞女的角色，還要有明辨義利與捨生取義的基本道德觀念，除此之外，還要具有膽識與才智，所以《列女傳》中亦收錄不少這樣的女子。如膽識與才智兼備的〈晉弓工妻〉。

晉弓工之妻，其夫替晉平公製弓，三年乃成，但是平公引弓而射，卻不穿一札，因此欲殺弓工。弓工之妻於是進謁平公，據理力爭：

> 君聞昔者公劉之行乎？羊牛踐葭葦惻然為民痛之，恩及草木，豈欲
> 殺不辜者乎？秦穆公有盜食其駿馬之肉，反飲之以酒。楚莊王臣援

〔註106〕同前註，卷4〈貞順傳〉，頁97。

〔註107〕同前註。

〔註108〕同前註，頁98。

其夫人之衣而絕纓，與飲大樂。此三君者，仁著於天下，卒享其報，
名垂至今。昔帝堯茅茨不翦，采椽不斲，土階三等，猶以爲爲之者
勞，居之者逸也。今妾之夫治造此弓，其爲之亦勞矣。其幹生於太
山之阿，一日三覩陰，三覩陽；傅以燕牛之角，纏以荊麋之筋，餰
以河魚之膠。此四者，皆天下之妙選也，而君不能以穿一札，是君
之不能射也。而反欲殺妾之夫，不亦謬乎？妾聞射之道：左手如拒
石，右手如附枝；右手發之，左手不知。此蓋射之道也。〔註109〕

從弓工之妻這一段內容看來，我們發現有二個特點：一是弓工之妻乃一介民
婦，但是爲救夫脫難，鼓起勇氣拜謁在上位者，且侃侃而談，落落大方，甚
至指出平公不懂射箭之道，這是需要極大的膽量；二是從她向平公所言的三
個例子，及其夫製弓的過程，可見她聰穎過人，不只了解古聖先賢的仁義德
性，擅於利用適當場合舉例，而且還懂製箭方法及射箭之道。弓工之妻是一
位難得膽識與才智兼備的女子。

至於〈楚野辨女〉亦是敘述一位民婦，勇於說服官居大夫的鄭國使者：

楚野辨女者，昭氏之妻也。鄭簡公使大夫聘於荊，至於狹路，有一
婦人乘車與大夫遇，轂擊而折大夫車軸。大夫怒，將執而鞭之。婦
人曰：「妾聞君子不遷怒，不貳過；今於狹路之中，妾已極矣，而子
大夫之僕不肯少引，是以敗子大夫之車，而反執妾，豈不遷怒哉？
既不怒僕，而反怒妾，豈不貳過哉？《周書》曰：「毋侮鰥寡而畏高
明。」今子列大夫而不爲之表，而遷怒貳過，釋僕執妾，輕其微弱，
豈可謂不侮鰥寡乎？吾鞭則鞭耳，惜子大夫之喪善也。〔註110〕

從楚野辨女對鄭國大夫的這段話中，可以看出她有過人的膽識與才智，她將
兩車狹路相遇之結果，以巧妙的言辭歸納出鄭國大夫「遷怒」且「貳過」，而
能免除鞭打之苦。劉向在〈辯通傳〉對這種膽識與才智兼俱的女子，描述栩
栩如生，令人讚嘆不已！

8. 鑒戒惡德醜行

劉向編撰《列女傳》的目的並不是寫歷史，雖然表面上似乎寫的是歷史
上的眞人眞事，甚至爲後代的史家把這一種體例納入史書之中，他的目的實
在是寫一部教本，做爲後世女性可資遵循的楷模。其中「孽嬖」的一類，則

〔註109〕同前註，卷6〈辯通傳〉，頁157～158。
〔註110〕同前註，頁161～162。

做為後代女性引以為戒的反面教材〔註111〕。

《列女傳》的前六傳都是記述婦女的美德懿行，但是在〈孽嬖傳〉則與此相反，劉向收錄自夏至春秋時期受到帝王寵愛，卻淫亂致禍的后妃夫人，其作用主要是鑑戒惡德醜行，從〈夏桀末喜〉、〈殷紂妲己〉至〈楚考李后〉、〈趙悼倡后〉共十五傳，茲以歷史上有名的〈殷紂妲己〉及〈晉獻驪姬〉說明。

〈殷紂妲己〉所敘述乃殷紂王本身暴虐無道，加以嬖幸妲己一事，凡「妲己之所譽，貴之；妲己之所憎，誅之。」而妲己之好乃「積糟為邱，流酒為池，懸肉為林，使人裸形相逐其間，為長夜之飲。」紂王與妲己的荒淫作樂，引起天下百姓的怨恨，諸侯中亦有人反叛，但是紂王不自我反省檢討，反而設計「炮烙之法，膏銅柱加之炭，令有罪者行其上」，犯人往往掉落火中燒死，妲己卻以此為樂；忠臣比干進諫，妲己讒言：

　　　　吾聞聖人之心有七竅。〔註112〕

於是紂王就剖開比干之心來觀看，至於箕子被囚禁，微子也被迫離開。紂王聽信讒言，妲己惑亂朝綱，「指笑炮灸，諫士剚囚」，結果「武王遂受命興師伐紂，戰於牧野。紂師倒戈。紂乃登廩臺，衣寶玉衣而自殺。於是武王遂致天之罰，斬妲己頭懸於小白旗，以為亡紂者，是女也。」〔註113〕商朝就結束在妲己蠱惑淫亂下。

至於〈晉獻驪姬〉所記述則是驪姬為使己子奚齊繼承王位，讒言晉獻公，使晉國內亂長達五年。首先以「曲沃，君之宗邑也；蒲與二屈，君之境也，不可以無主。宗邑無主，則民不畏；邊境無主，則開寇心。夫寇生其心，民嫚其政，國之患也。」〔註114〕理由，派遣太子申生管轄曲沃，公子重耳統帥蒲邑，公子夷吾統帥二屈。再傳言太子申生即將以暴力劫持晉獻公，不如將國家權柄交給太子，以圖生命的苟全，使晉獻公對申生產生疑心。再設計申生寘鴆於酒，施毒於脯，使得申生為顧全大局而自殺，重耳及夷吾亦流亡出走。

晉獻公死後，奚齊即位為晉君，但被太傅里克所殺，卓子繼位，又被殺，

〔註111〕馬森〈中國文化中的女性地位——《列女傳》的意義〉，收錄於《國魂》第555期，1992年2月，頁87。
〔註112〕《古列女傳》，前引書，卷7〈孽嬖傳〉，頁192。
〔註113〕同前註。
〔註114〕同前註，頁201。

驪姬亦被鞭殺，後來夷吾繼爲惠公，死後，其子圉爲懷公，懷公被殺，重耳繼爲文公，稱霸天下。總計驪姬的這一私心，使得晉國內亂延續五世才安定下來。

　　后妃深居內宮，受到上位者的寵愛，理應以身作則，安定後宮，鮮少過問朝政，但是〈孽嬖傳〉中的后妃不僅專擅後宮，驕奢淫佚，更是指非爲是，惑亂朝政，輕者敗壞禮教，禍國殃民，重則釀成災禍，導致亡國。劉向於《列女傳》的前六傳收錄美德懿行的婦女，最後一傳收錄惡德醜行的婦女，爲的就是可以做一個強烈的對比，以反面例子作爲帝王后妃的鑑戒，這正是針對漢成帝與趙氏姊妹及外戚王鳳家族。

（三）《列女傳》之後世影響

　　《列女傳》是一部「以戒天子」的「諫書」，書中內容具體呈現出劉向的儒家思想，然而這部諫書卻成了教本，成爲後世女性遵循的楷模，影響中國文化深遠，試從「學術價值」與「父權象徵」二個角度論述《列女傳》一書對後世的影響。

1. 學術價值

　　劉向編撰《列女傳》是有所依據的，誠如《漢書・楚元傳》中所言：「採取《詩》《書》所載賢妃貞婦，興國顯家可法則，及孽嬖亂亡者，序次爲《列女傳》。」〔註115〕然《詩》《書》所載有些是史實，有些卻是神話，劉向的目的不在寫歷史，但是《列女傳》的體例編寫卻爲後代史家所學習；而《列女傳》所收錄的婦女形象鮮明，性格多樣，透過人物對話更可以突顯故事情節的張力；至於所收錄的婦女從上古至漢代，一百一十人，資料龐雜，有些街談巷議，有些道德塗說，有些傳聞異辭，如何將這些材料組織獨立爲篇，成爲首尾完整的傳記，顯然劉向在文獻學上下了很大的功夫。因此《列女傳》在對後世所影響的學術價值可由史學、文學及文獻學三個方面來看。

（1）史學價值——爲婦女立傳

　　劉向《列女傳》的編撰，受到《左傳》及《史記》的影響，《左傳》是編年體，以時間順序記載史事，《史記》是紀傳體，以人物事蹟記載史事，《列女傳》不僅以時間爲順序，又以婦女爲主，從而編撰第一部婦女傳記。文末的「頌曰」、「詩云」亦是承《左傳》「君子曰」及《史記》「太史公曰」而來，

〔註115〕《漢書》，前引書，卷36，頁1957。

以論讚方式將事實做一價值批判。

　　然而《史記》、《漢書》並沒有專門篇章為婦女立傳，劉向《列女傳》可說是最早為婦女立傳的典籍。自劉向《列女傳》後，不論是正史，還是野史雜傳，均紛紛為婦女立傳，如正史立有〈列女傳〉的有《後漢書》、《隋書》、《舊唐書》、《新唐書》、《宋史》、《金史》、《元史》、《明史》等，至於私家著錄，據宋・曾鞏《古列女傳・目錄・序》記載：「〈唐志〉錄〈列女傳〉凡十六家。」〔註 116〕可見在漢唐就有不少。另外，女教書的編撰亦是受到《列女傳》影響，從東漢班昭《女戒》、到唐《女論語》、《女孝經》至清《女兒經》、《閨訓千字文》等，立傳之由都是受到《列女傳》的影響。

　　（2）文學價值 —— 文人筆下題材

　　《列女傳》中有些傳記，後來成為「成語故事」，並成為詩人、小說家或戲曲家筆下的題材，如〈鄒孟軻母〉的「孟母三遷」成為家戶曉的成語故事；〈魯漆室女〉的「魯女憂葵」、「倚楹嘯歌」、「倚柱長嘆」成為憂心國家大事的代表詞；至於〈魯秋潔婦〉更是成為元雜劇石君寶創作的《秋胡戲妻》。

　　另外〈楚野辨女〉與〈楚平伯嬴〉亦是富有文學味道的兩則傳記，文中主角性情的剛正與情節的緊湊，經由對話呈現，更能展現劉向塑造婦女完美人格的企圖。至於〈有虞二妃〉、〈棄母姜嫄〉、〈契母簡秋〉、〈啓母塗山〉等，雖然也見於史書，但卻充滿了神話、傳說的美麗色彩，對後來的神話筆記小說有一定的影響性。

　　（3）文獻價值

　　《列女傳》是劉向在整理國家圖書時所編纂而成的，資料來源非常廣泛，如《左傳》、《國語》、《戰國策》、《管子》、《荀子》、《韓非子》、《韓詩外傳》、《呂氏春秋》、《史記》、《淮南子》、《禮記》、《周禮》、《詩經》等等，其中有經書、子書、也有史書，甚至雜夾神話傳說，資料非常龐雜。

　　劉向的編撰工作，就是將某一傳的主角，散見於這些書的相關資料收集起來，經過一番彙整，然後再去偽存菁，補充修改，如〈晉獻驪姬〉原散見資料眾多，可見於《左傳・莊公》二十八年，《史記・晉世家》，《尚書・虞書》、〈堯典〉、〈洪範〉，《禮記・檀弓》、〈曲禮〉、〈內則〉，《孟子・梁惠王》、〈公孫丑〉，……等等，劉向將這些有關驪姬的資料進行比對、篩選、刊誤、補充說明，最後潤飾成將近一千字左右的傳記，驪姬的私心作祟，使得晉國內亂

〔註116〕《古列女傳》，前引書，頁 1。

禍延五世是更爲鮮明。諸如此類的例子，不勝枚舉。因此劉向《列女傳》在文獻上的整理自有一番貢獻。

2. 父權象徵

中國的女性因爲「男尊女卑」的觀念作祟，千年以來一直默默隱忍著惡劣的命運，在父權主義當道下，幾乎是毫無出頭天的一日。劉向《列女傳》是今日研究中國古代婦女地位一部很可貴的村料，雖然這是第一部爲婦女立傳的傳記，但是這些婦女（除〈孽嬖傳外〉）之所以令人尊崇，正因爲她們依靠男性標準要求下作一定程度的奉獻或犧牲。

（1）女性德性由男性觀點定位

《列女傳》就類別而言，〈母儀傳〉、〈貞順傳〉、〈節義傳〉與〈孽嬖傳〉固然是針對與男性利害關係而言，但是〈賢明傳〉、〈仁智傳〉、〈辯通傳〉表面上雖然是標榜女性本身應具有的德性，但從傳中的內容看來，亦不出與男性利害關係的範疇，如〈周宣姜后〉與〈齊桓衛姬〉之所以稱「賢明」，正因爲他們各自規諫了周宣王與齊桓公的過失；至於〈齊管姜婧〉之所以稱「辯通」，亦因爲她啓發了管仲的愚昧。由此可知，列女之所以突出，均是因爲她們的德行或智慧對男性有所輔助。至於〈孽嬖傳〉則相反，其中的女性，如末喜、妲己、褒姒等，其作爲均有害於男性，因爲她們的媚惑，使得她們的夫君亡國喪位，自己亦遺臭萬年。所以《列女傳》中所收錄之婦女無論德性爲何，都是由男性觀點定位，這是父權主義的象徵之一。

（2）一夫多妻且妻妾地位懸殊

從《列女傳》首傳〈有虞二妃〉即標榜男性是可以擁有二位妻妾以上的，這不只使日後帝王諸侯妻妾成群有了依據，一般民間的富豪亦往往一夫多妻，而女性對於這樣不平等的婚姻關係亦不能有所怨言。如〈宋鮑女宗〉，其夫另有新歡，她非但不以爲意，反而更加孝順公婆，甚至還認爲這是合理的：「夫禮，天子十二，諸侯九，卿大夫三，士二。今吾夫誠士也，有二，不亦宜乎？」〔註117〕以今日眼光看來，簡直匪夷所思。

而妻妾成群，其地位亦並非平等，甚至懸殊嚴重。這是「宗法制度」中對嫡庶之分特別重視的原因。因爲有嫡子、庶子之別，所以對妻妾之分也要求嚴格。如〈衛宗二順〉記載衛國宗室靈王的夫人及傅妾之事蹟，靈王死後，

〔註117〕《古列女傳》，前引書，卷2〈賢明傳〉，頁43。

夫人無子，傅妾有子，但是傅妾依然殷勤侍奉夫人八年，夫人心中不安，欲外居，讓位予傅妾，但此舉讓傅妾哭泣著說：

> 夫人欲使靈氏受三不祥耶？公不幸早終，是一不祥也；夫人無子，而婢妾有子，是二不祥也；夫人欲出居外，使婢子居內，是三不祥也。妾聞忠臣事君，無怠倦時，孝子養親，患無日也。妾豈敢以小貴之故變妾之節哉？〔註118〕

男女地位不平等是因為「男尊女卑」作祟，然而女性之間地位的高下，亦與男性有關，嫡子之母的地位永遠高於庶子之母，由此可見妻妾地位的懸殊，守分的人寧死也不敢踰越。

（3）寡婦節女愚昧犧牲之悲劇

劉向在《列女傳》中推崇婦女「母儀」、「賢明」、「仁智」、「貞順」、「節義」、「辯通」德性才智，但是卻寫了一些保守落後的題材，尤其是有關於寡婦節女愚昧的犧牲，如〈楚昭貞姜〉為守義不犯約而淹死在漸臺，這種遇事不知變通，一味守義卻喪失自己寶貴的生命，劉向竟稱讚「貞姜有婦節」〔註119〕；另〈齊杞梁妻〉因其夫杞梁戰死於戰場，杞梁之妻無子，夫家與娘家亦無五服之內的親屬，竟投死自殺，既然家人都已喪生，僅存杞梁妻一人，更應好好存活於世，但劉向對杞梁之妻此舉竟稱讚「貞而知禮」〔註120〕，真不知其「知禮」所為而來？其他如〈梁寡高行〉為拒絕梁王的行聘，竟持刀割其鼻，採取自我毀容的方式以保貞節；〈京師節女〉以犧牲生命的方式，換取父親及丈夫的生命，無非是為了盡孝行義。諸如此類的愚孝愚義，只是製造更多的悲劇，看不出婦女的本身價值與理想的人格特質，這是劉向在編撰《列女傳》時一個很大的敗筆。

趙氏姊妹荒淫後宮的程度，以今日社會風氣開放的程度看來，仍是令人咋舌，其假借傳宗接代的名義以行個人情慾的滿足，使得後宮充滿淫穢的色彩。然而縱觀二千多年的封建帝制，這僅僅是冰山一角，歷來多少后妃公主在物質滿足之餘，亦在宮中豢養無數男子，以供其淫樂，其實這與帝王三宮六院七十二妃的情形並無兩樣，然而帝王為「家天下」的傳承，因此多妻則多子多孫，似乎是理所當然，但是后妃與公主如果有此作為則往往為史家所垢病，其實這何嘗不是「男尊女卑」的觀念在作祟。無論如何，一夫一妻制

〔註118〕同前註，卷4〈貞順傳〉，頁113～114。
〔註119〕同前註，頁110。
〔註120〕同前註，頁106。

仍是人類比較可以接受的婚姻模式，如果人人三妻四妾，或三夫四夫的，可以想見社會的糾紛必絡繹不絕，付出的社會成本必成雙倍成長。劉向基於勸戒成帝的動機撰寫《列女書》一書，立意甚佳，書中懿德品行的婦女確實值得學習，然而殘害自身以成就節操卻成為日後婦女負面的教材，這是筆者認為可惜之處。

第五章　西漢才德類宮廷婦女之形象

　　對於古代大多數女性而言，婚姻幾乎涵蓋了整個生活，就漢代對於女性的看法，普遍存在較卑弱的觀念，學者透過對古籍解釋，引述證明女性較男性為弱，尤以陰陽之學為甚，漢代喜以陰陽評論諸事，上至天文下至人事，無一不可以此涵蓋，因應學者的提倡，陰陽二分法，將屬於君、父、夫之道畫歸陽，臣、子、婦則屬陰，陰陽不得相互錯位，陽道為主，陰道為輔，反之，必有災禍。教育的宣導功能，讓此觀念散播開，且漢代特重孝道精神，孝道著重以下服上的遵從，改變了周代以來君臣、父子、夫婦互動觀念，形成片面且絕對性的要求，尤以婦道要求最多、最具體，漢代處於禮制加強的時代，上承秦以來禮的觀念，由鬆馳逐漸嚴謹，且一舉一動都得合宜禮，禮的觀念透過政府的提倡，思想的傳播，由上層傳播至一般民間，使之生根茁壯，最明顯的例子，便是對女性的要求〔註1〕。

　　自秦以來，君權高漲，連帶父權亦高漲，對於婦女的要求更多，漢代是一個轉折期，原先對婦女的要求只是「男女有別」，且「夫婦有義」，但是自從漢代加諸陰陽觀念之後，婦女的「卑弱」形象愈來愈明顯，甚至於劉向《列女傳》與班昭《女誡》問世後，更是有了具體的教條約束，這些教條亦成了日後評斷婦女的標準之一。

　　本章以西漢的宮廷婦女為範疇，論述其才德形象。首先論述先秦及西漢的女教概況，從中可見陰陽觀念對漢代以後婦女地位的影響；其次，以上述標準論述西漢宮廷婦女的才德形象；最後介紹女教書的鼻祖 —— 班昭《女

〔註 1〕 杜慧卿《漢代社會婚喪禮法中女性地位之研究》，成功大學歷史語言研究所碩
　　　　士論文，1994 年，頁 39。

誡》，從《女誡》內容可見中國古代標準妻範母儀的婦女形象，及其影響日後中國婦女人格的認定及被認定情況。

第一節　婦女才德思想探源——女教觀

所謂的「女教」指的是「女性教育」、「婦女教育」。古人重視婦德，《新序・雜事》第一：「禹之興也以塗山，桀之亡也以末喜；湯之興也以有莘，紂之亡也以妲己；文武之興也以任姒，幽王之亡也以褒姒；是以《詩》正〈關雎〉，而《春秋》褒伯姬也。」〔註2〕古人認為王政必自內始，治亂之源，則本於婦德，興亡之兆，亦由婦女，可見婦德的重要。

然而先秦並沒有專門的「女教」典籍可供婦德的提升，有關婦女教育只是散見於經籍中。到了西漢，董仲舒倡言儒家學說，漢武帝獨尊儒術後，禮法漸漸成為人際規範，尤其對婦女教育的要求日趨嚴格，加以陰陽觀念及災異說的溶入，婦女地位從此一落千丈。

《禮記・內則》與《孔子家語・本命》幾乎已含括先秦的婦女教育內容：

> 女子十年不出，姆教婉、娩、聽從；執麻枲，治絲繭，織紝、組、紃，學女事，以共衣服，觀於祭祀，納酒漿、籩豆、菹醢，禮相助奠。十有五年而笄，二十而嫁，有故，二十三年而嫁，聘則為妻，奔則為妾。〔註3〕

> 女子者，順男子之教而長其理也。是故無專制之義，而有三從之道，幼從父兄，既嫁從夫，夫死從子。言無再醮之端，教令不出於閨門，事在供酒食而已，無聞外之非儀也。不越境而奔喪，事無擅為，行無獨成，參知而後動，可驗而後言。晝不遊庭，夜行以火，所以效匹婦之德也。孔子遂言曰：女有五不取，逆家子者、亂家子者、世有刑人子者、有惡疾子者、喪父長子；婦有七出、三不出。七出者，不順父母出者、無子者、淫僻者、嫉妒者、惡疾者、多口舌者、竊盜者；三不出者，謂有所取無所歸、與共更三年之喪、先貧賤、後

〔註2〕〔漢〕劉向《新序・雜事》第一《新譯新序讀本》，葉幼明注譯，臺北：三民書局，1996 年，卷 1，頁 6～7。

〔註3〕〔清〕孫希旦（1736～1784）《禮記集解》下，臺北：文史哲出版社，1990 年，卷 28〈內則〉第 12 之 2，頁 772～773。

富貴。此聖人所以順男女之際、重婚姻之始也。〔註4〕

溫柔順從的個性、家事的訓練、祭祀的儀式、規矩的學習、男女有別的觀念、三從之道、七出、三不去等等，都是婦女對婦女經驗的傳承。本文主要是從先秦及西漢典籍中，散見的婦女教育觀點，舉隅茲述如下：

一、思想探源

探究人類萬物之起源如下：

有天地，然後有萬物；有萬物，然後有男女；有男女，然後有夫婦；

有夫婦，然後有父子，有父子，然後有君臣；有君臣，然後有上下；

有上下，然後禮義有所錯。〔註5〕

男女之有別，人道之大者也。〔註6〕

先有天地，再有萬物，有了萬物之後，才有人類，這種萬物起源的順序說已成普遍的共識；而人類有「男女之別」後，才能建立夫婦關係，也才有後續的父子之親、君臣之義，及上下之分，社會的禮法與倫常觀念才得以確立，因此「男女之別」可說是人文社會的開始，倫常關係的起點。

《孔子家語・五刑》：「淫亂者生於男女無別。男女無別，則夫婦失義。禮聘享者，所以別男女、明夫婦之義也。男女既別，夫婦既明，故雖有淫亂之獄，而無陷刑之民。」〔註7〕一言指出男女無別的缺點。

而「男女有別」之「別」在何處？男女有「別」主要在強調男女兩性的差異，《易經・繫辭》：「天尊地卑，乾坤定矣。乾道成男，坤道成女，乾健也，坤順也，乾剛坤柔。」〔註8〕說明男女兩性的差異：男為天、為乾、為健、為剛；女為地、為坤、為順、為柔；因此男主外，女主內；男為父道、為道，女為母道、為妻道。因為天尊地卑，所以「男尊女卑」；因為男女有別，所以「男女有防」。下文則敘述先秦與西漢典籍中有關「男尊女卑」與「男女之防」的思想梗概。

〔註4〕〔魏〕王肅注，諸子集成第 1 集第 1 冊，臺北：世界書局，1957 年，卷 6，頁 63～64。

〔註5〕（魏）王弼注、韓康伯注，〔唐〕孔穎達正義，《十三經注疏》，1815 年阮元刻本，臺北：藝文印書館，1989 年，卷九〈序卦〉下，頁 187～188。

〔註6〕《禮記集解》下，前引書，卷 32〈喪服小記〉第十五之一，頁 871。

〔註7〕《孔子家語》，前引書，卷 7，頁 71。

〔註8〕《十三經注疏》，前引書，卷 7〈繫辭〉上，頁 144～150。

（一）男尊女卑

「一陰一陽之謂道」〔註9〕，傳統思想中以「陰陽」與「乾坤」比附男女，認為男女兩性是同等重要，但是到了西漢董仲舒（約前183～前115）提出天道乃是陽尊陰卑，「陽貴陰賤」〔註10〕，人事則是「男尊女卑」〔註11〕，就不再有「一陰一陽之謂道」的性別平衡，男女彼此更存在不平等的關係。原本只強調男女有別，各斯其職的陰陽觀，在董仲舒的詮釋下，成了陽貴陰賤、男尊女卑，即使是夫妻關係，亦是「丈夫雖賤皆為陽，婦人雖貴皆為陰」〔註12〕，即表示婚前女性的社會地位即使是高過男性，一旦有了婚姻關係，因為妻子是「陰」的緣故，無論如何地位都是低於男性的，於是婦女的地位開始一落千丈。

其實從《詩經‧小雅‧斯干》這段話：「乃生男子，載寢之床，載衣之裳，載弄之璋。其泣喤喤，朱芾斯皇，室家君王。乃生女子，載寢之地，載衣之褐，載弄之瓦。無年無儀，唯酒食是議。無父母貽罹。」〔註13〕就可以看出男女兩性一出生即有不同的待遇。試看男嬰與女嬰出生後所放置的地點、所穿的服飾、所把玩的玩物，及父母的教育與期許，就可以看出男女在家庭地位的差別，男子是「室家君王」，儼然是權威的象徵，女子卻是「無非無儀」，甚至「無父母貽罹」，這正是日後「男尊女卑」觀念的基礎。

封建社會中有一最不平等的觀念，即婦人非「子」。「子」是滋生長養之意，是傳宗接接代之意，是男子的專稱；女子雖也稱作「子」，但其用意與男子之「子」不同。這種觀念使「男尊女卑」的社會地位更是根深蒂固。

其他諸如：

子生，男子設弧於門左；女子設帨於門右。三日，始負子，男射女

〔註9〕 《易‧繫辭》上，《十三經注疏》，前引書，卷7，頁148。

〔註10〕 《春秋繁露‧陽尊陰卑》第四十三：「陽始出，物亦始出；陽方盛，物亦方盛；陽初衰，物亦初衰；物隨陽而出入，數隨陽而終始；三王之正，隨陽而更起；以此見之，貴陽而賤陰也。」〔漢〕董仲舒著，《春秋繁露今註今譯》，臺北：商務印書館，賴炎元註譯，1996年，卷11，頁290。

〔註11〕 《春秋繁露》，前引書，卷12〈基義〉第五十三：「陽兼於陰，陰兼於陽，夫兼於妻，妻兼於夫，父兼於子，子兼於父，君兼於臣，臣兼於君，君臣、父子、夫婦之義，皆取諸陰陽之道。君為陽，臣為陰，父為陽，子為陰，夫為陽，妻為陰，陰陽無所獨行，其始也不得專起，其終也不得分功，有所兼之義。是故臣兼功於君，子兼功於父，妻兼功於夫，陰兼功於陽，地兼功於天……王道之三綱，可求於天。」頁320～321。

〔註12〕 同註10。

〔註13〕 《十三經注疏》，前引書，卷11之1，頁387。

否。〔註14〕

> 子能食食，教以右手；能言，男唯女俞；男鞶革，女鞶絲。六年，
> 教之數與方名。七年男女不同席，不共食。〔註15〕

皆可以看出男女不平等之處。試看嬰兒出生時別於門口的代表物——「弧」
與「帨」，鄭亦注：「設弧，設帨，表男女也。弧者，示有事於武也。帨者，
事人之佩巾也。」〔註16〕男子因為力氣大，所以從事威武勞力的工作，而女
子天生力氣小，所以只能從事「事人」的工作，服事丈夫和家人，背負生育
養育下一代的任務。

　　基本上七歲之前，男女的教育大同小異，然而隨著「男尊女卑」觀念的
確立，「乾坤陰陽」的比附，男女教育也有了顯著的不同，男性教育：

> 八年，出入門戶及即席飲食，必後長者，始教之讓。九年，教之數
> 日。十年，出就外傅，居宿於外，學書計。衣不帛襦袴。禮帥初，
> 朝夕學幼儀，請肄簡諒。十有三年，學樂、誦詩、舞《勺》，成童舞
> 《象》，學射御。二十而冠，始學禮，可以衣裘帛，舞《大夏》，惇
> 行孝弟，博學不教，內而不出。三十而有室，始理男事，博學無方，
> 孫友視志。四十始仕。方物出謀發慮，道合則服從，不可則去。五
> 十命為大夫，服官政，七十致事。〔註17〕

女性教育：

> 女子十年不出，姆教婉、娩、聽從；執麻枲，治絲繭，織紝、組、
> 紃，學女事，以共衣服，觀於祭祀，納酒漿、籩豆、菹醢，禮相助
> 奠。十有五年而笄，二十而嫁，有故，二十三年而嫁，聘則為妻，
> 奔則為妾。〔註18〕

男性教育以學習服官政為主，服官政需要一套完整的人際關係，因此學禮、
誦詩、跳舞、射御、書計等等能力都是基本的教育；而女性因是以結婚為最
終歸宿，因此其教育是以如何為人媳、為人妻的基本訓練為主，諸如溫柔的
性情、家務的料理、祭祀的禮節等等，都是十歲之後的婦女所需具備的才能。

　　然而過度強調女性柔弱的性格，使得婦女成為附屬於男性的角色，以致

〔註14〕《禮記集解》下，前引書，卷28〈內則〉第12之2，頁761。
〔註15〕同前註，頁768。
〔註16〕同前註，頁761。
〔註17〕同前註，頁769～772。
〔註18〕同註3。

於「男尊女卑」遂成爲社會定見，造成千古以來男女的不平等，婦女地位也從此一蹶不振。

（二）男女之防

「男女之防」是維護家庭倫理的首要條件，這是西周宗法社會禮教的基礎，因此在生活細節上有了種種的規定，最主要就是要避男女之嫌，以示「男女之別」，這亦是後來「男女授受不親」觀念的由來。如：

> 男不言內，女不言外。非祭非喪，不相授器。其相授，則女受以篚，
> 其無篚，則皆坐奠之而后取之。外內不共井，不共湢浴，不通寢席，
> 不通乞假，男女不通衣裳，內言不出，外言不入。〔註19〕

從器具上的使用分別，及生活禮節的規範，都含有「男女有別」之意，這些規範當然需靠男女雙方的認同，並且很自然地成爲日常生活的習性，這是男女禮教的開端。

然仍有權宜之計，如《孟子‧離婁》下所言：「淳于曰：『男女授受不親，禮與？』孟子曰：『禮也。』曰：『嫂溺則授之以手乎？』曰：『嫂溺不授，是豺狼也。男女授受不親，禮也；嫂溺授之以手者，權也。』」〔註20〕道德莫大於端正己身，因此動必合義，居必中度，守己身以善其道，秉禮而行。

至於男女婚姻更是嚴守禮：

> 夫禮，坊民所淫，章民之別，使民無嫌，以爲民紀者也。故男女無
> 媒不交，無幣不相見，恐男女之無別也。以此坊民，民猶有自獻其
> 身。《詩》云：「伐柯如之何？匪斧不克。取妻如之何？匪媒不得。」
> 「藝麻如之何？橫從其畝。取妻如之何？必告父母。」〔註21〕
>
> 男女非有行媒，不相知名。非受幣，不交不親，故日月以告君，齊
> 戒以告鬼神。爲酒食以召鄉黨僚友，以厚其別也。〔註22〕
>
> 丈夫生而願爲之有室，女子生而願爲之有家，父母之心，人皆有之，
> 不待父母之命，媒妁之言，鑽穴隙相窺，踰牆相從，則父母國人皆
> 賤之。〔註23〕

〔註19〕《禮記集解》下，前引書，卷27〈內則〉第12之1，頁735。
〔註20〕《十三經注疏》，前引書，卷7，頁134～135。
〔註21〕《禮記集解》下，前引書，卷50〈坊記〉第30，頁1294。
〔註22〕同前註，卷2〈曲禮〉第1之2，頁45～46。
〔註23〕《孟子‧滕文公》下，《十三經注疏》，前引書，卷6上，頁109。

周代以後，婚禮趨於完備，男女婚嫁，皆以禮爲準，婚姻爲「父母之命，媒妁之言」亦成爲千古以來不變的定律。《大戴禮記・盛德》即言：「凡淫亂生於男女無別、夫婦無義；昏禮享聘者，所以別男女、明夫婦之義也。故有淫亂之獄，則飾昏禮享聘也。」〔註24〕自古儒家倫理重視男女之防與夫婦有別，一切禮義必發乎情，止乎禮，所以男女平時應避嫌，授受不親，然夫婦關係的成立，方是倫理的開始，因此婚姻大事，必經媒妁爲介，才是明媒正娶，其作用在於防範男女之蕩檢踰閑，苟合苟分，因爲家庭幸福，人群綱紀均賴此而立。

至於其他諸如「男不言內，女不言外。」〔註25〕「內言不出，外言不入。」〔註26〕「嫂叔不通問，諸母不漱裳。」〔註27〕是要婦女以愼默爲要，尤其是男女之間的交談；至於「男女不雜坐，不同椸、枷，不同巾、櫛，不親授。」〔註28〕「男女不同椸枷，不敢懸於夫之楎、椸，不敢藏於夫之篋、笥，不敢共湢浴。」〔註29〕則是爲了嚴防淫亂，男女相處嫌疑宜避。

二、思想教育

思想教育茲以「夫婦有義」與「貞節觀念」二點說明，如下：

（一）夫婦有義

儒家重視夫婦一倫，三綱之中有夫婦一綱，《中庸》亦強調夫婦之道乃化生萬物之源：「君子之道，造端乎夫婦，及其至也，察乎天地。」〔註30〕班固《白虎通義・嫁娶》亦言：「以爲情性之大莫若男女，人情之始，謹爲之嫁娶之擇。」〔註31〕

妻雖以夫爲綱，然夫對妻亦須敬重且謙恭，因爲夫婦之道在於彼此「有義」，《禮記・郊特性》云：「出乎大門而先，男帥女，女從男，夫婦之義由此

〔註24〕《大戴禮記》，《大戴禮記新註新譯》，高明註譯，臺北：商務印書館，1984年，頁281。

〔註25〕《禮記集解》下，前引書，卷27〈內則〉第12之1，頁735。

〔註26〕同前註。

〔註27〕同前註，卷2〈曲禮〉第1之2，頁44。

〔註28〕同前註，頁43。

〔註29〕同前註，卷28〈內則〉第12之2，頁759。

〔註30〕《禮記・中庸》，《十三經注疏》，前引書，卷52，頁881。

〔註31〕〔漢〕班固著，〔清〕孫星華校，叢書集成續編六，臺北：新文豐出版公司，出版年月不詳，卷4上，頁407。

始也。」〔註32〕〈昏義〉亦云：「敬慎重正，而后親之，禮之大禮，而所以成男女之別，而立夫婦之義也。」〔註33〕夫婦關係的成立是透過「父母之命，媒妁之言」的婚姻禮俗形式，成為社會所認同的一種關係，因此夫婦之間就有一種約束的力量，約束彼此，這就是「夫婦有義」，「義」——彼此生活中相對的責任與義務。茲述夫婦之義如下：

1. 三從四德

在「男主女從」的原則下，婦女的思想行為是必須服從男性的命令，因此有了「三從」的觀念：

> 君先而臣從，父先而子從，兄先而弟從，長先而少從，男先而女從，夫先而婦從。〔註34〕

> 從人者也，婦人在家，制于父，既嫁，制于夫，夫死，從長子，婦人不專行，必有從也。〔註35〕

> 婦人，從人者也：幼從父兄，嫁從夫，夫死從子。〔註36〕

> 婦人有三從之義，無專用之道。故未嫁從父，夫死從子。故父者，子之天也，夫者，妻之天也。〔註37〕

> 女者，如也，子者，孳也；女子者，言如男子之教而長其義理者也。故謂之婦人。婦人，伏於人也，是故無專制之義，有三從之道——在家從父，適人從夫，夫死從子，無所敢自遂也。教令不出閨門，事在饋食之閒而正矣。〔註38〕

所謂「三從」——「未嫁從父，既嫁從夫，夫死從子」，看來婦人終其一生都要聽從順服身邊的最親近男性：父、夫、子，不能專斷自行，沒有自我決策的權力。「婦人」諧音「伏人」，伏於人，這「人」是第三者，未嫁前伏於其父；出嫁後伏於其夫；夫死後，伏於其子。完全沒有獨立的人格，只能依附男子而成人格，所以古時婦女無名，以其夫之姓為名，婦人無諡，因其夫之

〔註32〕《禮記集解》上，前引書，卷26〈郊特性〉第11之2，頁709。
〔註33〕同前註，卷58〈昏義〉第44，頁1418。
〔註34〕《莊子‧天道》，〔東周〕莊周著，《新譯莊子讀本》，黃錦鋐註譯，臺北：三民書局，頁170～171。
〔註35〕《春秋穀梁傳》隱公二年，《十三經注疏》，前引書，卷1，頁13。
〔註36〕《禮記集解》上，前引書，卷26〈郊特性〉第11之2，頁709。
〔註37〕《儀禮‧喪服》第十一，《十三經注疏》，前引書，卷30，頁359。
〔註38〕《大戴禮記‧本命》，前引書，頁467。

爵爲諡。無怪乎婦女結婚時，其母會再三叮嚀：「往之女家，必敬必戒，無違夫子。以順爲正者，妾婦之道也。」〔註39〕因爲夫家才是婦女最終的家。夫之道，在敬身以帥其婦；婦之道，在敬身以承其夫，所以婦應聽從夫。

　　至於「四德」是指「婦德、婦言、婦容、婦功」〔註40〕，是女教的四種科目，「婦德」是婦女的德性修養；「婦言」是婦女的言辭表達；「婦容」是婦女的行爲舉止；「婦功」是婦女紡織、烹飪等家務的處理，幾乎涵蓋婦女的思想與生活，可視爲女教的指導總綱。

　　婦女的「三從四德」如果不合標準，夫婦關係當然可以終結，但是在「男尊女卑」的社會中，決定權幾乎是操縱在丈夫手中〔註41〕，在社會的共識下訂出了「七出」的出妻原則：

　　　　婦有七去：不順父母去，無子去，淫去，妒去，惡疾去，多言去，
　　　　竊盜去。不順父母去，爲其逆德也；無子，爲其絕世也；淫，爲其
　　　　亂族也；妒，爲其亂家也；有惡疾，不可與共粢盛也；口多言，爲
　　　　其離親也；竊盜，爲其反義也。〔註42〕

「七去」又稱「七出」、「七棄」，是丈夫遺棄其妻的七種理由，分別是「不順父母、無子、淫、妒、惡疾、多言、竊盜」。這「七出」的理由是：「不孝有三，無後爲大。」因此「不順父母」與「無子」皆是「不孝」的表現；「淫」則是爲了確保血統的純正；女性如果「妒」心重，家庭必起紛爭；妻子如果感染「惡疾」，則增加夫家的負擔，而且降低工作能力及育孕能力；「多言」則容易離間家人情感；「竊盜」本身則有違婦德。

　　從這七者的排序可知是針對「家庭」因素考量，反映出傳統思想對家庭觀念的重視，就現代眼光來看，「不順父母、淫、妒、多言」確實是女性「婦德」的缺失，然而因「無子」及「惡疾」出妻者，則違反「夫婦之義」，因爲現代醫學證實「無子」已非女性單方面的問題，而以「惡疾」出妻者，更是違反夫婦不離不棄之義。

2. 相敬如賓

　　夫婦相待，貴在存敬，故曰「相敬如賓」，《詩經》中不少篇章記載夫婦

〔註39〕《孟子・滕文公》下，《十三經注疏》，前引書，卷6上，頁108
〔註40〕《周禮・天官・九嬪》，《十三經注疏》，前引書，卷7，頁116。
〔註41〕當然也有少數婦女主動提出終止婚姻關係，如朱買臣之妻，晏子御者之妻，但例子不多。
〔註42〕《大戴禮記・本命》，前引書，頁467。

相互尊敬之例，如：

> 弌言加之，與子宜之。宜言飲酒，與子偕老。琴瑟在御，莫不靜好。
> 知子之來之，雜佩以贈之。知子之順之，雜佩以問之。知之好之，
> 雜佩以報之。〔註43〕

「琴瑟在御，莫不靜好。」顯示安詳和樂，此言夫婦相互敬愛，相互扶持之意。

> 何彼襛矣！唐棣之華。曷不肅雝？王姬之車。何彼襛矣！華如桃李。
> 平王之孫，齊侯之子。其釣維何？維絲伊緡。齊侯之子，平王之孫。
> 〔註44〕

《詩序》云：「何彼襛矣，美王姬也。雖則王姬亦下嫁於諸侯，車服不繫其夫，
下王后等。猶執婦道，以成肅雝立德也。」〔註45〕此王姬（公主）下嫁諸侯，
車服雖盛，然不敢挾貴以驕其夫家，可見此女能敬且和以執婦道。

《國語・晉語》中亦有夫婦相敬如賓之例：

> 臼季使，舍於冀野。冀缺薅，其妻饁之，敬，相待如賓，從而問之，
> 冀芮之子也，……公曰：「子何以知其賢也？」對曰：「臣見其不忘
> 敬也。夫敬，德之恪也，恪於德以臨事，其何不濟！」公見之，使
> 爲下軍大夫。〔註46〕

夫婦非疏遠之人，冀缺夫婦，敬以相待，令人稱羨，而臼季認爲「能敬必有
德，德以治民」，所以推薦冀缺爲下軍大夫。

3. 互相警戒

夫婦相處，彼此敬重如賓，雖然夫對婦有領導的權利與義務，然而夫若
有惡事，妻當責無旁貸給予勸諫，以增益賢德，此亦爲婦職。《詩經・齊風・
雞鳴》云：

> 雞既鳴矣，朝既盈矣。匪雞則鳴，蒼蠅之聲。東方明矣，朝既昌矣。
> 匪東方則明，月出之光。蟲飛薨薨，甘與子同夢。會且歸矣，無庶
> 予子憎。〔註47〕

〔註43〕《詩經・鄭風・女曰雞鳴》，〔清〕阮元校勘，《十三經注疏》，1815年阮元刻
　　　　本，臺北：藝文印書館，1989年，卷4之3，頁169～170。
〔註44〕《詩經・召南・何彼襛矣》，《十三經注疏》，前引書，卷1之5，頁67～68。
〔註45〕同前註，頁66。
〔註46〕〔西周〕左丘明撰《國語》，靳新校注本，臺北：里仁書局，1980年，卷11
　　　　〈晉語〉五，頁393。
〔註47〕《十三經注疏》，前引書，卷5之1，頁187～188。

《詩序》云：「雞鳴，思賢妃也。哀公荒淫怠慢，故陳賢妃貞女，夙夜警戒。相成之道焉。」〔註48〕此言賢婦警戒其夫宜早朝。

《國語‧晉語》亦有記載晉國大夫伯宗之妻規諫其夫之行誼：

> 伯宗朝，以喜歸，其妻曰：「子貌有喜，何也？」曰：「吾言於朝，諸大夫皆謂我智似陽子。」對曰：「陽子華而不實，主言而無謀。是以難及其身，子何喜焉？」伯宗曰：「吾飲諸大夫酒，而與之語，爾試聽之。」曰：「諾。」既飲。其妻曰：「諸大夫莫子若也。然而民不能戴其上久也，難必及子乎！盍亟索士整庇州犁焉。」得畢陽。及欒弗忌之難，諸大夫害伯宗，將謀而殺之，畢陽實送州犁于荊。〔註49〕

所幸伯宗之妻有先見之明，得以保全其子，使之得以於荊州生存。

（二）貞節觀念

由「男女有別」而產生了「男女之防」，起初男女之防的觀念是男女雙方都必須遵守的一種道德思想，但是隨著男女之防的要求愈來愈強烈，漸漸有「男女不同室」、「男女不雜坐」、「男女授受不親」等避嫌規定出現在婦女的生活規範之中，成為女教之一，於是婦女「貞節」的觀念開始受到重視。

> 厭浥行露，豈不夙夜，謂行多露？誰謂雀無角？何以穿我屋？誰謂女無家？何人速我獄？雖速我獄，室家不足。誰謂鼠無牙？何以穿我墉？誰謂女無家？何以速我訟？雖速我訟，亦不女從。〔註50〕

《詩序》云：「行露，召伯聽訟也。衰亂之俗微，貞信之教興，彊暴之男不能侵陵貞女也。」〔註51〕由此可見當時非常重視女子的貞節。

> 汎彼柏舟，在彼中河。髧彼兩髦，實維我儀。之死失靡它。母也天只！不諒人只！汎彼柏舟，在彼河側。髧彼兩髦，實維我特。之死失靡慝。母也天只，不諒人只。〔註52〕

《詩序》云：「柏舟，共姜自誓也。衛世子共伯蚤死，其妻守義，父母欲奪而嫁之，誓而弗許，故作是詩以絕之。」〔註53〕此詩言貞婦守節不嫁。

〔註48〕同前註，頁187。
〔註49〕《國語》，前引書，卷11〈晉語〉五，頁407。
〔註50〕《詩經‧召南‧行露》，《十三經注疏》，前引書，卷1之4，頁55～57。
〔註51〕同前註，頁55。
〔註52〕《詩經‧鄘風‧柏舟》，《十三經注疏》，前引書，卷3之1，頁109～110。
〔註53〕同前註，頁109。

壹與之齊，終身不改。故夫死不嫁。〔註 54〕

忠臣不事二君，貞女不更二夫。〔註 55〕

在「終身不改」、「夫死不嫁」、「貞女不更二夫」與「三從」的觀念要求下，「從一而終」成為婦女的共識，寡婦必須「守貞」，「守節不嫁」成了女教思想中最令人推崇的美德。

漢代可說是貞節觀念由寬泛向嚴格的過渡時代〔註 56〕，自漢至宋，貞節觀念不斷加強，尤其到了明代，在理學家的鼓吹下，竟然瀰漫著一股「餓死事小，失節事大」的風氣〔註 57〕，中國婦女的情慾被壓抑地更悲慘了！

三、生活教育

生活教育茲以「教育子女」與「侍俸父母舅姑」二點說明，如下：

（一）教育子女

由於「男主外，女主內」的區隔，將婦女的生活圈局限在家庭之內，因此除了家事落在婦女身上外，教養子女的責任也成為婦女的職務之一。婦女教養子女，除了供給物質飲食，也擔負「精神教育」的重責大任。母親可說是童稚教育的啟蒙導師，子女模仿效法的第一對象，透過母親的「身教」與「言教」，無論是仁義道德的陶冶、生活習慣的培養、或行為過失的糾正，等等，皆有賴於母親循序漸近的薰陶，因此自古以來均重視母親對子女的教育。

〔註 54〕 《禮記集解》上，前引書，卷 26〈郊特性〉第 11 之 2，頁 707。

〔註 55〕 〔漢〕劉向《說苑》，《說苑今註今譯》，盧元駿註譯，臺北：商務印書館，1977年，卷 4〈立節〉，頁 123。

〔註 56〕 陳東原《中國婦女生活史》第三章〈漢代的婦女生活‧再嫁的自由〉，臺北：商務印書館，1997 年，頁 95。

〔註 57〕 貞節觀念在古代中國由萌芽至根深蒂固，絕非一蹴可幾，乃經過一段漫長的歷程，包苞《方苞集》：「蓋自周以前，婦人不以改適為非，男子亦不以改娶為恥，……嘗考正史以下郡縣志，婦人守節死義者，秦、周前可指計，自漢及唐，亦寥寥焉。北宋以降，則悉數之不可更僕矣。蓋夫婦之義，至程子然後大明，……其論娶失節之婦也，以為己亦失節，而『餓死事小，失節事大』之言，則村農市兒皆耳熟焉。自是以後，為男子者，率以婦人之失節為羞而憎且賤之，此婦人之所以自矜奮興！嗚呼！自秦皇帝設禁令，歷代守之，而所化尚希；程子一言，乃震動乎宇宙，而有關於百姓以下之人紀若此。」，上海：古籍出版社，1983 年，卷 4〈嚴鎮曹氏女婦貞烈傳序〉，頁 105～106。大抵宋代以後，社會對於再嫁婦人，皆存有鄙夷心態，而從相關資料的檢閱，可以發現時代愈後，愈多以毀容、割鼻等自殘手段的節婦，或投水自殺、絕食明志的烈女，不勝枚舉。

　　母親對子女的教育可分爲三個部分：「胎教」、「身教」與「言教」，茲述如下：

1. 胎　教

　　胎教是指胎兒尚在母親妊娠時的教導。古時重視「胎教」的作用，因此提醒母親在懷子的過程中，要維持良好的心情，而且謹言愼行，以培養純正的思想。

> 周后妃任成王於身，立而不跛，坐而不差，獨處而不倨，雖怒而不詈，胎教之謂也。〔註58〕

> 古者胎教之道，王后有身，七月而就蔞室，大師持銅而御戶左，太宰持斗而御戶右，太卜持蓍龜而御堂下，諸官皆以其職御於門內。比三月者，王后所求聲音非禮樂，則太師撫樂而稱不習。所求滋味者非正味，則太宰荷斗而不敢煎調，……周妃后妊成王於身，立而不跛，坐而不差，笑而不諠，獨處不倨，雖怒不罵，胎教之謂也。〔註59〕

就現代的醫學眼光來看，胎教的重要性已獲得肯定，古人的胎教觀念是極爲進步的，「立而不跛，坐而不差，獨處而不倨」是提醒懷孕婦女的起居安全，至於「雖怒不罵」是提醒懷孕婦女道德的修養，至於「禮樂」則是希望懷孕婦女以禮樂薰陶胎兒。古人相信胎兒在母體中能感受到母親的言行舉止，因此勸導婦女在懷孕過程中，要遵守禮儀，注重教化，讓胎兒在腹中即有良好的教育環境。

2. 身　教

> 孟子少時誦，其母方織，孟子輟然中止，乃復進，其母知其諠也，呼而問之曰：「何爲中止？」對曰：「有所失復得。」其母引刀裂其織，以此誡之，自是之後，孟子不復諠矣。孟子少時，東家殺豚，孟子問其母曰：「東家殺豚，何爲？」母曰：「欲啖汝。」其母自悔而言曰：「吾懷妊是子，席不正，不坐；割不正，不食；胎教之也。今適有知而欺之，是教之不信也。」乃買東家豚肉以食之，明不欺也。詩曰：「宜爾子孫繩繩兮。」言賢母使子賢也。〔註60〕

〔註58〕　《大戴禮記・保傅》，前引書，頁 128。

〔註59〕　《新書》，〔漢〕賈誼撰，《二十二史》第 13 冊，臺北：先知出版社，1976年，卷 10〈胎教〉，頁 301～304。

〔註60〕　《韓詩外傳》，《韓詩外傳今註今譯》，賴炎元註譯，臺北：商務印書館，1981

這則故事是有名的「孟母殺豬」〔註 61〕，孟母認為身教重於言教，教導子女宜謹慎，賢母必定有賢子，因為人在年少時，皆仰賴父母的教導，即壯至老，則守父母之教以終身。又

> 田子為相，三年歸休，得金百鎰，奉其母。母曰：「子安得此金？」對曰：「所受俸祿也。」母曰：「為相三年，不食乎？治官如此，非吾所欲也。孝子之事親也，盡力致誠，不義之物，不入於館，為人子不可不孝也！子其去之。」田子愧慙，走出，造朝還金，退請就獄。王賢其母，說其義，即舍田子罪，令復為相，以金賜其母。詩曰：「宜爾子孫繩繩兮。」〔註 62〕

田母為人廉潔正直，教其子之道，不義之財不可入其館，使其子倍覺慚愧而有所悟。這都是母親以身作則，教育其子有名的例子。

3. 言 教

從《新書‧春秋》這一段記載，可知母親所扮演角色的重要：

> 孫叔敖之為嬰兒也，出遊而還，憂而不食。其母問其故，泣而對曰：「今日吾見兩頭蛇，恐去死無日矣。」其母曰：「今蛇安在？」曰：「吾聞見兩頭蛇者死，吾恐他人又見，吾已埋之也。」其母曰：「無憂，汝不死。吾聞之，有陰德者，天報以福。」人聞之，皆諭其能仁也。及為令尹，未治而國人信之。〔註 63〕

賢母有教子之責，孫叔敖之母知其子有仁心陰德，故而借此為端，引發其善心。又

> 公父文伯退朝，朝其母。其母方績。文伯曰：「以歜之家而主猶績，懼忓季孫之怒也，其以歜為不能事主乎！」其母歎曰：「魯其亡乎！使僮子備官而未之聞耶？居，吾語女。昔聖王之處民也，擇瘠土而處之，勞其民而用之，故長王天下。夫民勞則思，思則善心生；逸

年，卷9，頁 365。

〔註61〕《韓非子‧外儲說左》上亦記載這一則故事，內容略有不同，但意思一致：「曾子之妻之市，其子隨之而泣，其母曰：『女還，顧反，為女殺彘。』妻適市來，曾子欲捕彘殺之，妻止曰：『特與嬰兒戲耳。』曾子曰：『嬰兒非與戲也。嬰兒非有知也，待父母而學者也，聽父母之教，今子欺之，是教子欺也。母欺子，子而不信其母，非所以教也。』遂烹彘也。」《新譯韓非子》，傅武光、賴炎元註譯，臺北：三民書局，2000 年，卷 11，頁 411～412。

〔註62〕《韓詩外傳》，前引書，卷9，頁 366。

〔註63〕《新書》，前引書，卷6，頁 206。

則淫，淫則忘善；忘善則惡心生。沃土之民不材，淫也；瘠土之民，
莫不嚮義，勞也。是故天子大采朝日，與三公、九卿祖識地德，日
中考政，與百官之政事。師尹惟旅、牧、相宣序民事；少采夕月，
與大史、司載糾虔天刑；日入監九御，使潔奉禘郊之粢盛，而後即
安。諸侯朝修天子之業命，晝考其國職，夕省其典刑，夜儆百工，
使無慆淫，而後即安。卿大夫朝考其職，晝講其庶政，夕序其業，
夜庀其家事，而後即安。士朝受業，晝而講貫，夕而習復，夜而計
過無憾，而後即安。自庶人以下，明而動，晦而休，無日以怠。王
后親織玄紞，公侯之夫人加之以紘、綖，卿之內子爲大帶，命婦成
祭服，列士之妻加之以朝服。自庶士以下，皆衣其夫。社而賦事，
蒸而獻功，男女效績，愆則有辟，古之制也。君子勞心，小心勞力，
先王之訓也。自上以下，誰敢淫心舍力？今我，寡也，爾又在下位，
朝夕處事，猶恐忘先人之業。況有怠惰，其何以避辟！吾冀而朝夕
修我曰：『必無廢先人。』爾今曰：『胡不自安。』以是承君之官，
余懼穆伯之絕嗣也。」〔註64〕

公父文伯之母敬姜，勤而守家，本文以「勞」字訓其子，文中提及無論是天
子或庶民，無論是王后或民婦，無一人一日一時不勞也，主要在闡明勤勞與
修身、齊家、治國的關係。

　　傳統教育非常重視母親對子女的影響，就是因爲子女從小就受到母親身
教、言教影響的深遠。一般而言母親對子女的教育是針對日常生活的一言一
行，及生活習慣的培養，子女通常從母親身上學到生活的常識與經驗，並非
書本上的知識；透過生活經驗的傳承，婦女將本身的經驗談、道德感與價值
觀，投射在子女身上。不同風格的婦女，自會培育出不同風範的子女，而形
成與眾不同的「家風」，這正是女教的特質。

（二）侍奉父母舅姑

　　孝，是中國傳統的美德，「婦事舅姑，如事父母」，教導婦女孝順舅姑如
同孝順父母。將人倫的「舅姑」比擬天倫的「父母」，是對媳婦的一種叮嚀，
──視丈夫的父母爲自己的親生父母。「如」字於此透露出一個意涵，即「事
父母」與「事舅姑」本質是不同的；父母是血緣至親的天倫，舅姑卻是透過

〔註64〕《國語》，前引書，卷5〈魯語〉下，頁205。

婚禮形式而建立的人倫，「孝順舅姑」的叮嚀與儒家頌揚的天倫孝道並不同，因此特別提醒婦女要「事舅姑」如同「事父母」〔註65〕。近人陳東原說，禮教漸重之後，女子以極端柔順為生活標準。女子不必學怎樣做人，只應學怎麼做媳婦。（媳是對舅姑之稱，婦是對丈夫之稱，中國女子自來只有媳婦主義，沒有賢母良妻主義。）做媳婦的道理，戰國以後已形成了。女子未嫁，先講究事父母之道，作做媳婦的訓練〔註66〕。

《禮記‧內則》中記載不少關於婦女如何做媳婦的道理：

1. 梳飾整潔

> 婦事舅姑，如事父母：雞初鳴，咸盥、漱，櫛、縰、笄、總，衣紳。左佩紛帨、刀、礪、小觿、金燧，右佩箴、管、線、纊，施繫袠，大觿、木燧、衿纓、綦屨。〔註67〕

> 男女未冠笄者，雞初鳴，咸盥、漱，櫛、縰，拂髦，總角，衿纓，皆佩容臭，昧爽而朝，問「何食飲矣」？若已食則退，若未食，則佐長者視具。〔註68〕

> 婦人不飾，不敢見舅姑。〔註69〕

婦女在家或出嫁，侍俸父母舅姑之前，必先梳飾整潔，注意本身是否儀容端莊。

2. 性情柔順

事奉父母貴在能和顏悅色，因此「性情柔順」亦是古代婦女教育重要的課題之一。《禮記》中不少記載婦女應以柔順的性情侍奉父母舅姑，如：

> 婦順者，順於舅姑，和於室人。……是故婦順備而後內和理，內和理而後家可長久也。〔註70〕

> 以適父母舅姑之所。及所，下氣怡聲，問衣燠寒，疾痛苛癢，而敬抑、搔之。出入則或先或後，而敬扶持之。進盥，少者奉槃，長者奉水，請沃盥，盥卒，授巾。問所欲而敬進之，柔色以溫之，饘、

〔註65〕 李憶湘《兩漢魏晉女教「四德」觀研究》，臺灣大學中文研究所年碩士論文，2000年，頁23。

〔註66〕 《中國婦女生活史》，前引書，頁38。

〔註67〕 《禮記集解》下，前引書，卷27〈內則〉第12之1，頁727。

〔註68〕 同前註，頁730。

〔註69〕 同前註，卷10〈檀弓〉下第4之1，頁270。

〔註70〕 同前註，卷58〈昏義〉第44，頁1420～1421。

酏、酒、醴、芼、羹、菽、麥、蕡、稻、黍、粱、秫唯所欲，棗、栗、飴、蜜以甘之，堇、荁、枌、榆、免、薧、滫、瀡以滑之，脂、膏以膏之，父母舅姑必嘗之而后退。〔註71〕

在父母舅姑之所，有命之，應、唯敬對，進退、周旋慎齊，升降、出入、揖遊不敢噦、噫、嚏、咳、欠、伸、跛、倚、睇視，不敢唾、洟。寒不敢襲，癢不敢搔，不有敬事，不敢袒裼，不涉不撅，褻衣衾不見裡。〔註72〕

子婦孝者敬者，父母舅姑之命勿逆勿怠。若飲食之，雖不耆，必嘗而待；加之衣服，雖不欲，必服而待。加之事，人代之，己雖弗欲，姑與之而姑使之，而后復之。〔註73〕

父母有過，下氣怡色，柔聲以諫。諫若不入，起敬起孝，說則復諫；不說，與其得罪於鄉、黨、州、閭，寧孰諫。父母怒，不說而撻之流血，不敢疾怨，起敬起孝。〔註74〕

所謂孝「順」即是「順從」父母舅姑之心，因此侍奉父母舅姑在應對進退時，無論其態度爲何，必得小心翼翼，以順其心意。所以婦女在結婚前還須要一番教育：

是以古者婦人先嫁三月，祖廟未毀，教于公宮，祖廟既毀，教于宗室，教以婦德、婦言、婦容、婦功。教成，祭之，牲用魚，芼之以蘋藻，所以成婦順也。〔註75〕

通過「婦順」教育者，才能出嫁爲人媳。

3. 凡事必問

父母舅姑將坐，奉席請何鄉；將衽，長者奉席請何趾。〔註76〕

舅沒則姑老，冢婦所祭祀賓客，每事必請於姑，介婦請於冢婦。〔註77〕

婦將有事，大小必請於舅姑。〔註78〕

〔註71〕 同前註，卷27〈內則〉第12之1，頁728～729。
〔註72〕 同前註，頁734。
〔註73〕 同前註，頁736。
〔註74〕 同前註，頁737。
〔註75〕 同前註，卷58〈昏義〉第44，頁1421。
〔註76〕 同前註，卷27〈內則〉第12之1，頁733。
〔註77〕 同前註，頁739。
〔註78〕 同前註。

婦女結婚後，凡事都要請示舅姑，不可擅自專行，尤其是祭祀之事，而妯娌之間亦得奠重長媳的意見。

四、女紅教育

《易經・家人利女貞象》：「家人，女正位乎內，男正位乎外，男女正，天地之大義也。」〔註79〕即提出「男主外女主內」的觀念，正因爲「男外女內」的區隔，將婦女的生活圈子局限在家庭之內，因此「家務」理所當然就落在婦女的身上，所以婦女從小就被教導如何處理家務，祭祀亦屬於家務。

（一）擅長家務

《呂氏春秋・士容論・上農篇》：「后妃率九嬪蠶於郊，桑於公田。是以春秋冬夏皆有麻枲絲繭之功，以力婦教也。是故丈夫不織而衣，婦人不耕而食，男女貿功，以長生，此聖人之制也。」〔註80〕自國自家，所需女功甚多，因此上自后妃，下至一般平民庶婦，皆應熟悉女織，所以《禮記・內則》言婦女十歲即開始教導績麻、治絲、織紝、組紃等女功，這是婦女終身之事。

> 女子十年不出，姆教婉、娩、聽從；執麻枲，治絲繭，織紝、組、
> 紃，學女事，以共衣服，觀於祭祀，納酒漿、籩豆、菹醢，禮相助
> 奠。〔註81〕

婦女從十歲開始，直到出嫁爲止，除了要接受柔順聽從的德性教育外，還要學習做家事的技巧，舉凡養蠶取絲，織布製衣等等，都是學習的課程；另外，「觀於祭祀」亦是學習重點之一，從中學習祭祀的禮節，以作爲日後出嫁至婆家的準備。《周禮・內宰》就提出婦職的內容：

> 以婦職之法教九御，使各有屬，以作二事，正其服，禁其奇裓，展
> 其功緒。〔註82〕

《疏》曰：「婦職謂織紝爲一事，組紃又爲一事，縫線又爲一事，三者皆婦職也。」〔註83〕又《禮記・月令》云：

> 具曲、植、籧、筐，后妃齊戒，親東鄉躬桑。禁婦女毋觀，省婦使，

〔註79〕 《十三經注疏》，前引書，卷4，頁89。
〔註80〕 〔東周〕呂不韋召集門下賓客集體編寫，《新譯呂氏春秋》下，朱永嘉、蕭木註譯，臺北：三民書局，1995年，卷26，頁1587。
〔註81〕 《禮記集解》下，前引書，卷27〈內則〉第12之2，頁772。
〔註82〕 《十三經注疏》，前引書，卷7，頁110。
〔註83〕 同上。

以勸蠶事。蠶事既登，分繭稱絲效功，以共郊廟之服，毋有敢惰。
〔註84〕

既然織布裁衣與祭祀是婦職的工作，當然縫製祭祀的禮服亦是婦女平日的工作內容：

> 命婦官染采，黼、黻、文、章必以法故，無或差貸，黑、黃、蒼、
> 赤莫不質良，毋敢詐僞，以給郊廟祭祀之服，以爲旗章，以別貴賤
> 等給之度。〔註85〕

古代婦女從小就被訓練種種女功的技能，無疑是爲了增加農業時代的家庭勞動力與生產力。

（二）熟悉祭祀

「觀於祭祀」亦是女功之一，婦女十歲之後，由其家族的女性長輩成員教之祭祀的禮節，婦女必須熟悉祭祀時的祭品及祭祀時的細節。

1. 熟悉祭品

祭祀物品，如蘩、蘋等，婦女必熟知，《詩經·召南·采蘩》與〈召南·采蘋〉即說得很清楚：

> 于以采蘩，于沼于沚。于以用之，公侯之事，于以采蘩，于澗之中。
> 于以用之，公侯之宮。被之僮僮，夙夜在公。被之祁祁，薄言還歸。
> 〔註86〕

《詩序》云：「采蘩，夫人不失職也。夫人可以奉祭祀，則不失職矣。」〔註87〕
此詩言婦女采蘩以祭祀，其祭祀則不失職。

> 于以采蘋？南澗之濱；于以采藻，于彼行潦。于以盛之，維筐及筥；
> 于以湘之，維錡及釜。于以奠之？宗室牖下；誰其尸之？有齊季女。
> 〔註88〕

《詩序》云：「采蘋，大夫妻能循法度也。能循法度則可以承先祖奉祀也。」
〔註89〕此詩言婦人能采集祭品，謹奉祭祀。

〔註84〕《禮記集解》上，前引書，卷15〈月令〉第6之1，頁433。
〔註85〕同前註，頁458。
〔註86〕《十三經注疏》，前引書，卷1之3，頁47。
〔註87〕同前註，頁46～47。
〔註88〕《十三經注疏》，前引書，卷1之4，頁52～53。
〔註89〕同前註，頁52。

> 官備則具備：水草之菹，陸產之醢，小物備矣。三生之俎，八簋之
> 實，美物備矣。昆蟲之異，草木之實，陰陽之物備矣。凡天之所生，
> 地之所長，苟可薦者，莫不咸在，示盡物也。〔註90〕

水草之菹、陸產之醢、三生之俎、八簋之實、昆蟲立異與草木之實，這些都
是祭品，婦女將這些祭品準備好，才算是熟悉祭品，而且表現出其對祭祀的
用心。

2. 熟悉細節

古人重視祭祀，因為這是「孝順」的表現，《禮記‧祭統》：「祭者，所以
追養繼孝也。」〔註91〕然而祭祀的細節繁多而複雜，上自后妃，下至一般庶
民之婦，都必須熟悉祭祀的細節：

> 君在阼，夫人在房。大明生於東，月生於西，此陰陽之分，夫婦之
> 位也。君西酌犧、象夫人東酌罍尊，禮交動乎上，樂交應乎下，和
> 之至也。〔註92〕

舉祭時，國君由東邊走向西邊，在犧尊象尊中斟酒，夫人則在東邊罍尊中斟
酒，貴為夫人的婦女，必須熟悉這種細節，以免在祭祀時鬧出笑話。

> 大廟之內敬矣：君親牽牲，大夫贊幣而從；君親制祭，夫人薦盎；
> 君親割牲，夫人薦酒。卿大夫從君，命婦從夫人，洞洞乎其敬也，
> 屬屬乎其忠也，勿勿乎其欲其饗之也。〔註93〕

婦女「薦盎」、「薦酒」是在君親「制祭」、「割牲」之後，這種祭祀是在大廟
舉行，隆重而莊嚴，絲毫不得馬虎，所以婦女對這種細節更要熟悉，在行禮
過程中抱著虔敬忠誠的態度。

> 先期旬有一日，宮宰宿夫人，夫人亦散齊七日，致齊三日。君致齊
> 於外，夫人致齊於內，然後會於大廟。君純冕立於阼，夫人副、褘
> 立於東房。君執圭瓚祼尸，大宗執璋瓚亞祼。及迎牲，君執紖，卿
> 大夫從，士執芻，宗婦執盎從，夫人薦涗水。君執鸞刀，羞嚌，夫
> 人薦豆，此之謂「夫婦親之」。〔註94〕

在祭祀的前十一天，宮宰會預告夫人，夫人必須先散齋七天，再致齋三天，

〔註90〕《禮記集解》下，前引書，卷47〈祭統〉第25，頁1238。
〔註91〕同前註，頁1237。
〔註92〕同前註，卷24〈禮器〉第10之2，頁660。
〔註93〕同前註，頁663。
〔註94〕同前註，卷47〈祭統〉第25，頁1239～1240。

致齋時期間是不可與國君見面的，直到祭祀當天。祭祀當天，不只國君要身著祭服，夫人也要身著祭服，立在東房，等國君行禮後，執紖，宗婦再執盎，跟從夫人進獻浼水，待國君鸞刀差嚌後，夫人才能薦豆。像這樣的祭祀細節是很複雜的，不論是夫人，或是宗婦，只要是婦女，在婚前都必須熟知。

　　本章的「才德」指的是「才華」與「德性」，主要是以「德性」為主，「女子無才便是德」成為普遍觀念應是是在明代〔註95〕，因之，將「才」與「德」合稱以形容漢代的婦女並不為過。綜合以上，西漢宮廷婦女關於才德類的形象並不多，高祖薄姬的「仁善無爭」符合「夫婦有義」中的「相敬如賓」，在眾多嬪妃妻妾中，與劉邦保持適當距離，雖無寵，但是在宮廷權力鬥爭中，至少可以全身而退，遠離呂后的殺戮名單中，最後其子反脫穎而出登上帝位，且在成為太后後，亦僅守本份，不踰距，盡到為人母的責任，隨時警惕開導文帝，終使文帝於史壇留芳萬古；至於宣帝王后，情形與高祖薄姬相近，都是不見寵於帝王，但都教子有方，而王后所教之子並非己子，乃死去許后之子，然從其死後封為邛成太后，且其娘家子孫犯錯尚能得到赦免，可知王后對元帝的扶養教育是得到認同的；解憂公主本身的外交才華是到史家的肯定，其德性亦符合「三從」中的「出嫁從夫」，其和親後，一心一意輔佐其夫翁歸靡治理烏孫國，維繫與漢朝友好的關係，再嫁之狂王若非殘虐無道，以解憂公主為大局著想的性格，勢必仍會屈就輩份悖倫的胡俗風氣，但是肩負著漢朝與烏孫兩國和平的重責大任，使她一直存在危機意識：一旦自己的角色扮演稍有疏忽，數以萬計的百姓生命安危，甚至國家的存亡將在干戈中蕩搖。因此解憂公主不斷在婚姻的痛苦中妥協，並且以智慧一次又一次化解烏孫與漢朝的危機；至於擁有美貌才氣成帝班婕妤，其美德更是讚譽有佳，不僅勸戒成帝應親賢臣，更拒絕自己成為嬖女，或許是因為堅持聖賢之理，以致於性好漁色的成帝寧願選擇花言巧語的趙氏姊姐妹，班婕妤為求自保，只好退居長信宮供養太后，以遠離災禍；而平帝王后，其節操是其父王莽所遠遠不及，符合女教的「在家從父」及「重視貞節」，前述是成為王莽政治陰謀的一顆棋的因素，後述之基礎乃建立在其夫家為娘家父親所滅，而父親所作所為更是令她看不起，終於投火自焚。

<hr>

〔註95〕　〔明〕溫璜母陸氏《溫氏母訓》：「婦女只許粗識柴米魚肉數百字，多識字無益而有損也。」說明了當時社會已有不教女子讀書識字的趨向。《叢書集成初編》，北京：中華書局，1985 年，頁 1。

第二節　西漢宮廷婦女才德之形象

西漢宮廷婦女的才德形象並不多，但在豪奢及詭譎的後宮中，仍能秉持本身的德性，實屬難得，本文試分析西漢宮廷婦女才德的形象。

一、仁善無爭型——高祖薄姬

高祖薄姬，因其個性仁善無爭，不僅在高祖死後的後宮鬥爭中，得以保全性命，呂后死後，亦因爲仁善無爭的性格獲得朝中文武大臣的信任，而使自己的兒子得以登上皇帝之位。

《史記・外戚世家》記載薄姬出身微賤：

> 薄太后，父吳人，姓薄氏，秦時與故魏王宗家女魏媼通，生薄姬，
> 而薄父死山陰，因葬焉。〔註96〕

而薄姬與劉邦的相遇卻很戲劇化：

> 及諸侯畔秦，魏豹立爲魏王，而魏媼内其女於魏宮。媼之許負所相，
> 相薄姬，云當生天子。是時項羽方與漢王相距滎陽，天下未有所定。
> 豹初與漢擊楚，及聞許負言，心獨喜，因背漢而畔，中立，更與楚連
> 和。漢使曹參等擊虜魏王豹，以其國爲郡，而薄姬輸織室。豹已死，
> 漢王入織室，見薄姬有色，詔内後宮，歲餘不得幸。始姬少時，與管
> 夫人、趙子兒相愛，約曰：「先貴無相忘。」已而管夫人、趙子兒先
> 幸漢王。漢王坐河南宮成皋臺，此兩美人相與笑薄姬初時約。漢王聞，
> 問其故，兩人具以實告漢王。漢王心慘然，憐薄姬，是日召而幸之。
> 薄姬曰：「昨暮夜妾夢蒼龍據吾腹。」高帝曰：「此貴徵也，吾爲女遂
> 成之。」一幸生男，是爲代王。其後薄姬希見高祖。〔註97〕

薄姬爲高祖生下兒子後，並不得寵，但「塞翁失馬，焉知非福」，在高祖死後，呂后並不放過高祖寵愛的後宮嬪妃，尤其是可憐的戚夫人，但是薄姬因爲不得高祖的寵，因此得以保全性命：

> 高祖崩，諸御幸姬戚夫人之屬，呂太后怒，皆幽之，不得出宮。而
> 薄姬以希見故，得出，從子之代，爲代王太后。〔註98〕

由以上事蹟看來，薄姬的性格應是很溫和，不喜與人爭，因此進宮歲餘不得

〔註96〕《史記》，前引書，卷49，頁1970。
〔註97〕同前註，頁1970～1971。
〔註98〕同前註，頁1971。

幸，在喜獲麟兒後，雖希見高祖亦不怒不怨，終可在腥風血雨的後宮鬥爭中，全身而退，甚至因本身個性仁善使朝臣認爲與呂后迥異，而讓自己的兒子——代王繼承皇位：

> 代王立十七年，高后崩。大臣議立後，疾外家呂氏彊，皆稱薄氏仁
> 善，故迎代王，立爲孝文皇帝，而太后改號曰皇太后。〔註99〕

由《漢書·周勃列傳》中的這一段記述，更可以看出薄姬個性的溫和仁善：

> ……其後人有上書告勃欲反，下廷尉，逮捕勃治之。勃恐，不知置
> 辭。吏稍侵辱之。勃以千金與獄吏，獄吏乃書牘背示之，曰「以公
> 主爲證」。公主者，孝文帝女也，勃太子勝之尚之，故獄吏教引爲證。
> 初，勃之益封，盡以予薄昭。及繫急，薄昭爲言薄太后，太后亦以
> 爲無反事。文帝朝，太后以冒絮提文帝，曰：「絳侯綰皇帝璽，將兵
> 於北軍，不以此時反，今居一小縣，顧欲反邪！」文帝既見勃獄辭，
> 乃謝曰：「吏方驗而出之。」於是使使持節赦勃，復爵邑。〔註100〕

因爲薄姬的明理，救了周勃，也使自己的兒子不致錯殺朝中大臣而成爲昏君，《史記·張釋之傳》亦記述了薄姬教子有方，其子即使貴爲皇帝亦勇於認錯：

> 太子與梁王共車入朝，不下司馬門，於是釋之追止太子、梁王無得
> 入殿門。遂劾不下公門不敬，奏之。薄太后聞之，文帝免冠謝曰：「教
> 兒子不謹。」薄太后乃使使承詔赦太子、梁王，然后得入。文帝由
> 是奇釋之，拜爲中大夫。〔註101〕

文帝得以締造享譽盛世的「文景之治」，絕非是個人單獨所成，背後定有不少功臣的努力，而這些功臣當中，薄姬必列首席：其仁善無爭的性格使文帝免於同趙王如意被殺的命運；而在大臣商討王位繼承時，個性溫和仁善的薄姬，其子是優先人選；爾後薄姬的明理判斷，更使文帝免於昏君之譏，教子有道，亦使文帝得以重用眞正的人才，爲國家社稷服務，薄姬實堪爲人母表率。

二、謹愼無寵型——宣帝王后

宣帝王皇后乃邛成太后。史傳上對這位后妃的描述很少，僅《漢書·外戚傳·孝宣王皇后》記載邛成太后進宮之前曾有一段特殊的奇遇，「每當適人，

〔註99〕同前註。
〔註100〕《漢書》，前引書，卷40，頁2056。
〔註101〕《史記》，前引書，卷102，頁2753。

所當適輒死，故久不行。」而之所以會進宮是因為其父奉光「少時好鬥雞，宣帝在民間數與奉光會，相識。」〔註102〕所以宣帝即位後，即召入後宮為倢伃。

霍后被廢後，宣帝可憐許太子早年失母，且差點為霍后母女害死，所以就從後宮選一位「謹慎而無子」的妃子，立為皇后來輔養這位太子，邛成太后就雀屏中選了！但是立為皇后後，卻「希見無寵」，立后十六年，宣帝崩，元帝即位後，為皇太后，元帝崩；成帝即位，為太皇太后，由於成帝母亦姓王氏，故世號太皇太后為邛成太后。

邛成太后立后四十九年，年七十餘崩。從史傳的記載，我們僅得知邛成太后「謹慎」性格，至於她輔養元帝的過程是否為「良母」，我們不得而知，但是宣帝崩後，立為太后，元帝崩後，為太皇太后，應是倍為敬重，而且崩後，其娘家子孫勳坐法而免其侯，成帝太后還下詔曰：「孝宣王皇后，朕之姑，深念奉質共脩之義，恩結于心。惟邛成共侯國廢祀絕，朕甚閔焉。其封共侯曾孫堅固為邛成侯。」〔註103〕可見其份量，因此我們可以說邛成太后對於元帝的照顧應是受肯定的。

三、外交才女型——武帝劉解憂

劉解憂，一般稱為解憂公主〔註104〕，並非武帝親生女兒，而是楚王戊〔註105〕的孫女。解憂公主是西漢遠嫁烏孫的第二個公主，由於烏孫國王昆莫年老，使其孫岑陬「尚江都公主，生一女少夫。公主死，漢復以楚王戊之孫解憂為公主，妻岑陬。」〔註106〕解憂公主可說是西漢和親公主中難得的外交人才。細君公主在烏孫國僅四、五年即憂死，武帝為維持與烏孫國良好的關係，即以劉解憂為公主，嫁給烏孫國王岑陬。

沒想到岑陬早死，解憂公主依其俗嫁給繼承王位的季父大祿子翁歸靡，與翁歸靡生下三男兩女，後來翁歸靡過逝，烏孫貴人共從本約，立岑陬與匈

〔註102〕《漢書》，前引書，卷97上，頁3969。

〔註103〕同前註，頁3970。

〔註104〕高兵在〈西漢和親公主封號蠡測〉一文中認為「解憂」二字乃是漢政府復嫁宗室女妻烏孫王，考慮到岑陬年輕喪妻，又有幼女，當含有輔佐其君，替夫解憂之意，所以賜以「解憂」封號。前引述，頁15。

〔註105〕楚王戊於七國之亂中兵敗自殺，詳見《史記》，前引書，卷50〈楚元王世家〉與卷106〈吳王濞列傳〉。

〔註106〕《漢書》，前引書，卷96下〈西域傳〉，頁3904。

奴夫人所生之子泥靡爲昆彌〔註107〕──即烏孫國王，號狂王，適逢夫喪的解憂公主則再次依烏孫風俗嫁給應稱呼她爲母親的狂王。

　　對一個從小接受傳統思想的女子而言，夫死，再嫁侄子輩與子輩，無疑是亂倫，但是解憂公主爲了完成細君公主沒有完成的歷史使命，在痛苦與爲難中妥協了！這種犧牲小我，以成就大我的情操在封建時代是值得讚頌的，但令人喝采的是，在一次匈奴聯結車師欲侵略烏孫時，解憂公主以計謀解救烏孫國，維持烏孫與漢朝兩國的友好關係，展現她的外交才能：

> 昭帝時，公主上書，言「匈奴發 騎田車師，車師與匈奴爲一，共侵烏孫，唯天子幸救之！」漢養士馬，議欲擊匈奴。會昭帝崩，宣帝初即位，公主及昆彌皆遣使上書，言「匈奴復連發大兵侵擊烏孫，取車延、惡師地，收人民去，使使謂烏孫趣持公主來，欲隔絕漢。昆彌願發國半精兵，自給人馬五萬騎，盡力擊匈奴。唯天子出兵以救公主、昆彌。」漢兵大發十五萬騎，五將軍分道並出，語在〈匈奴傳〉。遣校尉常惠使持節護烏孫兵、昆彌自將翎侯以正五萬騎從西方入，至右谷蠡王庭、獲單于父行及嫂、居次、名王、犁汙都尉、千長、騎將以下四萬級，馬牛羊驢橐駝七十餘萬頭，烏孫皆自取所虜獲。還，封惠爲長羅侯。是歲，本始三年也。漢遣惠持金幣賜烏孫貴人有功者。〔註108〕

不只如此，她還建議漢朝天子，再遣公主，嫁給可能繼位爲烏孫國王的元貴靡，促使兩國永續的友好關係：

> 願以漢外孫元貴靡爲嗣，得令復尚漢公主，結婚重親，畔絕匈奴，願聘馬贏各千匹。〔註109〕

當時中臣子大鴻臚蕭望之以爲「烏孫絕域，變故難保，不可許。」但是昭帝認爲烏孫立下大功，因此以解憂弟子相夫爲公主，尚元貴靡，而且甚重其事，「置官屬侍御百餘人，舍上林中，學烏孫言，天子自臨平樂觀，會匈奴使者、外國君長大角抵，設樂而遣之。」〔註110〕以光祿大夫惠爲副，持節者四人，送相夫至敦煌。但是正逢烏孫國王翁歸靡崩，烏孫貴人共從本約，立岑陬之

〔註107〕　《漢書・西域傳》：「岑陬胡婦子泥靡尚小，岑陬且死，以國與季父大祿子翁歸靡，曰：『泥靡大，以國歸之。』」見《漢書》，前引書，卷96下，頁3904。
〔註108〕　同前註，頁 3905。
〔註109〕　同前註。
〔註110〕　同前註。

子泥靡爲昆彌，蕭望之以

> 烏孫持兩端，難約結。前公主在烏孫四十餘年，恩愛不親密，邊竟
> 未得安，此已事之驗也。今少主以元貴靡不立而還，信無負於夷狄，
> 中國之福也。少主不止，繇役將興，其原起此。〔註111〕

說服昭帝，只好暫停送相夫至烏孫國和親。

　　解憂公主再一次面臨困境，是嫁給暴虐無道的狂王，痛苦不已，不料屋漏偏逢連夜雨，翁歸靡與胡婦所生之子烏就屠殺了狂王，烏孫國因而發生內亂，這一變故使解憂公主措手不及，焦急萬分，因爲不設法阻止烏就屠，烏孫國可能倒向匈奴，這對漢、烏關係就會產生惡化，但解憂公主臨危不亂，大膽起用她的侍女馮嫽，用計說服了烏就屠，自願爲副王〔註112〕，使她自己的兒子元貴靡當上國王。烏孫與漢朝的關係在解憂公主的奔走下，更密切了！

　　不只如此，解憂公主還將自己的女兒嫁給龜茲〔註113〕國王，使龜茲成爲漢朝的外孫女婿：

> 時烏孫公主遣女來至京師學鼓琴，漢遣侍郎樂奉送主女，過龜茲。
> 龜茲前遣人至烏孫求公主女，未還。會女過龜茲，龜茲王留不遣，
> 復使使報公主，主許之。後公主上書，願令女比宗室入朝，而龜茲
> 王絳賓亦愛其夫人，上書言得尚漢外孫爲昆弟，願與公主女俱入朝。
> 元康元年，遂來朝賀。王及夫人皆賜印綬。夫人號稱公主，賜以車
> 騎旗鼓，歌吹數十人，綺繡雜繒琦珍凡數千萬。〔註114〕

龜茲國王娶解憂女兒，受其「半烏孫、半中國」血統的夫人影響，數度來漢廷朝賀，樂漢衣服制度，歸其國後，「治宮室，作徼道周衛，出入傳呼，撞鐘鼓」〔註115〕儼然使龜茲朝廷漢化，而其子承德自稱漢外孫，在成帝與哀帝朝，

〔註111〕同前註，頁3906。
〔註112〕《漢書・西域傳》：「楚主侍者馮嫽能史書，習事，嘗持漢節爲公主使，行賞賜於城郭諸國，敬信之，號曰馮夫人。爲烏孫右大將妻，右大將與烏就屠相愛，都護鄭吉使馮夫人說烏就屠，以漢兵方出，必見滅，不如降。烏就屠恐，曰：「願得小號。」宣帝徵馮夫人，自問狀。遣謁者竺次、期門甘延壽爲副，送馮夫人。馮夫人錦車持節，詔（馮）烏就屠詣長羅侯赤谷城，立元貴靡爲大昆彌，烏就屠爲小昆彌，皆賜印綬。」同前註，頁3907。
〔註113〕位於天山南麓，領地以今新疆維吾爾自治區庫爲中心，包括輪台、沙雅、新和、拜城、阿克陳、烏什等地。
〔註114〕同前註，頁3916。
〔註115〕同前註，頁3916～3917。

與漢朝廷往來更是密切。

　　解憂公主不只是位聰慧的女子，而且爲了漢朝大局著想，待在人生地不熟的烏孫國長達五十年之久〔註116〕，其膽識確實令人佩服，當了烏孫三代國母，輔佐了四位國王，影響該國的政治數十年。所幸在其年老時，上書宣帝得以回歸中土，終老在故鄉〔註117〕，比起同樣背負著「和親」這個重責大任的劉細君與王昭君，顯然是幸運多了。在解憂公主鍥而不捨的努力下，漢朝終於完成了與烏孫國的結盟，還附帶了與龜茲國友好的關係，解憂公主可說功不可沒。

四、才德兼備型──成帝班倢伃

　　漢代女文學家有女聖人之尊首推班倢伃，班倢伃乃班固的祖姑〔註118〕，是少數宮廷婦人不僅具有美貌，且才德俱備者。根據《漢書・外戚傳・孝成班倢伃》記載，漢成帝即位之初，班氏即選入後宮，「始爲少使，蛾而大幸，爲倢伃，居增成舍〔註119〕，再就館〔註120〕」〔註121〕，但沒有想到才生下一男，數月即夭折。

　　班氏的德性是有名的，在一次成帝遊於後庭，欲與班倢伃同車共遊，這對其他后妃而言，無疑是一大榮幸，但班氏卻推辭，其理由是：

> 觀古今圖畫，賢聖之君皆有名臣在側，三代末主乃有嬖女，今欲同
> 輦，得無近似之乎？

熟讀古籍的班倢伃，不僅告誡成帝的嬉樂，更希望他能多親近賢臣，成爲賢聖之君，成帝雖悻悻然，但還是「善其言而止」，而太后聽聞此事，則讚賞「古有樊姬，今有班倢伃。」〔註122〕

〔註116〕解憂公主於武帝太初年間（西元前104至101年）遠嫁烏孫國，至宣帝甘露三年（前51年）返國。

〔註117〕《漢書・西域傳》：「元貴靡、鴟靡皆病死，公主上書言年老土思，願得歸骸骨，葬漢地。天子閔而迎之，公主與烏孫男女三人俱來至京師。是歲，甘露三年也。時年且七十，賜以公主田宅奴婢，奉養甚厚，朝見儀比公主。後二歲卒，三孫因留守墳墓云。」同前註，頁3908。

〔註118〕《漢書》，前引書，卷10〈成帝紀〉，頁330。

〔註119〕應勛曰：「後宮有八區，增成第三也。」見《漢書》，前引書，卷97下〈孝成班倢伃〉，頁3984。

〔註120〕蘇林曰：「外舍產子也。」晉灼曰：「謂陽祿與柘觀。」同前註，頁3984。

〔註121〕同前註，頁3983～3984。

〔註122〕同前註，頁3984。

　　至於才華方面，〈孝成班倢伃傳〉記述班氏「誦《詩》、及〈窈窕〉、〈德象〉、〈女師〉之篇〔註 123〕。每進見上疏，依則古禮。」由此可見班氏對於《詩》及女箴知識及宮廷禮節，皆熟知。

　　鴻嘉三年（前 18 年），趙飛燕姊妹得寵，「譖告許皇后，班倢伃挾媚道，祝詛後宮，詈及主上」〔註 124〕，成帝因為痴迷趙氏姊妹，竟聽信讒言，廢掉許皇后，考問班倢伃，班氏回答：

> 妾聞「生死有命，富貴在天。」修正尚未蒙福，為邪欲以何望？使
> 鬼神有知，不受不臣之愬；如其無知，愬之何益，故不為也。〔註 125〕

「死生有命，富貴在天」〔註 126〕是子夏傳述的話，勸人應達觀認命，敬慎守禮，不作非分之想，班倢伃是一位有德的才女，所以才能適度引申這句話，表明她絕無祝詛他人的邪念。班氏這番誠心之言終於感動成帝而得到赦免，但是聰慧的班氏眼見趙氏姊妹的驕妒氣焰盛甚，為免日後禍及自身，所以自請供養太后於長信宮。班倢伃退處東宮，曾作賦自傷悼：

> 承祖考之遺德兮，何性命之淑靈，登薄軀於宮闕兮，充下陳於後庭。
> 蒙聖皇之渥惠兮，當日月之盛明，揚光烈之翕赫兮，奉隆寵於增成。
> 既過幸於非位兮，竊庶幾乎嘉時，每寤寐而累息兮，申佩離以自思，
> 陳女圖以鏡監兮，顧女史而問詩。悲晨婦之作戒兮，哀褒、閻之為
> 郵；美皇、英之女虞兮，榮任、姒之母周。雖愚陋其靡及兮，敢舍
> 心而忘茲？歷年歲而悼懼兮，閔蕃華之不滋。痛陽祿與柘館兮，仍
> 繦褓而離災，豈妾人之殃咎兮？將天命之不可求。白日忽已移光兮，
> 遂晻莫而昧幽，猶被覆載之厚德兮，不廢捐於罪郵。奉共養於東宮
> 兮，託長信之末流，共洒埽於帷幄兮，永終死以為期。願歸骨於山
> 足兮，依松柏之餘休。重曰：潛玄宮兮幽以清，應門閉兮禁闥扃。
> 華殿塵兮玉階菭，中庭萋兮綠草生。廣室陰兮帷幄暗，房櫳虛兮風
> 泠泠。感帷裳兮發紅羅，紛綷縩兮紈素聲。神眇眇兮密靚處，君不
> 御兮誰為榮？俯視兮丹墀，思君兮履綦。仰視兮雲屋，雙涕兮橫流。

〔註 123〕顏師古曰：「詩謂〈關雎〉以下也。〈窈窕〉、〈德象〉、〈女師〉之篇，皆古箴戒之書也。故傳云誦《詩》及〈窈窕〉以下諸篇，明《詩》外別有此篇耳。而說者便謂〈窈窕〉等即是《詩》篇，蓋失之矣。」同前註。
〔註 124〕同前註。
〔註 125〕同前註，頁 3984～3985。
〔註 126〕《論語·顏淵》，《十三經注疏》，前引書，頁 106。

顧左右兮和顏，酌羽觴兮銷憂。惟人生兮一世，忽一過兮若浮。已
獨享兮高明，處生民兮極休。勉虞精兮極樂，與福祿兮無期。〈綠衣〉
兮〈白華〉，自古兮有之。〔註127〕

從班倢伃這篇自傷賦中，可以看出她娓娓訴說自己在宮中貴爲倢伃的尊榮，
享受帝王的寵愛，更曾獨享與皇帝歡娛的日子，但好景不常，後宮佳麗如雲，
帝王很快地移情別戀，那種獨守空閨的痛楚，讓班倢伃清楚地意識與成帝之
間的濃情蜜意早已成爲過往雲煙，在無法力挽狂瀾之際，只好選擇看淡浮世
的名利與情感。

　　雖然這個抉擇是逼不得已，但班倢伃並沒有對花心的成帝發出怨懟之
辭，反而一再敘說皇帝曾疼愛自己的恩情，如：「蒙聖皇之渥惠兮，當日月之
盛明，揚光烈之翕赫兮，奉隆寵於增成。既過幸於非位兮，竊庶幾乎嘉時。」
又「雖愚陋其靡及兮，敢舍心而忘茲！」及「猶被覆載之厚德兮，不廢捐於
罪郵。」

　　這是很聰明的作法，因爲身處宮中，說帝王的不是，有可能使帝王惱羞
成怒，而感謝帝王的恩澤，說不定可以化危機爲轉機，在宮廷惡質的鬥爭環
境中，是夾縫中求生存的法則之一。

　　然而拱手將夫妻之間的情愛讓人，並不是一件很瀟灑的事，從「廣室陰
兮帷幄暗，房櫳虛兮風泠泠」與「府視兮丹墀，思君兮履綦，仰視兮雲屋，
雙涕兮橫流」及「顧左右兮和，酌羽觴兮銷憂」可以看出班倢伃的心境是非
常落寞的。但是班倢伃明白成帝對她的愛早已如「白日忽已移光兮」，所以在
無數個淒淸的晨昏裡，終於找到了生命的出口──「奉養于東宮兮，託長信
之末流，共洒埽於帷幄兮，永終死以爲期。願歸骨於山足兮，依松柏之餘休。」
對班倢伃而言，服侍太后，不問世事，遠離塵囂，是安養晚年的最好方法。

　　除了這篇〈自悼賦〉之外，班倢伃另有一篇重要的傳世作品，即〈怨詩〉。
關於〈怨詩〉〔註128〕，《玉臺新詠》記：

〔註127〕　《漢書》，前引書，卷97下〈孝成班倢伃傳〉，頁3985～3987。
〔註128〕　〈怨詩〉疑爲僞作，歷來爭論不休，最大爭論點在於班固是其後代，但是《漢
　　　　　書》卻無記載〈怨詩〉是爲班倢伃所作，其說最早見於《文心雕龍・明詩篇》：
　　　　　「辭人遺翰，莫見五言，所以李陵、班婕妤見疑于後代也。」見〔南朝梁〕
　　　　　劉勰著，詹鍈義證《文心雕龍義證》，上海：古籍出版社，1989年，卷6，頁
　　　　　185。關於〈怨詩〉眞僞問題，可參考方祖燊《漢詩研究》，臺北：正中書局，
　　　　　1969年，頁71～72；劉大杰《中國文學發達史》，臺北：華正書局，1991年，

昔漢成帝班倢伃失寵，供養于長信宮，乃作賦自傷，并爲怨詩一首。
〔註 129〕

〈怨詩〉即《文選》所收錄之〈怨歌行〉：

　　新裂齊紈素，皎潔如霜雪；裁爲合歡扇，團團似明月。出入君懷袖，
　　動搖微風發；常恐秋節至，涼風奪炎熱。棄捐篋笥中，恩情中道絕。
〔註 130〕

李善〈注〉引：「〈五言歌錄〉曰：〈怨歌行〉，古辭；然言古者有此曲，而班
倢伃擬之。倢伃，帝初即位，選入後宮，始爲少使，俄而大幸，爲倢伃，居
增成舍。後趙飛燕寵盛，倢伃失寵，希復進見。」〔註 131〕李善〈注〉意謂〈怨
歌行〉古辭已有：班倢伃失寵後，模擬古辭而作此詩，以「團扇」比喻自己
遭棄，且欲以此詩挽回成帝之心。鐘嶸《詩品》對此詩評價甚高：「漢倢伃班
姬，其源出於李陵。團扇短章，詞旨清捷，怨深文綺，得匹婦之致。」〔註 132〕

　　班詩託意團扇，首以齊紈皎潔如雪，比喻自己出身名門，志節高尚；再
以團扇隨君，表示得寵之情；再以秋扇見捐，透露失寵的恐懼，詩中「常恐
秋節至，涼風奪炎熱」可見所描述的季節爲仲夏，班氏以新製的合歡扇比喻
自己，喜的是能讓君王隨身攜帶，悲的是秋涼將至，君王不再需要，扇近似
「散」，合歡扇裁成，人卻離散，道盡見月圓而引發離散幽情！

　　班倢伃雖然貴爲宮廷后妃，擁有一般世人所享受不到的榮華富貴，但是
她仍舊逃脫不了封建社會皇室妻妾成群的婚姻悲劇，我們從她的作品看到了

第 7 章〈漢代的詩歌〉，頁 215；蕭滌非《漢魏六朝樂府文學史》，北京：人
民文學出版社，1984 年，頁 102～104；逯欽立〈漢詩別錄〉，收錄於《央央
研究院歷史語言所集刊》第 13 本，1948 年 9 月，頁 282～284；游適宏〈試
論「怨歌行」〉，收錄於《中華學苑》第 42 期，1992 年 3 月，頁 117～145；
胡品清〈班婕妤怨歌行中的扇子和普呂多姆的裂瓶中的扇子之比較〉，收錄於
《乾坤詩刊》第 4 期，1997 年 10 月，頁 6～7。綜合上述，除劉大杰認爲僞
作外，大抵認爲既無明確證據顯示〈怨詩〉爲僞作，而《文選》與《玉臺新
詠》均錄其詩於班倢伃名下，陸機與梁元帝等人亦認爲《怨詩》爲班倢伃之
作，且視其內容，〈怨詩〉之作者似乃爲班倢伃，且成於成帝鴻嘉三年（前
18 年）之後。

〔註 129〕〔陳〕徐陵編，〔清〕吳兆宜注，〔清〕程琰刪補《玉臺新詠箋注》，上京：
　　　　　中華書局，1985 年，卷 1，頁 26。
〔註 130〕《文選》，前引書，卷 27，頁 398。
〔註 131〕同前註。
〔註 132〕臺北：金楓出版社，1986 年，卷上，頁 60。

寫實意味濃厚的無奈心情，雖對她的遭遇充滿了同情，但對她的才華卻給予更高的藝術評價！

五、婉瘱有節型──平帝王后

平帝（前 8 年～5 年）王皇后，乃安漢公太傅大司馬王莽的女兒。平帝即位（1 年），僅是九歲孩童，由元后臨朝稱制，王莽秉政。王莽為使自身政權更為穩固，竟然自己的女兒嫁給身染疾病的小皇帝，婚後年餘，平帝即崩，可憐這位小皇后年紀輕輕就當起皇太后。

三年後，王莽篡漢，改皇太后為定安公太后，這時王皇后才十八歲，王皇后雖然是王莽的女兒，但是班固在〈孝平王皇后傳〉稱讚她「為人婉瘱有節操」，顯然與她父親的道貌岸然是南轅北轍。王皇后自其父篡漢後，常稱疾不朝，王莽欲令其改嫁，不從，乃更號為黃皇室主〔註133〕，且令立國成新公孫建的世子喬妝前去問疾，沒想到這位王皇后得知詳情，大怒不已，笞鞭一旁侍御，反而生了一場大病，王莽才沒有勉強這位倔強的女兒。

後來漢兵誅殺王莽，火燒至未央宮時，這位有節操的王皇后，萬分感慨，自認「何面目以見漢家」，於是投火自焚。或許這是她唯一的選擇，因為製造這場悲劇的不是別人，正是她自己親生的父親，這才是令人悚然的事實。

縱使是自己的父親，然而畢竟以不擇手段篡他人之國，終究非良臣所為，王莽之女並沒有隨著自己父親飛黃騰達而沾沾自喜，反而不認同其父所為，這是筆者肯定她的地方；但是投火自焚的強烈自殘手段，卻不是筆者所苟同的。

第三節　妻範母儀觀念之確立──班昭《女誡》

西漢宮廷婦女才德形象不多，或許是緣於先秦女教典籍的不明確，上古並不重視女子的道德教育，然自周公治禮作樂，孔子緣情以制禮，以至於漢代，禮法制度逐漸成型，對於婦女亦有較明確的規範，劉向有鑑於趙氏姊妹荒淫後宮，因此本著儒家的思想精神撰寫《列女傳》，以實例勸戒漢成帝不可荒淫，但顯然當時成效不彰；直到東漢（25 年～220 年）宮廷婦女以趙氏姊妹淫亂宮廷為鑑，於是才德后妃漸多，爾後班昭（49 年～120 年）更是遵循儒家的禮法來規範女性，撰寫《女誡》七章，以明文揭示女性的三從四德之

〔註133〕《漢書·孝平王皇后》，顏師古曰：「莽自謂土德，故云黃皇。室主者，若漢之稱公主。」前引書，卷97下，頁4011。

理，從此之後，中國才有具體的「妻範母儀」形象。本文主要是敘述班昭《女誡》中對於婦女應有的道德規範。

班昭，字惠班，一名姬，東漢扶風安陵（今陝西咸陽東北）人，是中國歷史上第一位女史學家和文學家。班氏一家在漢朝前後七代，對於兩漢的政治、軍事、外交及文學均有傑出的貢獻。父親班彪（3 年～54 年），字叔皮，是漢代著名儒學大師，晚年致力於《史記後傳》百餘篇；長兄班固（32～92），字孟堅，博通經史，繼承父志，以二十餘年的時間在《史記後傳》的基礎上完成曠世巨著——《漢書》；次兄班超（32 年～102 年），字仲升，投筆從戎，出使出域，對統一西域、安定東漢的西北邊境及發展中西交通和經濟文化的交流，有相當程度的貢獻。班昭在家學淵源的影響下，於史學、文學方面，乃至立身處世，均有很高的素養。

就史學而言，班昭最主要的貢獻在於整理並補成《漢書》〔註134〕；就文學而言，班昭一生著述甚多，所著賦、頌、銘、誄、問、注、哀辭、書、論、上疏、遺令，凡十六篇，然亡佚者多，今僅存《女誡》、〈東征賦〉、〈鍼縷賊〉、〈大雀賦〉、〈蟬賦〉、〈爲兄超求代疏〉、〈上鄧皇后疏〉、〈欹器頌〉等數篇，其中仍有殘缺不全，分別收入《後漢書》及清·嚴可均輯《全上古三代秦漢三國六朝文》、《全後漢文》中。

其中《女誡》可說是班昭在史學及文學方面的另一個貢獻——在中國婦女教育發展史上具有一定程度的意義與價值，歷來有人認爲《女誡》是繼承及總結中國古代婦女的的優良品德傳統，但也有人認爲《女誡》是替中國婦女套上沈重封建枷鎖的始作俑者，然不論如何，《女誡》開始中國婦女教育的先河，卻是不容置疑的。

下文主要是就《女誡》所呈現的內容作一探討，並審視其不合理性：

一、《女誡》之由來

班昭在《女誡·序》中明白揭示撰寫之由來：

鄙人愚暗，受性不敏，蒙先君之餘寵，賴母師之典訓。年十有四，執箕帚於曹氏，于今四十餘載矣。戰戰兢兢，常懼黜辱，以增父母

〔註134〕班固死後，其所著《漢書》尚有八表及〈天文志〉未完成，東漢和帝派班昭至東觀，利用皇家藏書，續成《漢書》；然班昭僅完成八表，〈天文志〉乃馬續補作，因此《漢書》可說是經班彪、班固、班昭及馬續四人，以三、四十年的時間完成。

之羞，以益中外之累。夙夜劬心，勤不告勞，而今而後，乃知免耳。
吾性疏頑，教道無素，恆恐子穀負辱清朝。聖恩橫加，猥賜金紫，
實非鄙人庶幾所望也。男能自謀矣，吾不復以爲憂也。但傷諸女方
當適人，而不漸訓誨，不聞婦禮，懼失容它門，取恥宗族。吾今疾
在沈滯，性命無常，念汝曹如此，每用惆悵。閒作《女誡》七章，
願諸女各寫一通，庶有補益，禪助汝身。去矣，其勗勉之！〔註135〕

由此可知班昭之《女誡》乃是她自從十四歲嫁入曹家，四十年來戰戰競競，
深恐「黜辱」，使其父母蒙羞的經驗之談，時班昭之子已能自立，無需憂心，
而其女兒方才嫁人，深恐其不知婦禮，使家族蒙羞，爲了教育其女，因此撰
寫《女誡》七章。

　　《女誡》共七個主題，即〈卑弱〉、〈夫婦〉、〈敬慎〉、〈婦行〉、〈專心〉、
〈曲從〉與〈和叔妹〉，每一章可說是班昭對其女講解爲人妻的道理，「這七
個主題合起來是班昭心目中中國婦女教育的核心，也可說是她對中國婦女的
一個理想型的塑造。」〔註136〕

二、《女誡》之婦女地位

　　《女誡》中明白揭示婦女出生及其出嫁後，在家庭中的地位。

（一）出生時之地位

　　《女誡》中首章〈卑弱〉，開宗明義即揭示婦女一出生卑弱的地位：

　　古者生女三日，臥之床下，弄之瓦塼，而齋告焉。臥之床下，明其
　　卑弱，主正人也。弄之瓦塼，明其習勞，主執勤也。齋告先君，明
　　當主繼祭祀也。三者蓋女人之常道，禮法之典教矣。〔註137〕

古代婦女出生三天，即將之臥於床下，給予瓦塼玩弄，瓦塼代表「紡塼」，明
白表示紡織是婦女一生的職責。自古以來，婦女紡紗織布，料理家事，似乎
是天經地義的事，因此「臥之床下」、「弄之瓦塼」後，還得慎重其事「齋告
先君」，而「臥之床下」、「弄之瓦塼」、「齋告先君」都是爲了讓婦女「明其卑
弱」、「明其習勞」及「明當主繼祭」，這三者是婦女的常道，禮法的典教。因

〔註135〕《後漢書》，前引書，卷84〈列女傳〉第74，頁2786。
〔註136〕黃嫣梨〈班昭與《女誡》〉，收錄於〈妝臺與妝臺以外〉——中國婦女史研究
　　　　論集，香港：牛津大學出版社，1999年，頁8。
〔註137〕《後漢書》，前引書，卷84〈列女傳〉第74，頁2787。

爲婦女一出生即有這樣的命運，所以被教育成要「卑弱下人」、「執勤」與「繼祭祀」：

　　卑弱下人：

　　　謙讓恭敬，先人後己，有善莫名，有惡莫辭，忍辱含垢，常若畏懼。

　　執勤：

　　　晚寢早作，勿憚夙夜，執務私事，不辭劇易，所作必成，手跡整理。

　　繼祭祀：

　　　正色端操，以事夫主，清靜自守，無好戲笑，絜齊酒食，以供祖宗。

唯有「三者苟備，而患名稱之不聞，黜辱之在身，未之見也。三者苟失之，何名稱之可聞，黜辱之可遠哉！」〔註 138〕

　　《女誡》開宗明義即言女子宜「卑弱」，「卑」是主旨，應是受中國傳統「男尊女卑」的思想影響所致，《周易正義・序》：「天尊地卑，乾坤定矣；卑高以陳，貴賤位矣」〔註 139〕，又〈繫辭〉上：「乾道成男，坤道成女」〔註 140〕，這是把男比喻爲天，把女比喻爲地；「弱」則是針對男女體質不同而言，與「男以強爲貴」相對。

　　班昭認爲古代婦女的教育以卑下、柔弱爲美，符合老子「柔弱勝剛強」及〔註 141〕「柔弱生之徒」〔註 142〕的道理，正因爲婦女的地位卑弱，不能登大雅之堂，所以其最大的職責就是爲父權社會服務，扮演輔佐丈夫的角色，當一名稱職的賢內助。

（二）出嫁後之地位

　　《女誡》第二章〈夫婦〉及第六章〈曲從〉與第七章〈和叔妹〉則說明婦女結婚後，在夫家的地位爲何。

　　　夫婦之道，參配陰陽，通達神明，信天地之弘義，人倫立大節也。
　　　是以《禮》貴男女之際，《詩》著〈關雎〉之義。由斯言之，不可不
　　　重也。夫不賢，則無以御婦；婦不賢，則無以事夫。夫不御婦，則
　　　威儀廢缺；婦不事夫，則義理墮闕。方斯二事，其用一也。察今之

〔註 138〕同前註。
〔註 139〕《十三經注疏》，1815 年阮元刻本，臺北：藝文印書館，頁 3。
〔註 140〕同前注，卷 7，頁 144。
〔註 141〕余培林註譯《新譯老子讀本》，臺北：三民書局，1990 年，第 36 章，頁 67。
〔註 142〕同前註，第 76 章，頁 113。

君子，徒知妻婦之不可不御，威儀之不可不整，故訓其男，檢以書傳，殊不知夫主之不可不事，禮義之不可不存也。但教男而不教女，不亦蔽於彼此之數乎！《禮》，八歲始教之書，十五而至於學矣。獨不可依此以為則哉！〔註143〕

班昭在講夫婦之道時，並沒有把受教權全置於男子身上，她認為家庭教育是繫於夫婦二人，不只男子需受教，女子亦應受教，這是首次提出男女有平等受教權力的呼籲，在古老的父權社會中是難能可貴的。蓋儒家思想以修身、齊家、治國、平天下為修養哲學，所謂家齊而後國治，國治而後天下平，家庭的重要性由此可見，而婦女則被賦予相夫教子的重責大任，唯有賢婦才能達此任務，因此婦女當然必須接受教育的薰陶。

然而在古老的大家庭中，夫家還有公婆與小叔小姑，身為媳婦的婦女該如何與之相處：

舅姑之心，豈當可失哉？物有以恩自離者，亦有以義自破者也。夫雖云愛，舅姑云非，此所謂以義自破者也。然則舅姑之心奈何？固莫尚於曲從矣。〔註144〕

所謂曲從就是「猶宜順命，勿得違戾是非，爭分曲直。」〔註145〕對公婆之意，只能曲從其意，不能有任何曲直之爭，如此才能討公婆的歡心，家庭才能和協。這是站在孝順的立場，一個嫁入夫家的婦女，如果不曲從丈夫之意，順從公婆之心，那麼必定難以有和平融洽的家庭，為了「家和萬事興」，婦女在某種程度上確實得做必要的犧牲。

至於與小叔小姑的相處，更是得小心翼翼，拿捏洽到好處：

婦人之得意於夫主，由舅姑之愛己也；舅姑之愛己，由叔妹之譽己也。由此言之，我臧否譽毀，一由叔妹，叔妹之心，復不可失也。皆莫知叔妹之不可失，而不能和之以求親，其蔽也哉！自非聖人，鮮能無過。故顏子貴於能改，仲尼嘉其不貳，而況婦人者也！雖以賢女之行，聰哲之性，其能備乎！是故室人和則謗掩，外內離則惡揚。此必然之執也。《易》曰：「二人同心，其利斷金。同心之言，其臭如蘭。」此之謂也。夫嫂妹者，體敵而尊，恩疏而義親。若淑

〔註143〕《後漢書》，前引書，卷84〈列女傳〉第74，頁2788。
〔註144〕同前註，頁2790。
〔註145〕同前註。

> 媛謙順之人，則能依義以篤好，崇恩以結援，使徽美顯章，而瑕過
> 隱塞，舅姑矜善，而夫主嘉美，聲譽曜于邑鄰，休光延於父母。若
> 夫惷愚之心，於嫂則託名以自高，於妹則因寵以驕盈。驕盈既施，
> 何和之有！恩義既乖，何譽之臻！是以美隱而過宣，姑忿而失慍，
> 毀譽布於中外，恥辱集于厥身，進增父母之羞，退益君子之累。斯
> 乃榮辱之本，而顯否之基也。可不慎哉！然則求叔妹之心，固莫尚
> 於謙順矣。謙則德之柄，順則婦之行。凡斯二者，足以和矣。〔註146〕

班昭認為嫁入夫家之婦，目的就是在討丈夫的歡心，而丈夫的歡心來自公婆
的寵愛，至於公婆的寵愛則與小叔小姑對其是否讚譽有關，因此與小叔小姑
和平的相處在大家庭是很重要的。如果彼此都是「淑媛謙順」之人，自然能
和睦相處，達到「聲譽曜于邑鄰，休光延於父母」；反過來，這當中，有人「託
名以自高」，或者「因寵以驕盈」，那麼這家庭必定紛爭四起，唯恐家醜外揚，
因此只有為人媳者妥協，因為基於「室人和則謗掩，外內離則惡揚」之理，
而且為了當一名稱職的賢婦，維持良好的婚姻關係，必要的犧牲是免不了的，
殊不知風評甚佳的賢婦背後隱藏著多少忍氣吞聲。

三、《女誡》之婦女特質

班昭在《女誡》首章即是「卑弱」，顯然她認為中國傳統婦女的美德是以
柔弱為美，茲述其特質如下：

（一）敬　慎

《女誡》第三章〈敬慎〉談及陰陽殊性，男女有別，男以陽剛為德，女以
陰柔為用，因此婦女以弱為美，而「弱」避「剛」的不二法門當然就是「敬順」：

> 陰陽殊性，男女異行，陽以剛為德，陰以柔為用，男以彊為貴，女
> 以弱為美。故鄙諺有云：「生男如狼，猶恐其尪；生女如鼠，猶恐其
> 虎。」然則修身莫若敬，避彊莫若順。故曰敬順之道，婦人之大禮
> 也。夫敬非它，持久之謂也。夫順非它，寬裕之謂也。持久者，知
> 止足也。寬裕者，尚恭下也。夫婦之好，終身不離。房屋周旋，遂
> 生媟嬻，媟嬻既生，語言過矣。語言既過，縱恣既作。縱恣必作，
> 則侮夫之心生矣。此由於不知止足者也。夫事有曲直，言有是非。
> 直者不能不爭，曲者不能不訟。訟爭既施，則有忿怒之事矣。此由

〔註146〕同前註，頁2791。

於不尚恭下者也。侮夫不節，譴呵從之；忿怒不止，楚撻從之。夫
爲夫婦者，義以和親，恩以好合，楚撻既行，何義之存？譴呵既宣，
何恩之有？恩義俱廢，夫婦離矣。〔註147〕

顯然班昭認爲婦女之大禮乃「敬順」，至於「恩義」則夫婦相處之道。敬，是
禮教之本，《孝經・廣要道章》：「禮者，敬而已矣。」〔註148〕因此敬順乃是婦
女的大禮，這是基於《孟子・滕文公》下所言：「女子之嫁也，母命之，往送
之門，戒之曰：往之女家，必敬必戒，無違夫子，以順爲正者，妾婦之道也。」
〔註149〕然而敬不只是女子要敬，丈夫也要敬，《論語・子路》：「居處恭，執事
敬。」〔註150〕又〈憲問〉：「脩己以敬。」〔註151〕敬是日常生活中的修身養性，
假使夫婦都能彼此「敬順」，那麼就會出現令人稱羨的「相敬如賓」的婚姻形
象。

（二）四　德

　　班昭在《女誡》的第四章〈婦行〉提出一個很相當重要的觀念，就是「四
德」：「女有四行，一曰婦德，二曰婦言，三曰婦容，四曰婦功。」這「四德」
與「三從」幾乎成了封建時期廣大婦女的金科玉律，逾矩不得，唯恐慘遭「七
出」的命運。因此歷來談論女權者總把「三從四德」說成是禁錮中國婦女千
年以來沈重的枷鎖，我想這是要爲班昭辯解的。試看班昭對「四德」的解釋：

> 婦德：不必才明絕異也；清閑貞靜，守節整齊，行己有恥，動靜有法。
>
> 婦言：不必辯口利辭也；擇辭而說，不道惡語，時然後言，不厭於人。
>
> 婦容：不必顏色美麗也；盥浣塵穢，服飾鮮絜，沐浴以時，身不垢辱。
>
> 婦功：不必工巧過人也；專心紡績，不好戲笑，絜齊酒食，以奉賓
> 　　　客。〔註152〕

由此可見，班昭所謂的「四德」只不過是要求婦女平素的行爲要檢點，舉止
要合宜有法度，說話恰如其分，不口出惡言，隨時保持身體的清潔，與衣飾
的乾淨，而且勤於操持家務，善待臨門的賓客；並沒有要求婦女非得才情洋
溢，美如天仙不可，也沒有要求得口若懸河，手藝過人不可。這些要求即使

〔註147〕同前註，頁 2788～2789。

〔註148〕《十三經注疏》，前引書，卷6，頁44。

〔註149〕同前註，卷6上，頁108。

〔註150〕同前註，卷13，頁118。

〔註151〕同前註，卷14，頁132。

〔註152〕《後漢書》，前引書，卷84〈列女傳〉第74，頁2789。

從今日的眼光看來都不過分，做起來也不困難，正如班昭所「爲之甚易，唯在存心耳。」〔註153〕

（三）專　心

班昭在《女誡》第五章〈專心〉提出「貞女不嫁二夫」、「從一而終」的觀念：

> 《禮》，夫有再娶之義，婦無二適之文，故曰夫者天也。天固不可逃，夫固不可離也。行違神祇，天則罰之；禮義有愆，夫則薄之。故〈女憲〉曰：「得意一人，是謂永畢；失意一人，是謂永訖。」〔註154〕

這是從「男尊女卑」、「天尊地卑」的觀念而來，「夫者天也」，天是跳脫不了的，所以爲人妻者不能離開丈夫，即使他惡貫滿盈，《白虎通義·嫁娶》：「夫有惡行，妻不得去者，地無去天之義也。……故《禮記·效特牲》曰：『壹與之齊，終身不改，故夫死不嫁。』」〔註155〕甚至丈夫已過逝，婦人都不能再嫁，《儀禮·喪服》：「婦人不貳斬者，猶曰不貳天也。」〔註156〕既然婦人一生都得跟從丈夫一人，那她就必須討丈夫的歡喜，雖說如此，但也不是要諂媚奉承，而是全心全意地侍奉丈夫，態度嚴謹是非常重要的，如何態度嚴謹，即「專心正色」，何謂專心正色？就是：

> 禮義居絜，耳無塗聽，目無邪視，出無冶容，入無廢飾，無聚會群輩，無看視門戶，此則謂專心正色矣。

如果「動靜輕脫，視聽陝輸，入則亂髮壞形，出則窈窕作態，說所不當道，觀所不當視」就是不能專心正色，心要專，即非禮勿視、非禮勿聽、非禮勿言、非禮勿動；色要正，即衣飾樸實、儀容整齊，且合於禮義即可。

（四）謙　順

班昭在《女誡》的第六章〈曲從〉及第七章〈和叔妹〉都提出婦女與公婆及小叔小姑的相處要曲從謙順，基於家和萬事興，家醜不外揚，因此對於公婆及小叔小姑的要求，無論合不合理，爲人媳者得有雅量，而且無條件地全盤接納。

總而言之，《女誡》中的傳統婦女所呈現的乃是柔弱、曲從、敬慎、謙順、

〔註153〕同前註。
〔註154〕《後漢書》，前引書，卷84〈列女傳〉第74，頁2790。
〔註155〕《禮記集解》，前引書，卷26，頁707。
〔註156〕《十三經注疏》，前引書，卷30，頁359。

執勤、專心正色、三從四德等種種美德，就婦德而言，無須才高八斗，只要
行己有恥，動靜合禮即可；就婦言而言，無須辯才無礙，只須時然後言，擇
時而言即可；就婦容而言，無須面貌姣好，只要身不垢污，衣不塵穢即可；
就婦功而言，無須日織五匹，只要專心家務，擅長烹飪即可。整體而言，班
昭所要表現的正是中國女子特有的質樸之美、溫柔敦厚之美、內斂沈潛之美。

四、《女誡》之影響

班昭《女誡》一書可說是中國女教書的經典之作，舉凡夫婦之道、婆媳
問題、三從四德、男尊女卑，皆由此可窺。其影響如下：

（一）女教書之流佈

後世因《女誡》而寫成的女教書籍，不勝枚舉，茲舉如下〔註157〕：

《女訓》十六卷，西晉·李琬

《女則要錄》十卷，唐·長孫皇后

《女論語》一卷，唐·宋若莘、宋若昭

《古今內範》一百卷，唐·武則天

《內範要略》十卷，唐·武則天

《女訓》，唐·韋氏

《續曹大家女訓》十二章，唐·章氏

《女戒》一卷，唐·楊氏

《女儀》，唐·劉氏

《女孝經》一卷，唐·鄭氏

《賢訓篇》一卷，宋·莫氏

《內訓》一卷，明·太祖馬皇后

《內訓》一卷，明·成祖徐皇后

《女鑒》一卷，明·憲宗王皇后

《女範》八卷，明·王夫人

《女教經》，明·朱隆姬

《女誡衍義》一卷，明·夏雲英

《女誡雜論》一卷，明·徐淑英

〔註157〕各篇女教書內容介紹，請參考胡文楷《歷代婦女著作考》，上海：古籍出版社
書局，1985年。

《古今女鑑》，明・劉氏

《女範捷錄》一卷，明・王節婦

《女訓》一卷，明・世宗蔣太后

《女教篇》，明・鄭氏

《女鑑錄》，清・吳靜

《女訓》一卷，清・吳氏

《閨訓》十則，清・吳氏

《玄學言行纂》，清・李晚芳

《女訓》，清・李氏

《閨訓》三十一則，清・周氏

《女訓遺誨》，清・邵氏

《閨鑒》三卷，清・桃氏

《女學篇》，清・曾懿

《閨門小學》，清・馮氏

《女訓》，清・楊存

《曾氏女訓》，清・劉鑑

《閨教》四言一卷，清・龍氏

《女界模範》，清・聶芬

《閨訓十二則》，清・扈斯哈里氏

《家庭模範》，清・籛牟女子

《三字經》，清・黃唯女

到了明神宗時，班昭《女誡》與成祖徐皇后《內訓》、宋若莘、宋若昭《女論語》及王節婦《女範捷錄》更是合稱爲女四書〔註158〕。

（二）封建枷鎖

東漢時代，儒家道德秩序已遍及社會各角落，班昭以儒家的立場寫出《女誡》，不論其當初意圖如何，《女誡》最後成爲形式的教條，束縛著中國婦女卻是不爭的事實。千百年來無數的婦女在被教育成賢妻良母的過程中，無法思索禮法對她們的規範是否合理，即使明知不合理，也無能爲力，只能默默地接受命運的安排，「宿命說」似乎就成爲她們自我安慰的一種途經。

〔註158〕同上，P3。

　　《女誡》在封建的父權社會下，依然提出男女受教權的平等性，以及夫婦「相敬如賓」之道，確實值得歌頌，然而文中不少對婦女無理的要求，以致摧毀婦女的尊嚴，打壓其自信，矮化其人格，流毒之深，卻是值得借鑑的。如：

1. 卑弱地位

　　《女誡》中要求婦女將自己永遠擺在卑下的地位：

> 古者生女三日，臥之床下，弄之瓦塼，而齋告焉。臥之床下，明其
> 卑弱，主人下也。弄之瓦塼，明其習勞，主執勤也。齋告先君，明
> 當主繼祭祀也。三者蓋女人之常道，禮法之典教矣。〔註159〕

難道唯有如此，才能算是謹守婦道？這扼殺了多少中國婦女的自信，以及對未來毫無抵抗能力的認命！

2. 從一而終

　　《女誡》要求婦女對自己的丈夫專心一致，只許丈夫再娶，不許妻子改嫁：「《禮》，夫有再娶之義，婦無二適之文，故曰夫者天也。天固不可逃，夫固不可離也。」〔註160〕丈夫可三妻四妾地娶，但是婦女爲丈夫守節卻是天經地義，這根本就是父權主義作祟，封建時代多少的婦女就任由丈夫妻妾成群，而暗自躲在角落裡哭泣，還得大大方方的接納其他妻妾的存在，否則將被視爲妒婦；而丈夫死後，守節不嫁更是能獲得鄉里的稱頌，明清之後，更有「餓死事小，失節事大」、「烈女不嫁二夫，好馬不被二鞍」之說，多少的青春年華就埋葬在「貞節牌坊」這塊石頭裡。影響所及，民國之後的中國婦女，被動地等待第二春的幸福，成了感嘆中的美德，有情人終成眷屬似乎得等在最終的結局，直至今日，我們有幸見到現今的婦女，勇於去追求屬於自己第二春的幸福，積極開創屬於自己的未來。

3. 盲從無知

　　《女誡》要求婦女曲從公婆：

> 姑云不爾而是，固宜從令；姑云爾而非，猶宜順命。勿得違戾是非，
> 爭分曲直。此則所謂曲從矣。〔註161〕

不論公婆是非，一味的盲從，只是造就更多的遺憾，著名的〈孔雀東南飛〉與〈釵頭鳳〉的悲劇不就是夫婦二人盲從無知所造成的嗎？自古以來這種「愚

〔註159〕《後漢書》，前引書，卷84〈列女傳〉第74，頁2787。
〔註160〕同前註，頁2790。
〔註161〕同前註。

「孝」例子簡直多得不勝枚舉。

4. 沒有自我

再者，婦女因為風評掌握在小叔小姑手裡，所以也得緊緊籠絡小叔小姑之心：

> 婦人之得意於夫主，由舅姑之愛己也；舅姑之愛己，由叔妹之譽己也。由此言之，我臧否譽毀，一由叔妹，叔妹之心，復不可失也。
>
> 皆莫知叔妹之不可失，而不能和之以求親，其蔽也哉！〔註162〕

並非與小叔小姑維持良好的互動關係是錯的，而是前提竟是唯恐其在公婆前亂饒舌根，以致毀壞了她的形象，影響丈夫對她的寵愛，因此不論小叔小姑人品為何，極力籠絡即沒錯，如此一來，即使受了再高等教育的婦女，似乎一旦嫁為人媳後，即沒有自我，沒有是非判斷的權力，只是一味地跟從教條走，這是很悲哀的。

其實，班昭的《女誡》不僅繼承和發展中國古代婦女的傳統美德，且是她多年持家處世、教育子女、身體力行的經驗總結，無怪乎馬融讀後，「善之，令妻女習焉。」〔註163〕觀看《女誡》內容確實保留不少關於中國古代婦女優良的品德內容，以及如何正確地處理家庭的關係；然而有些言論的流毒，卻是不可不察，我們研讀《女誡》應取其菁華，去其糟粕，如此才能構築符合當代婦女現實的教育意義，而不是一味盲從，或一味的批判。

西周之後，父系社會確立，中國的社會從此進入男尊女卑、男主女從的時代。漢代講究禮法，禮教制度裁定，女子的壓迫則日趨嚴格。宋代理學興起，注重禮教，但對男子與女子卻有雙重的道德標準〔註164〕，且纏足陋俗普及〔註165〕，造成婦女的地位降至谷底。明末「女子無才便是德」的觀念復起，

〔註162〕同前註，頁 2791。

〔註163〕同前註，頁 2792。

〔註164〕〔宋〕程頤《近思錄》：「餓死事極小，失節事極大」原是對自身的要求，然後世好事者卻以此言反對孀婦再嫁。見朱熹纂編，江永集註《近思錄》，臺北：廣文書局，1981 年，卷 6〈齊家之道〉，頁 5。但在《性理大全書》又言：「妻不賢，出之何害。」見〔明〕胡廣編《性理大全書》，臺北：商務出版社，1983 年，卷 2〈人倫〉15，頁 2～3。因此男子可以出妻，女子卻不能再嫁的雙重道德標準，於此成立。

〔註165〕纏足的起源及盛行說法頗多爭議，但各家爭論觀點僅由少數詩詞勉強支撐，難以定論。然由南宋‧車若水《腳氣集》痛陳纏足之弊推斷，纏足陋俗在宋代應是普遍存在的現象。見〔南宋〕車若水《腳氣集》，《景印文淵閣四庫全

到了清代，累積了兩千多年的禮教壓抑到了極點，陳東原說中國婦女的非人生活，到了此時算是「登峰造極」了〔註166〕！

　　古代的中國是個宗法社會，重男輕女的觀念很深，因為男子可以祭祀祖宗，供養父母，而女子嫁出去就是夫家的，因此男子握有一切主宰的權柄，女子不過是男子的附庸而已，地位不僅低落，性命的價值甚至與瓦礫相去無幾，古代貧寒之家有賣女為婢、或賣入青樓為娼，此不足為奇，殺女之俗才可怕。這陋俗大約始於春秋戰國：

> 父母之於子也，產男則相賀，產女則殺之。此俱出父母之懷衽，然
> 男子受賀，女子殺之者，慮其後便、計之父長利也。故父母之於子
> 也，猶用計算之心以相待也。〔註167〕

魏晉南北朝時，殺女之風仍舊，《顏氏家訓·治家第五》：

> 世人多不舉女，賊行骨肉，豈當如此，而望福於天乎？〔註168〕

到了宋代，殺女之風大熾：

> 渚間田野小人，只養二男一女，過此輒殺之，尤諱養女，…女初生，
> 輒以冷水浸殺。〔註169〕

史頁中女性斑斑的血淚，令人不忍卒讀！到了清末，殺女風氣更是變本加厲，即使是民國以後，中國亦有殺害女嬰事例，後雖經嚴令禁止〔註170〕，但是中共治理後，中國大陸的人口眾多一直是問題，從1972年的3胎及1974年的2胎，到七十年代末「一對夫婦只生一個孩子」的政策〔註171〕，在重男輕女的千年思想下，慘遭殺害的女嬰更是不計其數，原因無他——男尊女卑！

　　原本古老的中國即存在「男尊女卑」的觀念，但是女性地位尚不受實質條例規範，然而自從班昭《女誡》明文昭示女性應卑弱，加以儒生大力鼓吹後，婦女的地位在條文約束下每況愈下了，即使是今日，雖然兩性平權的觀念已獲重視，但是潛意識中，男子仍是優於女子。

　　書》516冊，臺北：商務印書館，1986年，頁865。
〔註166〕《中國婦女生活史》第八章〈清代的婦女生活〉，前引書，頁221。
〔註167〕《韓非子》，前引書，卷46〈六反篇〉，頁319。
〔註168〕《顏氏家訓》，前引書，卷1，頁42。
〔註169〕蘇東坡〈與朱鄂州書〉，轉引自李長年〈女嬰殺害與中國兩性不均問題〉，收錄在《中國婦女史論集》，前引書，頁217。
〔註170〕同前註，頁217～218。
〔註171〕〈中國大陸人口政策、現狀與問題·人口問題〉，摘自「中央大陸新聞電子報資料庫」：http://210.69.89.7/mnd/basic.html。

傳統社會對男女教育態度截然不同：讀書識字，考取功名是男性的權力，且以帝王將相或聖賢爲楷模，至於女性教育則以「三從四德」爲主，以賢妻良母爲目標，所以傳統社會中絕大多數女性大門不出、二門不邁，終其一生都被限制在家庭中。且自東漢‧班昭《女誡》以降，「夫爲妻綱」即劃定了女性從屬於男性的次級地位，毫無自主與價值可言，讀書識字不但對女性沒有助益，反倒成爲道德缺陷，因爲「女子無才便是德」，而較有能力外出作的職業婦女，如道姑、穩婆等三姑六婆〔註172〕，則被譏諷爲搬弄是非、不守婦道。中國歷代不乏女性文學家〔註173〕，但是她們的才情卻往往淹沒在以男性文人爲主的文學史中，除了少數如李清照、朱淑眞外，其餘鮮爲人知，這是一個對女性不公平的社會。

黃嫣梨在〈中國婦女教育之今昔〉一文中提及，古代婦女的教育太偏重於「婦德」而略於「才智」。而今日的婦女教育則剛好相反，太過於側重知識的灌輸與名位的薰染，而疏忽了培養女性底應有的母性慈愛及柔和美德。雖然，道德標準往往因時代而轉變，但人類生存於世上，總盼望各自有一個幸福溫暖的家。而一個國家或社會的平穩與興盛，也在乎這個國家或社會是否擁有無數安定美滿的家。安穩的家，是一個安定的國家或社會的最大根基；而每個家庭的基礎，必建立在母親底慈愛美麗的心窩裡。這個事實，是千古不渝的。因此，今日對於女性的教育，除了知識的栽培外，也應加以培養女子底天賦的才能，精神的特質，及其興味、感情、美麗與慈愛〔註174〕，筆者亦讚同此說，有關婦女教育在「才智」與「德性」其實是可以同步提昇的，忽略其一，則非理想的教育理念。

〔註172〕三姑，原指尼姑、道姑、卦姑；六婆，原指牙婆、媒婆、師婆、虔婆、藥婆、穩婆。這些人在從前都被認爲不是職業高尚的婦女。

〔註173〕楊家駱主編《歷代婦女著作考》，臺北：鼎文出版社，1973 年，即收集了四千餘名的女性作品；陳東原《中國婦女生活史》，臺北：商務印書館，1990年，頁 251〜274，亦有專節說明清代女性文學興盛的概況。

〔註174〕收錄於鮑家麟《中國婦女史論集　續集》，臺北：稻鄉出版社，1999 年，頁279。

第六章　結　論

　　女性主義學者西蒙・波娃曾分析，女性之所以成為女性並非天生，而是後天的形成，是人類文化的整體促使女性成了介於男性與無性中的「第二性」。於是女人被迫放棄了人皆生而有之的平等權，退居到男性身後，成了性別的附庸，從此生命的視線只剩下等待〔註1〕。

　　中國特有的宗法道德建構了女性從屬的地位，即使是貴為后妃、公主亦不能免。西漢是中國第一個由平民建立的封建王朝，也是女性思想由鬆散至定型的關鍵時期，因此從平民躍升為帝王之家來看婦女的地位，更有其特殊意義。

　　綜合本文所論，分別歸結如下：

一、女權尚重

　　人類社會起源於母系，已獲得普遍認同，至於中國古代社會是母系社會亦有文獻證明〔註2〕，雖然周公制禮作樂，已逐漸邁向父權社會，但是西漢是母權社會與父權社會混沌交界時期，由上文所及，可見西漢的女權尚重，茲歸納下列三點。

（一）母舅與妻舅

　　漢代帝王封舅氏為侯似乎已成定制，這亦是歷代封建王朝的慣例，舅有

〔註1〕 王明霞〈等待的顏色——關於《橘子紅了》〉，收錄於《自由時報・自由副刊》，2001 年 6 月 28 日。

〔註2〕 參見任達榮〈關於中國古代母系社會的考證〉及牟潤孫〈春秋時代母系遺俗公羊證義〉，皆收錄於鮑家麟編著《中國婦女史論集》，同前註，頁 1～50。

「母舅」與「妻舅」,「母舅」之親甚於「妻舅」,因此如果母后掌權,母舅之權更是倍受尊重,如高祖即位,呂氏外戚雖顯耀,但是呂后臨朝後,呂氏一門更是掌握朝中大權;《漢書‧外戚傳》亦有對元后掌權時「家凡十侯,五大司馬,外戚莫盛焉。」〔註3〕的記載;至於妻舅在朝中亦不會被忽視,文帝即位,竇皇后之兄竇長君與弟竇廣國即封爲將軍;衛子夫得寵,更是「一人得道,雞犬升天」;至於李夫人臨死前拒見武帝,爲的就是爲恐死後無法庇蔭娘家兄弟;而霍光之妻,爲算計其女爲后,不惜毒殺許后及其子,當然也是爲提高身爲妻舅之家的霍氏在朝中的地位與權力。

這種種事例,可以看出當某人爲帝王,其君臨天下時,身爲外戚的母舅與妻舅的權勢大多數會跟著「水漲船高」,也因此外戚在朝中自會形成一股勢力,勢力過大時,則又是一波外戚干政。

(二)子稱母姓

趙翼《廿二史箚記‧皇子繫母姓》提出漢代皇子未封之前多以母姓爲稱,如衛太子、史皇孫,此乃「蓋當時習尚如此」,而《漢書‧外戚傳》亦稱景帝原太子爲栗姬所生,故稱栗太子,宣帝許后之子則稱爲「許太子」,劉增貴在《漢代婚姻制度》一文說明這是因爲皇子不可稱姓（皇室皆姓劉,亦無須稱姓）,又不可稱名,故以母姓別之,且只是稱呼上的習慣〔註4〕。然筆者認爲姓氏取捨不定,是宗法婚姻勢力薄弱的證明,亦是母系社會的影響,母系社會在古老的中國必有一段很長的時間,不可能一朝一夕就改變,西漢正處於禮法落實的混沌時期,以母姓稱呼其子應是自古來以母系社會的「習慣」。

(三)公主地位頗高

從上文可以看出西漢公主具有頗高的地位,如平陽公主一手調教衛子夫,後來衛氏發生巫蠱事變,衛氏幾乎被滅門,可是身爲衛青之妻的她,史籍並無她連累受波及的記載;館陶公主承繼其母竇太后的遺產,且間接操縱太子的廢立,其女阿嬌曾貴爲武帝之后,雖然後來被廢退,但仍無損她的地位,且年老時與董偃的一段私情,武帝甚至還公開讚揚,死後亦可與董偃合葬;至於鄂邑公主輔養年僅八歲即父母俱喪的昭帝,其地位之顯更可想而知,若非不擇手段爲其私近子求取爵位一事,亦不會自殺身亡。

〔註3〕前引書,卷97下,頁3973。
〔註4〕前引書,頁147。

公主與后妃皆是帝王最親近的人，但是公主的生命歷程、地位及結局，顯然比后妃來得「好命」。

二、后妃參政的功過

曾經浮出歷史檯面上的少數女性政治人物，如呂后、武則天與慈禧太后等，總是遭受「牝雞司晨」的負面評價，那麼應該如何以客觀角度來處理婦女參政一事？筆者認為不應該以性別來論斷，后妃參政並非女權的代表，而是帝權的另一種呈現，因為后妃參政並不一定會帶來禍患，這是封建制度的流弊，與她的能力無關，更何況有些后妃的政治能力甚至比帝王還高。

以呂后為例，呂后乃高祖之妻，因戰亂而磨出堅毅的性格與不凡的膽識，立為皇后之後，又從處理國政中累積不少的實務經驗，甚至剷除功高震主且權力在握的韓信等大將，以確保劉氏江山的穩定。當高祖欲易儲時，又從張良之計，請來商山四皓，使高祖認為這是太子劉盈德性的感召，而保住了母子倆的地位，在惠帝即位後，長達十五年的臨朝稱制，秉承高祖休養生息的原則，施政之餘不忘減輕百姓的負擔，甚至容忍匈奴說婚之辱，從而使殘破已久的中原經濟日漸恢復。

然而後世談及呂后，莫不視為女主亂政之人，大肆抨擊其稱制之非，但是查考歷史，呂后除違反白馬之誓而大封諸呂，及「人彘事件」留下千古惡名外，對當時的百姓並無造成嚴重過失，甚至呂后的施政有安定天下、休養百姓的大功勞，因此司馬遷稱其在位時，「政不出房戶，天下晏然，刑罰罕用，罪人是希。民務稼穡，衣食滋殖。」〔註5〕可是史家自范曄至王夫之，對於婦女參政，卻不論功過，只問性別，且歸為女主亂政，試問：若由惠帝執政，仁弱的惠帝可以控制與高祖共同打天下、且兵權在握的諸位功臣嗎？或許陳平、周勃等人反而成為歷史上弄權的奸臣〔註6〕。

所謂的「女主政治」其實是父權社會與封建王朝的產物，後世以父權觀念評論呂后，使呂后死後被貼上「亂政」的標籤，影響所及武帝鉤弋夫人的生死，我們不可否認呂后是開啟東漢太后臨朝的先聲，但是如果西漢初沒有

〔註5〕《史記》，前引書，卷9〈呂太后本紀〉，頁412。
〔註6〕許欣薰〈呂后與漢初政治〉一文註23認為功臣殺了少帝及呂后所封的劉氏王，是以假造「非惠帝子」的藉口，可見其跋扈，立文帝除了母家謹良，主要取其仁義，忖為仁弱易制之主，更可知功臣們弄權秉政之心。收錄於《史化》26期，1998年6月，頁28。

呂后,會有後來的文景盛世、甚而武帝的大漢天威嗎?因此呂后雖有「過」,但仍有「功」。

古老的制度教育並沒有給予婦女行政管理的訓練,社會也不讚同她們接受政治教育,如此又怎麼能苛求她們有理想完美的表現呢?當然后妃對於朝政的影響,也許是因為帝王的寵愛,或是母后的主政,但這些都是帝制的附加產物,如果朝代的興亡必須找到禍源,也應是從經濟、政治、社會與軍事外交,而不是單一地歸咎婦女的參政。

三、宮廷婦女的悲哀

在富麗堂皇的後宮中,照理而言,宮廷婦女是不愁吃穿,且養尊處優的,但是多數人卻活在悲哀之處,茲述如下:

(一)后妃愛情的幻滅

被人冷落是一件十分尷尬的事,被所愛的人冷落更是一件可悲的事,如果被普通的人冷落,可以離開他,重新生活;但是被皇帝冷落,那就是一件極其悲哀的事了。因為既不能譴責、也不能責罵,更無法離開,對封建時代的皇帝而言,普天之下莫非王土,更何況只是一個女人,皇帝要的東西,沒人敢要,皇帝不要的東西,也沒人敢要。

所謂「伴君如伴虎」,嫁給皇帝本身就是一場悲劇,因為專制是沒有愛情的,真正的愛情是建立在男女雙方平等的基礎上,沒有平等的人格和地位,就不可能有真正的愛情,皇帝不可能與人平等,所以身為皇帝是很難有愛情,因此身在皇宮中的后妃是何其可憐:漢高祖喜歡年輕的戚夫人,曾經與他出生入死打下一片江山的患難之妻呂后亦沒輒;武帝喜歡能歌善舞的衛子夫,貴為長公主之女的陳后,以重金託司馬相如撰寫令人可歌可泣的〈長門賦〉,陳述她對武帝的一片深情,然而也是無奈地待在冷宮;譽為古之樊姬的班倢伃,勸誡成帝應多親近賢臣,結果還是退居長信宮;諸如此例,不可勝數。帝王不守諾言,不珍惜愛情的比比皆是,因為後宮佳麗眾多,然而這些后妃卻仍對愛情抱持忠貞的態度,可見后妃在錦衣玉食的物質生活中,其地位仍是處在一個極其卑微的地位,對她們而言,追求愛情的平等不過是一個難以實現的夢想。

(二)政治婚姻的無奈

身在宮廷中,雖然錦衣玉食,但最令人無奈的就是政治婚姻的犧牲,因

為出發點就是成為權勢者手中的棋子，西漢宮廷婦女中不少就是政治婚姻的犧牲者，如呂后的外孫女張后，嫁給自己的舅舅，成就呂后在權勢上的滿足；上官皇后亦是其父貪戀權勢而成了年輕的小皇后；平帝王后更是其父王莽欲攬漢廷政權的最佳媒介。這些政治婚姻的幸福與否，史書上並沒有記載，但是她們年紀輕輕即守寡卻是共同的命運，或許這已說明了政治婚姻的無奈。

（三）生子與不育的悲喜劇

中國是一個非常注重傳宗接代的國家，所謂「不孝有三，無後為大」，而人們往往又把是否有後的責任全推給女人，所以能生兒子的女人常常因此身價倍增，受盡尊寵。

在中國的皇室中，傳宗接代在以一姓血統統治一個王朝的皇帝之家，更是顯得迫切而重要。但是生了兒子的母親雖有顯貴的機會，卻更容易招惹災禍，西漢的后妃就是活在這種矛盾中，癥結點就在皇室所遵守的生子有德，母以子貴的倫理原則。歷代皇室的帝位繼承有一套嚴密的法定程序，就是皇太子的繼位法，這是源於嫡長子的繼承制，但還是有所變通的，皇子一旦被立為皇太子，就是帝位的接班人，不論是嫡或庶，長或幼，這種繼承法是要擇賢而立。歷代的帝王都非常注重廣衍子嗣，所以后妃生子對於皇室是有功勞的，只要是生下兒子，身價就會飛漲，即使是宮女也會有機會冊立為妃，一旦兒子被立為太子，身為母親的更是前程似錦，享受實際的皇后待遇，甚至因此而登上后位，而且兒子如果繼位為皇帝，生母即為皇太后，皇太后在皇室中的地位往往是至高無上的。

因此后妃們除了要努力生出兒子，也要防別人生出兒子，除了要替自己的兒子爭取皇太子之位，也要置別人的兒子於死地，因為後宮任何一位皇子都是潛在皇儲爭奪者。所以一場場殘殺人子人母的戲碼一再在宮中演出，每一個擁有兒子的后妃不管她是否主動攻擊別的母子，她都會成為別人攻擊的對象。

這種情形在西漢宮廷也不例外，生不出兒子的皇后，權勢地位可能不保，如景帝薄后、武帝陳后；但是生出兒子，即使只是懷孕，也好不到那裡去，如宣帝許后、成帝曹宮與許美人；然而鉤弋夫人不也生出兒子，其子且為皇太子，卻因為呂氏事件波及而性命不保。所以是否「母以子貴」在宮中似無一定之理，因為這在封建社會中，只是一齣又一齣的悲喜劇而已。

四、門第觀念尚未形成

所謂「門第觀念」是形成於司馬晉時代，是社會對家族聲望、地位高低的評價而來。然而隨著評價標準的不同，門第觀念也會有所轉變，這種現象在婚姻中最為顯著。漢高祖起於民間，漢初的新貴族大都來自下層階級，所以婚姻帶有強烈的平民色彩。就后妃出身微賤而言，皇室婚姻並不重視門第觀念，如武帝衛子夫是謳者，李夫人是倡進，成帝趙飛燕姊妹是舞伎出身等等，帝王之妻並未重視出身，可見當時門第觀念尚未形成，獨尊儒術的武帝，其后妃乃謳者、倡者，顯然禮法制度於當時仍寬鬆。

西漢皇室婚姻不重視門第觀念，反注重生育能力，這是因為漢代統治者標榜孝道，以孝治天下，「不孝有三，無後為大」的觀念是基於種族繁衍的發展及多子多孫多福氣的價值認同，為了帝祚後繼有人，只要有生育能力，即視為吉祥。如武帝母親王太后，即為再醮女，先嫁金王孫為妻，景帝時納入宮，生武帝，後立為皇后；武帝衛子夫，本為平陽公主之歌伎，後得幸武帝，納入後宮，因生太子劉據而立為皇后。后妃的出身既不講究，「立子以嫡不以長，立嫡以長不以賢」的宗法制度當然就不嚴格了，以致漢祚繼嗣多庶出，如文帝以代王入主帝位；武帝代栗太子而出；昭帝本為武帝鉤弋夫人之子，因衛太子被冤殺而立為太子；成帝無子，立定陶恭王之子為太子，等等例子顯示禮法制度於西漢並不嚴格。

五、禮法制度不嚴

禮法觀念是儒家所主張的倫常關係，而「家」是傳統社會的基礎結構，因此形成「家」的婚姻制度被視為人倫關係的開始，有其特殊意義，所謂「昏禮者，禮之本也。」〔註7〕然而從前述所敘之宮廷婦女形象來看西漢的婚姻結構，可以發現儒家之禮於西漢只是「理想制度」，並未實際落實。試述如下：

（一）婚娶不重倫理

在漢代的婚姻關係中，最明顯不合禮法觀念的就是「婚娶不論行輩」的現象，尤以皇室為最，如惠帝張后乃帝姊魯元公主之女，這是舅父與甥女為婚之例；宣帝霍后為帝之曾祖姨母；中山孝王娶衛姬，乃外甥娶姨母；哀帝傅后為哀帝之表姑母等等，此種與倫常違背的現象，在在顯示禮法制度於西漢只是案頭文章。以惠帝娶外甥為后，西漢未聞批評者，至東漢荀悅則從禮

〔註7〕《禮記集解》下，前引書，卷58〈昏義〉第44，頁1418。

法加以攻擊：

> 夫婦之際，人道之大倫也。……姊子而爲后，　於禮而黷於人情，
>
> 非所以示天下，作民則也。群臣莫敢諫，過哉。〔註8〕

這是因爲東漢禮法觀念不斷加強，相對西漢而言較爲澆薄。

　　另外附帶一提，漢代婚姻除不論行輩，亦崇尚早婚，所以呈現早婚早育的現象，如漢昭帝八歲即位，十一歲立上官氏爲后，時皇后僅六歲，至於民間男十五而娶，女十三而嫁，亦相當普遍，當時宣帝大夫王吉曾評批這種現象是「夫婦，人倫大綱，夭壽之萌也。世俗嫁娶太早，未知爲人父母之道而有子，是以教化不明而民多夭。」〔註9〕西漢的早婚早育，人口質量反而降低，後期外戚專權，就是因爲皇帝年幼繼位，不能獨立執政，反造成母權凌上，政權旁落。

（二）和親政策的犧牲者

　　中國是一個多族群的國家，各族群在不同歷史的時空中，都曾經歷各種不同的戰亂情況，以西漢而言，北方的匈奴一直是莫大的威脅，爲了緩和匈奴的侵略，朝廷被迫採取和親的政策。

　　中國社會對於和親的基本觀念，源於家族親屬制度，社會結構是以婚姻關係結成家族，由家族擴大爲氏族，再發展爲社會國家，而古代中國即有「同姓不婚」的觀念，一則防止生理弊病，二則維持宗法秩序，於是氏族與氏族，部族與部族間的通婚，擴大異族之間的通婚，這種通婚，不論是自然形成或政治因素，均能使兩族或兩國之間，形成較爲密切的關係。然而胡俗畢竟與漢俗不同，胡俗：父死妻子，與儒家倫理嚴重違背，王桐齡研究漢唐和親政策，認爲和親與漢族倫理微有牴觸，故儒家最發達的東漢與宋明均不行此策〔註10〕，筆者看法亦同。試看上文所提三位和親公主：劉細君、劉解憂及王昭君，均面臨所嫁之昆莫或單于一死，即嫁給非其所生之子輩，甚至姪孫輩，而痛苦不已。

　　西漢雖然獨尊儒術，然因陰陽五行說和祥瑞、災異、讖緯迷信的結合，早已失去儒家原有的面貌，儒生所重視的是天人合一、天人感應，純儒精神

〔註8〕〔東漢〕荀悅撰，《漢紀》，臺北：商務出版社，1971年，卷5，頁41。

〔註9〕《漢書》，前引書，卷72〈王吉傳〉，頁3064。

〔註10〕王桐齡〈漢唐之和親政策〉，收錄在鮑家麟《中國婦女史論集　三集》，前引書，頁45。

不再；至於唐代佛道思想盛行，韓愈之所以要「文以載道」，正是因爲當時的儒學已衰落。從西漢採取和親政策與匈奴建立姻親關係，可見禮法制度在西漢尙未落實。

附帶一提，從和親的表象來看，漢唐呈現一片欣欣向榮、開拓進取的景象，其因和親而強盛，然宋明二朝因不和親而亡國，一興一亡雖然並不完全歸咎於和親，但和親政策能否施行，卻可顯現該朝的政治氣魄與宏大開展。

（三）男女之防寬鬆

漢初男女之防寬鬆不嚴，《漢書・地理志》記載鄭地「男女亟聚會，故其俗淫。」〔註 11〕燕地「賓客相過，以婦侍宿，嫁取之夕，男女無別，反以爲榮。後稍頗止，然終未改。」〔註 12〕衛地「有桑間濮上之阻，男女亦亟聚會，聲色生焉，故俗稱鄭衛之音。」〔註 13〕雖然只是少數地方，但可見當時男女之防尙未嚴格，然而禮法制度最重內外之分、男女之防，男女若無別，則易淫辟而生亂。

《禮記》中雖然不乏「男女授受不親」的主張，但是這些主張與當時的實際情況仍有相當差距，所以館陶公主不避人耳目，公開與董偃往來；鄂邑公主有私近子丁外人；敬武公主與其繼子薛況悖倫；趙氏姊妹與宮奴燕赤鳳，及別開一室與年輕少年淫浪後宮等，從這種種行爲可見禮法在西漢仍未發揮它的功能。

（四）貞節觀念淡薄

根據歷史記載，漢宣帝於神爵四年（前 58 年）曾詔賜「貞婦順女帛」，〔註 14〕這應是有史以來第一次褒獎貞順之事，但事實上，漢代婦女再嫁風氣卻頗盛。陳東原曾說漢代是貞節觀念由寬泛向嚴格的一個過渡時代，西漢孔光言：「夫婦之道，有義則合，無義則離。」〔註 15〕到了東漢，班昭提出：「夫有再娶之義，婦無二適之文。」〔註 16〕於是禮法逐漸嚴格，漢至宋，貞節觀念亦不斷加強，即使如此，宋以前婦女再嫁並不會被社會所不恥〔註 17〕，直

〔註 11〕《漢書》，前引書，卷 28 下〈地理志〉第 8 下，頁 1651。
〔註 12〕同前註，頁 1657。
〔註 13〕同前註，頁 1665。
〔註 14〕《漢書》，前引書，卷 8〈宣帝紀〉，頁 264。
〔註 15〕《漢書》，前引書，卷 81〈孔光傳〉，頁 3355。
〔註 16〕《後漢書》，前引書，卷 84〈列女傳〉第 74，頁 2790。
〔註 17〕董家遵〈從漢到宋寡婦再嫁習俗考〉，收錄收錄在《中國婦女史論集》，鮑家

到北宋，程伊川一句自我要求的「餓死事小，失節事大」，好事者將此句話套在婦女身上，終將中國婦女推向一個萬劫不復的境地。

西漢貞節觀念淡薄，反映在當時婚姻自由，及性生活較為開放，由「女有私夫」及「再嫁興盛」可看出，茲述如下：

1. 女有私夫

西漢男有外婦，女有私夫，是公開的秘密，但是男有外婦在夫權社會是很正常的，女有私婦則不多見，然而西漢皇室卻予以承認，如武帝姑母館陶公主寡居，年近花甲時卻寵幸董偃，武帝知情後，不以為重罪，反而呼為「主人翁」，兩人死後更是得以合葬；而武帝女兒鄂邑公主寡居，昭帝初立，仍以長姊身份入宮供養昭帝，卻私通丁外人，昭帝與霍光反而下詔書令丁外人侍奉長公主。這些都說明了當時貞節觀念較為淡薄。

2. 再嫁興盛

西漢再嫁之例，不勝枚舉，如高祖薄姬乃魏豹之妾；景帝王后，先嫁金氏；其母臧兒先適王仲，再適田氏；平陽公主，初嫁曹時，再嫁衛青；敬武公主先嫁張臨，再嫁趙欽，三嫁薛宣；至於宣帝外祖母王媼、元后母李氏、傅昭儀之母亦為改嫁者，這是皇室情形。其他《史》《漢》所見，另有陳平之妻再嫁陳平時已第六嫁，朱買臣之妻棄其而改嫁，卓文君寡居私奔司馬相如等等，可見西漢再嫁風氣確盛。然而隨著禮法制度漸趨嚴密，貞節觀念亦逐漸受到重視。

西漢雖然自武帝開始，獨尊儒術，但是不純用儒術，雖然罷黜百家，但並未禁絕百家。秦始皇統一天下，初步規劃了專制國家的格局，直到東漢才臻完備，西漢介於秦與東漢之間，處在專制制度草創未定的階段，戰國時代多元文化的思想與道德仍遺存，因此所呈現的反而是開放的政治和多元化的思想氣度。

六、女教觀的優缺點

劉向《列女傳》的成書是基於趙氏姊妹的荒淫，班昭《女誡》的撰寫是基於為教導其女了解為人妻的道理，無論其出發點為何，這兩本書可以說是女教書的開端。

劉向與班昭二人以儒家的立場撰寫《列女傳》與《女誡》，不可否認的前

者所推崇的賢妻良母形象，成爲古代中國婦女的榜樣，後者的諄諄訓誡則成爲形式的教條規範，束縛著千年以來的中國婦女，以致於中國婦女一出生即處於不平等的待遇，即使是今日，雖然兩性平等的觀念已獲重視，但是潛意識裡，男子仍是優於女子的，或許《列女傳》與《女誡》應負起某種程度的責任。

近年來女權高漲，對於中國特有的女教，則呈一面倒的鞭撻，然而古代的女教觀是否眞的該全面扼殺呢？筆者認爲應該是有所選擇的，而且應該去蕪存菁，保留良好的教育內容，並且配合當今社會的概況，如當今教育重視的是智育，女教中有關婦女的德育，反而被忽略。女性之所以成爲女性，有其天賦的慈愛與柔美，這是安定美滿家庭的基礎，國家社會平穩的來源，我們不可忽視婦女這種天賦才能，應該更爲珍惜。

中國自秦始皇始，長達二千餘年的君主專制，這是中國史學的特色，而宮廷文化之一就是與帝王命運緊緊相扣的后妃與公主，尤其是后妃，因此了解宮廷婦女的生活概況是剖析封建制度的角度之一，西漢是第一個平民所建立的封建王朝，宮廷婦女的形象對後世有一定的指標作用。

行筆至此，再觀看有線電視所放映的歷史劇，不禁感嘆，錦衣玉食的宮廷生活一點都不令人羨慕，因爲婦女一入宮廷就像金絲雀被關在美麗的籠子裡，從此與廣闊的天空告別，而且生命如螻蟻般脆弱，朝不保夕，惡質的明爭暗鬥更是令人毛骨悚然，還不如當個平民百姓，無拘無束，過著閒雲野鶴的生活。

參引書目

說明：

 1. 本書目分為古籍文獻、今人著述、學術論文、中文工具書、網站五類。

 2. 古籍文獻別為「經」、「史」、「子」、「集」四類；今人著述別為「與婦女學有關著述」及「一般著述」，按書名首字筆畫為序；學術論文分為「學位論文」及「單篇論文」，以篇名首字筆畫為序；中文工具書以書名首字筆劃編排；網站則以「中文站名」首字筆劃為序。

一、古籍文獻

（一）經　部

1. 《易經》，清・阮元，十三經注疏（1815年阮元刻本）臺北：藝文印書館，1989。

2. 《書經》，清・阮元，十三經注疏（1815年阮元刻本）臺北：藝文印書館，1989。

3. 《詩經》，清・阮元，十三經注疏（1815年阮元刻本）臺北：藝文印書館，1989。

4. 《禮記》，清・阮元，十三經注疏（1815年阮元刻本）臺北：藝文印書館，1989。

5. 《儀禮》，清・阮元，十三經注疏（1815年阮元刻本）臺北：藝文印書館，1989。

6. 《周禮》，清・阮元，十三經注疏（1815年阮元刻本）臺北：藝文印書館，1989。

7. 《左傳》，清・阮元，十三經注疏（1815年阮元刻本）臺北：藝文印書館，

1989。

8. 《公羊傳》，清·阮元，十三經注疏（1815 年阮元刻本）臺北：藝文印書館，1989。

9. 《穀梁傳》，清·阮元，十三經注疏（1815 年阮元刻本）臺北：藝文印書館，1989。

10. 《孝經》，清·阮元，十三經注疏（1815 年阮元刻本）臺北：藝文印書館，1989。

11. 《論語》，清·阮元，十三經注疏（1815 年阮元刻本）臺北：藝文印書館，1989。

12. 《孟子》，清·阮元，十三經注疏（1815 年阮元刻本）臺北：藝文印書館，1989。

13. 《禮記集解》，清·孫希旦，臺北：文史哲出版社，1990。

14. 《說文解字注》，清·段玉裁，臺北：黎明文化事業股份有限公司，1991。

（二）史　部

1. 《國語》，周·左丘明，臺北：里仁書局，1980。

2. 《史記》，漢·司馬遷，臺北：鼎文書局，1990。

3. 《漢書》，漢·班固臺北：鼎文書局，1991。

4. 《漢紀》，漢·荀悅，臺北：商務出版社，1971。

5. 《吳越春秋》，漢·趙曄，臺北：臺灣古籍出版，1996。

6. 《越絕書》，漢·袁康，臺北：藝文印書館影，1966。

7. 《逸周書》，漢·孔晁，臺北：藝文印書館，1968。

8. 《趙飛燕外傳》，漢·伶玄，臺北：藝文印書館，1966。

9. 《後漢書》，劉宋·范曄，臺北：鼎文書局，1987。

10. 《三國志》，晉·陳壽，臺北：鼎文書局，1997。

11. 《魏書》，北齊·魏收，臺北：鼎文書局，1975 。

12. 《史通通釋》，唐·劉知幾，臺北：世界書局 1980。

13. 《舊唐書》，五代後晉·劉昫，臺北：鼎文書局，1976。

14. 《新唐書》，宋·歐陽修、宋祁，臺北：鼎文書局，1975。

15. 《崇文總目》，宋·王堯臣，臺北：商務出版社，1965。

16. 《西漢會要》，宋·徐天麟，臺北：九思出版社，1978。

17. 《古列女傳》，宋·曾鞏，臺北：商務印書館，1965。

18. 《腳氣集》，宋·車若水，景印文淵閣四庫全書，臺北：商務印書館 1986。

19. 《宋史》，元·托克托，臺北：鼎文書局，1978。

20. 《遼史》，元・托克托，臺北：鼎文書局，1975。

21. 《元史》，明・宋濂，臺北：鼎文書局，1979。

22. 《情史》，明・馮夢龍，上海：古籍出版社，出版年不詳。

23. 《讀通鑑論》，清・王夫之，臺北：商務印書館，1979。

24. 《文史通義》，清・章學誠，臺北：世界書局，1984。

25. 《明史》，清・張廷玉，臺北：鼎文書局，1975。

26. 《讀書敏求記》，清・錢曾撰、容齋題跋，臺北：商務印書館，1965。

27. 《千頃堂書目》，清・黃虞稷，景印文淵閣四庫全書，臺北：商務印書館，1983。

28. 《廿二史箚記》，清・趙翼，臺北：鼎文書局，1975。

29. 《史記札記》，清・郭嵩燾，臺北：商務印書館，1957。

30. 《清史稿》，民國・趙爾巽等編，臺北：鼎文書局，1978。

31. 《清史稿校註》，民國・趙爾巽等編，臺北：國史館，1986。

（三）子　部

1. 《商君書》，周・商鞅，臺北：商務印書館，1956。

2. 《墨子》，周・墨翟，臺北：商務出版社，1975。

3. 《管子》，周・管仲、唐・房玄齡注，臺北：中華書局1966。

4. 《韓非子》，周・韓非，臺北：世界書局，1983。

5. 《春秋繁露》，漢・董仲舒、清・凌曙注，臺北：世界書局，出版年不詳。

6. 《白虎通義》，漢・班固，景印文淵閣四庫全書，臺北：商務印書館，1983。

7. 《論衡》，漢・王充，臺北：中國子學名著集成編印基金會，1977。

8. 《申鑑》，漢・荀悅，臺北：中國子學名著集成編印基金會，1977。

9. 《說苑》，漢・劉向，臺北：中國子學名著集成編印基金會，1977。

10. 《新書》，漢・賈誼撰，臺北：先知出版社，1976。

11. 《孔子家語》，魏・王肅注，臺北：世界書局，1957。

12. 《筆記小說大觀》28編，東晉・葛洪，臺北：新興書局，1987。

13. 《唐朝小說大觀》，五代・王仁裕，臺北：新興書局，1960。

14. 《近思錄》，宋・程頤撰、朱熹纂編、清・江永集註，臺北：廣文書局，1981。

15. 《性理大全書》，明・胡廣編，臺北：商務出版社，1983。

16. 《內訓》，明・仁孝文皇后徐氏，景印文淵閣四庫全書，臺北：商務印書館，1986。

17. 《溫氏母訓》，明・溫璜母陸氏，北京：中華書局，1985。

18. 《淵鑑類函》，清‧康熙，臺北：新興書局，1978。
19. 《紅樓夢》，清‧曹雪芹，臺北：博元出版社，1989。
20. 《香豔叢書》，清‧蟲天子輯，臺北：古亭書屋，出版年不詳。

（四）集　部

1. 《琴操》，東漢‧蔡邕，臺北：藝文印書館，1967。
2. 《昭明文選》，梁‧昭明太子編、唐‧李善注，臺北：藝文印書館，1991。
3. 《文心雕龍》，南朝梁‧劉勰，臺北：開明書店，1975。
4. 《玉臺新詠箋注》，陳‧徐陵編、清‧吳兆宜注、清‧程琰刪補，上京：中華書局，1985。
5. 《全唐詩》，清‧聖祖御製，臺北：平平出版社，1974。
6. 《中國學術名著》‧詩詞類，清‧聖祖御製，臺北：平平出版社，1974。
7. 《敍古千文》，清‧胡寅撰，黃灝注，長沙：岳麓書社，1981。
8. 《教女遺規》，清‧陳宏謀（《五種遺規》），上海：掃葉山房，1926。
9. 《女學》，清‧藍鼎元（《鹿州全集》，1732 年刻本。
10. 《方苞集》，清‧方苞，上海：古籍出版社，1983。
11. 《歷代詩話續編》，清‧丁福保，臺北：藝文印書館，出版年不詳。
12. 《全宋詩》，傅璇琮等主編，北京：北京大學，1991。
13. 《唐圭璋》，臺北：明倫出版社，1970。

二、今人著述

（一）與婦女學有關著述

1. 《女性主義與中國文學》，鍾慧玲，臺北：里仁書局，1997。
2. 《女學》，藍鼎元，臺北：文海書局，1977。
3. 《五太后傳》，周鵬飛等，甘肅：人民出版社，1988。
4. 《中外才女情書集萃》，陳朝順等，湖北：人民出版社，1996。
5. 《中國一百后妃圖》，鄒莉，廣東：新世紀出版社，1992。
6. 《中國十后妃外傳》，夏武全等，湖北：新華書局，1988。
7. 《中國才女》，周宗盛，臺北：大林出版社，1984。
8. 《中國女性文學》，嚴明等，臺北：洪葉出版社，1999。
9. 《中國古代婦女文學簡史》，張明葉，遼寧：遼寧出版社，1993。
10. 《中國古代婦女生活》，高世瑜，臺北：商務印書館，2000。
11. 《中國后妃列傳》，童煦，臺北：皇冠出版社，1985。

12. 《中國后妃的生死歌哭》，門歸，北京科學出版社，1989。

13. 《中國的風流才女》，喬以鋼，臺北：幼獅出版社，1995。

14. 《中國帝王后妃外傳（兩漢之部）》，董蓮池，臺北：建宏出版社，1994。

15. 《中國婦女文學史》，謝无量，臺北：中華書局，1979。

16. 《中國婦女文學史綱》，梁乙真，上海：上海書店，1990。

17. 《中國婦女史論文集》，李又寧等，臺北：商務出版社，1988。

18. 《中國婦女史論集》，鮑家麟，臺北：稻鄉出版社，1999。

19. 《中國婦女史論集續集》，鮑家麟，臺北：稻鄉出版社，1999。

20. 《中國婦女史論集三集》，鮑家麟，臺北：稻鄉出版社，1993。

21. 《中國婦女史論集四集》，鮑家麟，臺北：稻鄉出版社，1995。

22. 《中國婦女生活史》，陳東原，臺北：商務出版社，1997。

23. 《中國婦女生活史話》，郭立誠，臺北：漢光出版社 1989。

24. 《中國婦女在法律上之地位》，趙鳳喈，臺北：食貨出版社，1977。

25. 《中國婦女美談》，盧壽籛，臺北：華正書局，1974。

26. 《中國婦女活動記》，楊積蓀，臺北：正中書局，1964。

27. 《中國娼妓史》，王書奴，上海：新華書局，1988。

28. 《中國娼妓史》，蕭國亮，臺北：文津出版社，1996。

29. 《中國歷代女性悲劇大觀》，趙元信等，臺北：旺文社，1995。

30. 《中國歷代名女人》，李甲孚，臺北：旗磊文化，2001。

31. 《中國歷代名女列傳》，余振邦，臺北：聯亞出版社，1978。

32. 《中國歷代名妓大觀》，葉一青等，吉林：延邊大學，1993。

33. 《中國歷代賢能婦女評傳》，劉子清，臺北：黎明出版社，1978。

34. 《公主之死》，李貞德，臺北：三民書局，2001。

35. 《公主傳》，安作璋，河南：人民出版社，1992。

36. 《古典文學與性別研究》，洪淑苓等，臺北：里仁書局，1997。

37. 《末代后妃》，王慶祥，臺北：華嚴出版社，1998。

38. 《打開中國智慧黑盒子——才女篇》，張大農，臺北：21 紀文化，2001。

39. 《列女外傳》，殷登國，臺北：世界書局，1985。

40. 《后妃干政：宮闈難禁權利夢》，顧久幸，臺北：文津出版社，1996。

41. 《后妃外戚專政史》，楊友庭，廈門：廈門大學，1994。

42. 《后妃的命運》，關四平，山東：文藝出版社，出版年月不詳。

43. 《后妃爭寵：道是有情卻無情》，董恩林，臺北：文津出版社，1996。

44. 《后妃傳》，安作璋，河南：人民出版社，1992。

45. 《妝臺與妝臺以外——中國婦女史研究論集》，黃嫣梨，香港：牛津大學出版社 1999。

46. 《東方美女百韻全書》，陳敏等，湖北：人民出版社，1993。

47. 《性別學與婦女研究——華人社會的探索》，張妙清等，臺北：稻鄉出版社，1997。

48. 《神州女子新史》，徐天嘯，臺北：食貨出版社，1978。

49. 《紅顏與政治：解開性與政治的糾葛》，呂方齎，臺北：成陽出版社，2001。

50. 《唐代宮怨詩研究》，鄭華達，臺北：文津出版社，2000。

51. 《宮禁后妃生活》，向斯，老古文化事業有限公司，1995。

52. 《漢代婚姻型態》，彭衛，臺北：三秦出版社，1988。

53. 《漢代婦女文學五家研究》，黃嫣梨，河南：新華書局，1993。

54. 《漢唐貴族與才女詩歌研究》，張修容，臺北：文史哲出版社，1985。

55. 《影響中國歷史的五十個女人》，姜玉玲，臺北：添翼出版社，1994。

56. 《德才色權：論中國古代女性》，劉詠聰，臺北：麥田出版社，1998。

57. 《歷代才女智慧選輯》，魏樹因，臺北：先見出版社，199。

58. 《歷代后妃軼事》，商習之，臺北：漢欣文化事業有限公司，1991。

59. 《歷代婦女著作考》，胡文楷，上海：古籍出版社書局，1985。

60. 《歷代婦女著作考》，楊家駱，臺北：鼎文出版社，1973。

61. 《歷代賢母事略》，彭正雄，臺北：文史哲出版社，1991。

（二）一般著述

1. 《大戴禮記新註新譯》，高明，臺北：商務印書館，1984。

2. 《文心雕龍義證》，詹英義，上海：古籍出版社，1989。

3. 《中國人的家國觀》，岳慶平，香港：中華書局，1989。

4. 《中國人的婚姻觀與婚俗》，吳詩池等，福建：廈門大學，1993。

5. 《中國文化史述》，劉蕙孫，北京：文化藝術出版社，1997。

6. 《中國中古思想史長編（上）（下）》，胡適，臺北：遠流出版社，1994。

7. 《中國古代性文化》，臺北：新雨出版社，1995。

8. 《中國古代婚姻》，張濤，山東：教育出版社，1990。

9. 《中國古代婚姻史》，陳顧遠，臺北：商務出版社，1965。

10. 《中國民間婚喪禮俗通書》，周銳等，湖南：三環書局，1991。

11. 《中國性文化——一個千年不解之結》，鄭思禮，臺北：書林出版有限公司，1996。

12. 《中國帝王·皇后·親王·公主世系錄》，柏楊，臺北：星光出版社，2001。

13. 《中國秦漢習俗史》，岳慶平，北京：人民出版社，1994。

14. 《中國倫理學史》，蔡元培，臺北：商務出版社，1978。

15. 《中國婚俗文化》，盛義，上海：文藝出版社，1994。

16. 《中國婚姻史》，陳顧遠，北京：新華書局，1998。

17. 《中國婚姻史》，蘇永、魏林，臺北：文津出版社，1994。

18. 《中國婚姻——婚俗、婚禮與婚律》，王潔卿，臺北：三民書局，1988。

19. 《中國婚姻家庭的嬗變》，張樹棟，浙江：人民出版社，1990。

20. 《中國詩話史》，蔡鎮楚，湖南：文藝出版社，1988。

21. 《中國歷史研究補編》，梁啓超，臺北：里仁書局，1994。

22. 《中國歷代婦女作品選》，蘇者職，上海：古籍出版社，1987。

23. 《中國歷代婚姻與家庭》，顧鑒塘，臺北：商務出版社，1995。

24. 《中國歷代賢能婦女評傳》，劉子清，黎有文化事業有限公司，1978。

25. 《世說新語校箋》，楊勇，臺北：正文書局，1992。

26. 《白話中國古典短篇小說全集》，張曼娟等臺北：麥田出版社，2001。

27. 《古禮今談》，周何，臺北：萬卷樓，1999。

28. 《四史導讀》，王基倫、洪淑苓，臺北：臺灣書店，1999。

29. 《左盦外集》，劉師培，寧武南氏排印本，出版地不詳，1936。

30. 《列子》，王強模，臺北：古籍出版社，1996。

31. 《列女傳今註今譯》，張敬，臺北：商務出版社，1996。

32. 《先秦孝道研究》，康學偉，臺北：文津出版社，1992。

33. 《先秦兩漢歷史論文集》，李則芬，臺北：商務出版社，1984。

34. 《匈奴興亡之追蹤》，江鴻，臺北：商務出版社，1987。

35. 《社會與宗教》，池田大作，四川：人民出版社，1991。

36. 《兩漢筆記》，錢時，臺北：新興書局，1988。

37. 《兩漢詩傳》，褚斌杰、黃筠，吉林：人民出版社，2000。

38. 《春秋婚姻禮俗與社會倫理》，陳筱芳，成都：巴蜀出版社，2000。

39. 《春秋繁露今註今譯》，賴炎元，臺北：商務印書館，1996。

40. 《紅樓夢與中國舊家庭》，薩孟武，臺北：東大圖書公司，1998。

41. 《紅燭白蝶——宮廷人生儀禮》，盧昌德，雲南：人民出版社，1992。

42. 《姻緣·良緣·孽緣——中國民間婚戀習俗》，李鑒蹤，四川：人民出版社，1993。

43. 《華夏方輿》（漢代卷），李建國，臺北：書泉 1992。

44. 《唐前婚姻》，鄧傳志，上海：文藝出版社，1988。

45. 《秦漢史》，韓復智等，臺北：國立空大，1996。

46. 《秦漢史話》，陳致平，臺北：三民書局，1974。

47. 《秦漢史話》，羅世烈，臺北：貫雅文化事業有限公司，1990。

48. 《秦漢史論稿》，邢義田，臺北：東大書局，1987。

49. 《秦漢法律與社會》，于振波，湖南：人民出版社，2000。

50. 《秦漢社會文明》，林劍鳴等，西安：西北大學，1985。

51. 《敦煌民間文學》，高國藩，臺北：聯經出版事業公司，1994。

52. 《敦煌變文集新書》，潘重規，臺北：中國文化大學中文研究所，1983。

53. 《新譯西京雜記》，曹海東，臺北：三民書局 1995。

54. 《新譯列女傳》，黃清泉，臺北：三民書局，1996。

55. 《新譯老子讀本》，余培林，臺北：三民書局，1990。

56. 《新譯呂氏春秋》，朱永嘉、蕭木，臺北：三民書局，1995。

57. 《新譯莊子讀本》，黃錦鋐，臺北：三民書局，1992。

58. 《新譯淮南子》，熊禮匯，臺北：三民書局，1997。

59. 《新譯新序讀本》，葉幼明，臺北：三民書局，1996。

60. 《新譯韓非子》，賴炎元、傅武光，臺北：三民書局，2000。

61. 《新譯顏氏家訓》，李振興、黃沛榮、賴明德，臺北：三民書局，1993。

62. 《漢史論集》，韓復智，臺北：文史哲出版社，1980。

63. 《漢代文學的情理世界》，李炳海，東北：師範大學，2000。

64. 《漢代婚姻制度》，劉增貴，臺北：華世書局，1979。

65. 《漢代婚喪禮俗考》，楊樹達，上海：古籍出版社，2000。

66. 《漢詩研究》，方祖燊，臺北：正中書局，1969。

67. 《漢賦史論》，簡宗梧，臺北：東大圖書公司，1993。

68. 《漢賦名家選集——枚乘、司馬相如、揚雄》，涂元恆，臺北：漢湘文化事業股份有限公司，2001。

69. 《漢魏六朝樂府文學史》，蕭滌非，北京：人民文學出版社，1984。

70. 《說苑今註今譯》，盧元駿，臺北：商務印書館，1977。

71. 《影響中國歷史的一百個女人》，蕭黎等，廣東：人民出版社，1995。

72. 《歷代賢母事略》，彭正雄，臺北：文史哲出版社，1991。

73. 《韓詩外傳今註今譯》，賴炎元，臺北：商務印書館，1981。

套 書

1. 《中國美人傳奇》，臺北：薪傳出版社，1998。

翻譯書

1. 愛德華・韋斯特馬克（芬蘭 Edward Westermarck 1862～1939），《人類婚姻史》，王亞南譯，上海：文藝出版社，1988。

三、學術論文

（一）學位論文

1. 《《淮南子》天道觀之研究》，黃淑貞，高雄師範大學國文學系碩士論文，1997。
2. 《王昭君戲曲研究 —— 以雜劇、傳奇爲範圍，陳盈妃，輔仁大學中文所碩士論文，1994。
3. 《中國古代女性倫理觀 —— 以先秦兩漢爲中心》，宋昌基，政治大學歷史研究所博士論文，1977。
4. 《中國傳統妒婦故事研究》，張本芳，逢甲大學中國文學研究所碩士論文1991。
5. 《中韓女誡文學之研究》，姜賢敬，臺灣師範大學國文研究所博士論文，1990。
6. 《西漢與匈奴在西域爭戰之研究》，郭光鋏，政治大學邊政研究所碩士論文，1976。
7. 《兩漢魏晉女教「四德」觀研究》，李憶湘，臺灣大學中文研究所年碩士論文，2000。
8. 《東漢政權的轉移 —— 以皇太后爲中心》，翁碩輝，臺灣大學歷史研究所碩士論文，1984。
9. 《宮素然《明妃出塞圖》與張禹《文姬歸漢圖》析辨 —— 金元時期昭君故事畫研究》，黃秀蘭，臺灣大學藝術研究所碩士論文，1998。
10. 《唐人以漢代婦女爲主題詩歌之研究》，黃美玉，政治大學中文研究所碩士論文，1988。
11. 《漢代社會婚喪禮法中女性地位之研究》，杜慧卿，政治大學歷史研究所碩士論文，1994。
12. 《劉向列女傳探微》，姜賢敬，臺灣師範大學國文研究所碩士論文，1985。

（二）單篇論文

1. 〈“霍氏之禍，萌于驂乘”發微 —— 宣帝與霍氏家族關係探討〉，宋超，《史學月刊》5 期，2000 年。

2. 〈「巫蠱之禍」與《史記》的成書〉，逯耀東，《國立臺灣大學歷史學系學報》18 期，1994 年 12 月。

3. 〈〈蘇武傳〉裡的「和親」——王昭君其人與其事〉，劉志清，《國文天地》12 卷 3 期。

4. 〈《史記》中的女性形象〉，白靜生，《河北師院學報》，1982 年 3 期。

5. 〈《史記》〈匈奴列傳〉的次第問題〉，逯耀東，中《國歷史學會史學集刊》27 期。

6. 〈《史記‧外戚世家》命觀研析〉，梁淑媛，《輔仁國文學報》15 期。

7. 〈《金瓶梅》對「一夫多妻制」弊端的詮釋〉，莊文福，《華岡研究學報》2 期。

8. 〈《後漢書》的書寫女性：兼論傳統中國女性史之建構〉，衣若蘭，《暨大學報》4 卷 1 期。

9. 〈《漢書》所載西漢彗星的思想考察〉，陳全得，《中華學苑》49 期。

10. 〈一種蛾眉明月夜，南宮歌管北宮愁——談皇后的文學創作〉，黃文吉，《國文天地》6 卷 9 期，1991 年 2 月。

11. 〈三千宮女胭脂面、幾個春來無淚痕——帝王宮闈多妻制的批判〉，莊萬壽，《國文天地》，6 卷 9 期，1991 年 2 月。

12. 〈王受天命與西漢政治〉，賴松輝，《雲漢學刊》3 期，1996 年 5 月。

13. 〈王昭君名氏異說〉，祁和暉，《社會科學研究》，1984 年 6 期。

14. 〈王莽——一個儒生皇帝的悲劇〉，葛承雍，《歷史月刊》2000 年 3 月號。

15. 〈王莽導演的禪讓劇〉，謝玉武，《歷史月刊》79 期。

16. 〈天人合一思想對兩漢政治的影響（上）〉，林麗雪，《書目季刊》9 卷 1 期。

17. 〈中國人的「性觀」與「性文化」的省思〉，黃儀娟，《教育社會學通訊》23 期。

18. 〈中國文化中的女性地位——《列女傳》的意義〉，馬森，《國魂》555 期。

19. 〈中國古代婦女的典範——班昭，安作璋〉，《歷史月刊》1999 年 4 月號。

20. 〈中國性文化從開放到禁錮的轉折〉，劉達臨，《歷史月刊》2000 年 8 月號。

21. 〈中國封建社會皇帝后妃問題初探〉，陳恩虎，《安徽大學學報》（哲學社會科學版）3 期，1996 年。

22. 〈中國封建時代的女禍與外戚之禍〉，孟楚，《文匯報》（上海），1980 年 1 期。

23. 〈中國歷史上的和親綜述〉，吳振清，《歷史月刊》1997 年 1 月號。

24. 〈中國傳統家庭的人生角色——以幾種女性角色爲例〉，鐘年，《中國家庭及其倫理研討會論文集》，漢學研究中心主編，1998。

25. 〈史傳中女主臨朝「稱制」「攝政」與「聽政」〉，蔡幸娟，《歷史學報》23 號。

26. 〈由詩經篇章談周代婚姻觀〉，潘玲玲，《聯合學報》5 期。

27. 〈外戚政治與君主專制制度〉，李禹階，《西南師範大學學報（哲學社會科學版）2 期，1993。

28. 〈母權／外戚／儒生——王莽篡漢的幾點解釋讀後感〉，黃暄，《婦女與兩性研究通訊》53 期。

29. 〈西漢外戚四次篡位結果之比較〉，羅慶康，《長沙電力學院社會科學學報》，1997 年 4 期。

30. 〈西漢和親公主封號蠡測〉，高兵，《煙台師範學院學報》（哲社版）2 期，1997 年。

31. 〈宋代公主的一生〉，柳立言，《歷史月刊》1997 年 10 月號。

32. 〈孝道與情欲——後漢末期儒教的苦惱〉，岡村繁，《中國文哲研究通訊》6 卷 4 期。

33. 〈男權的魔方——論中國性文化的形成與演變〉，李小玲，《文明探索叢刊 16 期。

34. 〈社會之殘餘：情色文學的出身〉，余德慧，《中大社會文化學報》5 期。

35. 〈兩漢時期的歷史盛衰總結與政治〉，許殿才，《史學史研究》2 期，2000 年。

36. 〈兩漢經學時期「儒家法家化」之探析〉，詹哲裕，《復興崗學報》54 期。

37. 〈東漢前期的皇權與外戚〉，秦學頎，《西南師範大學學報》（哲學社會科學版）1 期，1995 年。

38. 〈東漢時代家庭倫理的思想淵源〉，閻鴻中，《中國家庭及其倫理研討會論文集》，漢學研究中心主編，1998 年。

39. 〈明代公主的婚姻〉，林美惠，《中興史學》6 期，1990 年 6 月。

40. 〈知情更淫——小說史觀下的女性情慾閱讀〉，康來新，《文訊別冊》，1998 年 3 月。

41. 〈知書達禮、頗具政治才能的東漢和帝鄧皇后〉，張遠，《歷史月刊》2000 年 1 月。

42. 〈前漢對西域國家的和親政策〉，吳慶顯，《中國邊政》114 期。

43. 〈春宮畫——中國古代性文化園地的一朵奇葩〉，劉達臨，《歷史月刊》1998 年 9 月號。

44. 〈貞順節烈足夠嗎？——由女兒書看古代對有智婦女之重視〉，吳燕娜，《九州學刊》5 卷 1 期。

45. 〈皇后如何母儀天下〉，李甲孚，《國文天地》6 卷 9 期。

46. 〈唐代的公主〉，王波，《歷史月刊》1997 年 10 月號。

47. 〈唐代的和親〉，許成恆，《歷史月刊》1997 年 1 月號。

48. 〈唐代詠女性詩所反映的婦女現實生活——以后妃、宮人、姬妾、娼妓為例〉，李孟君，《建國學報》17 期。

49. 〈唐代詠昭君詩的研究——兼論唐宋詩氣象〉，劉滌凡，《大陸雜誌》92 卷 3 期。

50. 〈秦漢時期的公主〉，安作璋《歷史月刊》1997 年 10 月號。

51. 〈秦律婚姻與親屬、繼承關係之研究〉，傅榮珂，《嘉義技術學院學報》63 期。

52. 〈班婕妤怨歌行中的扇子和普呂多姆的裂瓶中的扇子之比較〉，胡品清，《乾坤詩刊》4 期，1997 年 10 月。

53. 〈時論與北朝女主政治——兼論漢魏時代女主政治時論之濫觴〉，蔡幸娟，《成大國史上的外戚》，蔡學海，《國文天地》6 卷 9 期。

54. 〈從法律面談中國婦女在家庭地位之變遷〉，陳惠馨，《中國家庭及其倫理研討會論文集》，漢學研究中心主編，1998。

55. 〈從姓名看時代與我國古代婦女地位的演變〉，謝茂權，《中國文化月刊》215 期。

56. 〈從禁慾、絕慾、縱慾談兩性關係〉，魏世台，《學生輔導通訊》19 期，1992 年 3 月。

57. 〈從歷史人物談領袖的要件〉，阮芝生，《錢穆先生紀念館館刊》2 期。

58. 〈棄婦式的哀怨——一九九八古典詩的創作及活動〉，陳文華，《文訊雜誌》1999 年 5 月。

59. 〈最毒婦人心？——呂后析論〉，蔡信發，《國文天地》6 卷 9 期。

60. 〈等待的顏色——關於《橘子紅了》〉，王明霞，《自由時報·自由副刊》，2001 年 6 月 28 日。

61. 〈慈禧垂簾與清末政局〉，陳捷先，《歷史月刊》，1999 年 11 月號。

62. 〈試探中國"女禍"之源〉，《史學月刊》，1991 年 4 期。

63. 〈試論西漢前期政治上的安定方針〉，高明，《史學月刊》6 期，1996。

64. 〈試論「怨歌行」〉，游適宏，《中華學苑》42 期，1992 年 3 月。

65. 〈試觀男性文化典律下昭君形象的扭曲〉，魏光霞，《國文天地》10 卷 1 期。

66. 〈嫉妒是女人的天性？——善妒皇后的心路歷程〉，莊練，《國文天地》6

卷 9 期。

67. 〈漢代之婦人災異論〉，劉詠聰，《漢學研究》9 卷 2 期，1991 年 12 月。

68. 〈漢代女教典籍中女性的家庭角色與地位〉，張鈺佩，《教育研究》（高師）7 期 1999 年 7 月。

69. 〈漢代的匈漢關係與昭君「和親」〉，陳生璽，《歷史月刊》1997 年 1 月號。

70. 〈漢代封建父權制思想研究〉，劉厚琴，《史學月刊》4 期，1995。

71. 〈漢代婦女文學之探究〉，陳瑞芬，《藝術學報》58 期。

72. 〈漢代婦女地位研究〉，顏婉貞，《史學會刊》（師大）41 期 1997 年 6 月。

73. 〈漢代婦女的名字〉，劉增貴，《新史學》7 卷 4 期。

74. 〈漢代婚姻形態考述〉，趙志堅、范學輝，《史學月刊》6 期，1996。

75. 〈漢初儒學的歷史命運〉，洪煜，《史學月刊》6 期，1998。

76. 〈漢武帝生命中的幾個女人〉，邢義田，《歷史月刊》1998 年 2 月號。

77. 〈漢宮「巫蠱之禍」，〉沈淦，《歷史月刊》，1997 年 4 月號。

78. 〈漢畫中的節女與才女〉，劉道廣，《漢聲》41 期。

79. 〈漢詩別錄〉，逯欽立，《中央研究院歷史語言所集刊》第 13 本，1948 年 9 月。

80. 〈漢魏六朝的乳母〉，李貞德，《中央研究院歷史語言研究所集刊》，1999 年 6 月。

81. 〈認識中國婦女的歷史角色——以高中歷史課本爲例〉，鄭冠榮，《歷史教育》2 期。

82. 〈談《史記》中的卜筮〉，賴芳玉，《傳習》17 期，1999 年 4 月。

83. 〈談敦煌變文中的孟姜女和王昭君〉，薛良元，《人文及社會科教學通訊》7 卷 6 期。

84. 〈對漢元成二帝的評價〉，朱紹候，《洛陽大學學報》11 卷 1 期，1996 年 3 月。

85. 〈論中國古代和親的功能及影響〉，林恩顯、崔明德，《人文學報》3 卷 20 期。

86. 〈論外戚政治〉，張志哲，《福建論壇》（文史哲版），1986 年 1 期。

87. 〈論西漢的内朝政治〉，李宜春，《史學月刊》3 期，2000。

88. 〈劉向《列女傳》的性別意識〉，劉靜貞，《東吳歷史學報》，1999 年 3 月 5 期。

89. 〈論語言中所反映的人類婚姻觀念演變〉，吳世雄，《中國文化月刊》203 期。

90. 〈論劉向《列女傳》的女性自殘〉，蔡雅霓，《輔大中研所學刊》8 期。

91. 〈橘子紅了〉，景小佩，《聯合報‧聯合副刊》37 版，2001 年 7 月 1 日。

92. 〈歷代后妃體制源流初探〉，司徒崇，《歷史月刊》1997 年 5 月號。

93. 〈歷史的重讀與再現——古代經典《列女傳》的通識意涵〉，劉靜貞，《通識教育季刊》4 卷 3 期，1997 年 9 月。

94. 〈歷史學報 25 期從班昭〈女戒〉及《世說、賢媛篇》淺探漢魏婦女之風貌〉，柯夌伶，《雲漢學刊》4 期，1997 年 5 月。

95. 〈儒家孝道與家庭倫理的社會化〉，劉家和，《中國家庭及其倫理研討會論文集》，漢學研究中心主編，1998。

96. 〈儒家關於婦女地位的觀點〉，黃慧英，《鵝湖月刊》18 卷 3 期。

97. 〈儒學文化視野中的災異觀及其意義——以漢代為例〉，王保頂，《孔孟月刊》35 卷 4 期。

98. 〈讀《史記》——呂后掌權〉，譚潤生，《中國語文月刊》第 488 期。

四、中文工具書

1. 《大辭典》，臺北：三民書局，1985。

2. 《辭源》（大陸版），臺北：商務印書館，1994。

五、網　站

1. 千禧中國：http://www.sinorama.com.tw/Millennium/ch/index2.html

2. 中央研究院漢籍電子文獻：http://www.sinica.edu.tw/ftms-bin/ftmsw3

3. 中華萬年超級媒體網站：http://www.china.10k.com/

4. 中國女性文學研究室：http://mail.tku.edu.tw/fanmj/a1.htm

5. 中國材料科學學會網站：http://pilot.mse.nthu.edu.tw/

6. 中國歷史里程碑目錄：http://www.twbm.com/window/history/ch100/100_cnt.htm

7. 臺灣婦女資訊網：http://taiwan.yam.org.tw/womenweb/

8. 寒泉古典文獻資料檢索庫：http://210.69.100/S25/

9. 漢朝：http://163.16.1.19/～history/f.htm

10. 聯合知識庫：http://udndata.com/

附　錄

表 1　西漢帝系表

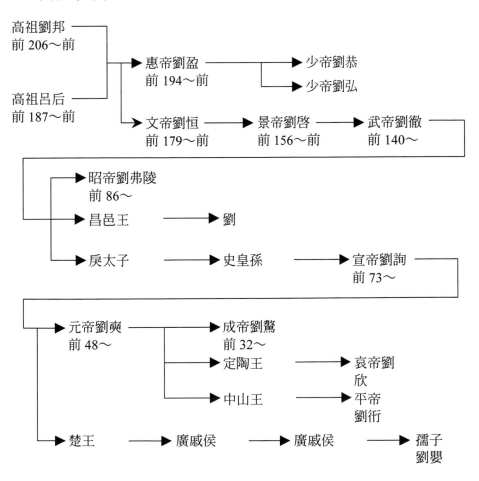

高祖劉邦
前 206～前

高祖呂后
前 187～前

惠帝劉盈
前 194～前

少帝劉恭

少帝劉弘

文帝劉恒
前 179～前

景帝劉啓
前 156～前

武帝劉徹
前 140～

昭帝劉弗陵
前 86～

昌邑王

劉

戾太子

史皇孫

宣帝劉詢
前 73～

元帝劉奭
前 48～

成帝劉驁
前 32～

定陶王

哀帝劉
欣

中山王

平帝
劉衎

楚王

廣戚侯

廣戚侯

孺子
劉嬰

表 2　西漢年表

年代	帝　　王	年　　號	在位時間	大　事　年　表
206	高祖劉邦	高祖 1 年	前 206～前 195	前 209 起兵，前 206 稱漢王。
205		高祖 2 年		
204		高祖 3 年		
203		高祖 4 年		
202		高祖 5 年		劉邦打敗項羽稱帝，建立漢朝，史稱西漢，行無爲而治。
201		高祖 6 年		叔孫通定朝儀。
200		高祖 7 年		漢高祖伐匈奴，被困白登山。賈誼出生。
199		高祖 8 年		
198		高祖 9 年		
197		高祖 10 年		呂后趁劉邦率兵代陳豨，與蕭何合議處死韓信，夷滅三族。
196		高祖 11 年		
195		高祖 12 年		漢高祖死，子惠帝繼位。
194	惠帝劉盈	惠帝 1 年	前 194～前 188	始築長安城。
193		惠帝 2 年		
192		惠帝 3 年		
191		惠帝 4 年		下令廢除「挾書令」，開放秦朝禁書。
190		惠帝 5 年		
189		惠帝 6 年		
188		惠帝 7 年		漢惠帝死，子劉恭繼位，是爲前少帝，呂后臨朝聽政。
187	呂后	呂后 1 年	前 187～前 180	
186		呂后 2 年		
185		呂后 3 年		
184		呂后 4 年		呂后殺了前少帝，立其弟劉弘，是爲後少帝。
183		呂后 5 年		
182		呂后 6 年		
181		呂后 7 年		
180		呂后 8 年		呂后死，諸呂伏誅，劉恆爲帝，即漢文帝。
179	文帝劉恆	文帝 1 年	前 179～前 157	董仲舒出生。司馬相如出生。
178		文帝 2 年		
177		文帝 3 年		
176		文帝 4 年		
175		文帝 5 年		
174		文帝 6 年		

173		文帝 7 年		
172		文帝 8 年		
171		文帝 9 年		
170		文帝 10 年		
169		文帝 11 年		
168		文帝 12 年		晁錯上〈論貴粟疏〉。賈誼死。
167		文帝 13 年		
166		文帝 14 年		
165		文帝 15 年		
164		文帝 16 年		
163		文帝 17 年		
162		文帝 18 年		
161		文帝 19 年		
160		文帝 20 年		
159		文帝 21 年		
158		文帝 22 年		
157		文帝 23 年		漢文帝死，子景帝繼位。文、景兩代在位約四十餘年，時天下太平，史稱「文景之治」。
156	景帝劉啓	景帝 1 年	前 156～前 141	
155		景帝 2 年		
154		景帝 3 年		景帝派周亞夫平定「七國之亂」。
153		景帝 4 年		
152		景帝 5 年		景帝派遣公主嫁匈奴軍臣單于。
151		景帝 6 年		
150		景帝 7 年		
149		景帝 8 年		
148		景帝 9 年		
147		景帝 10 年		
146		景帝 11 年		
145		景帝 12 年		司馬遷出生。
144		景帝 13 年		
143		景帝 14 年		
142		景帝 15 年		
141		景帝 16 年		景帝死，子武帝繼位。
140	武帝劉徹	建元元年	前 140～前 87	武帝以「建元」爲年號，自此中國帝王以年號紀年。
139		建元 1 年		
138		建元 2 年		張騫第一次出使西域。
137		建元 3 年		

136		建元 4 年		董仲舒提出罷黜百家，獨尊儒術，置五經博士。
135		建元 5 年		南定百越。匈奴軍臣單于遣使求和親。
134	武帝劉徹	元光 1 年		漢廷命郡國各舉孝廉一人，爲舉孝廉之始，又命舉「賢良」、「文學」，漢武帝親臨策試。西漢士人政府逐漸出現。
133		元光 2 年		匈奴拒絕和親，與中國決裂，自此之後，年年入侵。
132		元光 3 年		
131		元光 4 年		
130		元光 5 年		
129		元光 6 年		
128	武帝劉徹	元朔 1 年		
127		元朔 2 年		派大將軍衛青擊匈奴，置朔方郡。
126		元朔 3 年		張騫乘匈奴內亂，逃回中國。
125		元朔 4 年		
124		元朔 5 年		
123		元朔 6 年		
122	武帝劉徹	元狩 1 年		張騫第二次出使西域。
121		元狩 2 年		派霍去病擊敗匈奴，收復河套以西，置河四郡，打開通往西域之路。
120		元狩 3 年		
119		元狩 4 年		派衛青、霍去病伐匈奴，將匈奴趕至漠北。頒佈「緡令」。〔註 1〕張建議厚結烏孫，以斷匈奴右臂，再度出使西域。
118		元狩 5 年		漢廷廢三銖錢，重鑄五銖錢，漢幣制至此始定。
117		元狩 6 年		
116	武帝劉徹	元鼎 1 年		
115		元鼎 2 年		西域通，漢廷在渾邪王故地，置酒泉、武威二郡。行「均輸法」。〔註 2〕
114		元鼎 3 年		武帝下令「告緡」。〔註 3〕

〔註 1〕 徵收商人和手工業者的財產稅，及車、船稅。

〔註 2〕 武帝以孔僅爲大農令、桑弘羊爲大農丞，開始在全國推行「均輸法」。在各郡國設均輸官，令郡國將應繳納的貢品，連同運輸費用折價交給當地的均輸官，由均輸官在價低的地方採購，將其中一部分運往京師作爲官需或交平準出售，其餘的轉運到價貴的地方出賣。有時還在價貴地方將出賣貢品所得款項，用以採購當地價廉的土特產，易地輾轉販運貿易。運輸所用的人工，名義上由國家支付工資（當時稱爲「僦費」），實際上是徵發民伕，作爲農民的一種徭役。

〔註 3〕 由於有許多人隱匿財產，偷稅漏稅，故於元鼎三年（前 114 年）十一月下令百姓告發偷漏緡錢者，稱之爲「告緡」，此事由楊可主管。規定凡告發屬實，

113		元鼎 4 年		設置「樂府」。
112		元鼎 5 年		
111		元鼎 6 年		擊西南夷，夜郎王懼，入朝。
110	武帝劉徹	元封 1 年		漢武帝登泰山封禪，追命即位以來年號，並定此年為元封元年，中國自此開始使用年號。桑弘羊提出「平準制」，率民工數人填塞黃河口。
109		元封 2 年		討伐朝鮮。滇王請降。
108		元封 3 年		烏孫要求與漢廷結姻。
107		元封 4 年		
106		元封 5 年		各州置刺史，為州首長，是為中國有刺史之始。
105		元封 6 年		細君公主與烏孫王和親。
104	武帝劉徹	太初 1 年		頒佈太初曆，以正月為歲首。司馬遷正式撰寫《史記》。李廣利率軍攻大宛。
103		太初 2 年		
102		太初 3 年		
101		太初 4 年		
100	武帝劉徹	天漢 1 年		
99		天漢 2 年		
98		天漢 3 年		
97		天漢 4 年		
96		天漢 5 年		
95		天漢 6 年		
94		天漢 7 年		
93		天漢 8 年		
92	武帝劉徹	征和 1 年		
91		征和 2 年		七月發生巫蠱之禍，劉子劉據兵敗自縊，衛子夫亦自殺。
90		征和 3 年		武帝下詔悔過，決定停止窮兵黷武。
89		征和 4 年		
88		征和 5 年		
87		征和 6 年		漢武帝死，子昭帝即位，大將軍霍光輔政。

　　會將被沒收偷漏緡錢者的財產的一半賞給告緡者。據《漢書・食貨志》載，於是「楊可告緡徧天下，中家以上大氐皆遇告」，政府「得民財以億計，奴婢以千萬數，田大縣數百頃，小縣百餘頃，宅亦如之」，前引書，卷 24 下，頁 1171。武帝將沒收來的田地、奴婢分配給各個部門。水衡、少府、太僕、大農等部門設置農官，分別經營沒收所得的各縣土地。沒收來的奴婢則主要負責飼養禽畜或在官府擔任雜役。告緡制度沿續近十年，直到官營鹽鐵酒、均輸獲利，國家財政有明顯好轉，才停止執行。

86	昭帝劉弗陵	始元 1 年	前 86～前 74	
85		始元 2 年		
84		始元 3 年		
83		始元 4 年		
82		始元 5 年		
81		始元 6 年		賢良文學於鹽鐵會議攻擊均輸法。
80	昭帝劉弗陵	元鳳 1 年		
79		元鳳 2 年		司馬遷卒。
78		元鳳 3 年		
77		元鳳 4 年		樓蘭屢殺中國使臣,中郎將便介子斬樓蘭,改國號爲鄯善。
76		元鳳 5 年		
75		元鳳 6 年		
74	昭帝劉弗陵	元平 1 年		漢昭帝死,侄劉賀即位僅二十七日,被霍光廢之,另立劉詢(戾太子劉據之孫),是爲宣帝。
73	宣帝劉詢	本始 1 年	前 73～前 49	
72		本始 2 年		
71		本始 3 年		
70		本始 4 年		令三輔郡國舉賢良、方正各一人。
69	宣帝劉詢	地節 1 年		
68		地節 2 年		霍光病死,宣帝始親政,在位期間,「吏稱其職,民安其業」,號稱「中興」。
67		地節 3 年		
66		地節 4 年		
65	宣帝劉詢	元康 1 年		
64		元康 2 年		
63		元康 3 年		
62		元康 4 年		
61	宣帝劉詢	神爵 1 年		
60		神爵 2 年		
59		神爵 3 年		
58		神爵 4 年		
57	宣帝劉詢	五鳳 1 年		
56		五鳳 2 年		
55		五鳳 3 年		
54		五鳳 4 年		匈奴分爲南北二國。
53	宣帝劉詢	甘露 1 年		
52		甘露 2 年		

51		甘露 3 年		詔蕭望之、劉向、韋玄成、施讎等著名儒生在未央宮北的石渠閣講論五經異同。會議後，博士員中《易》增立〈梁丘〉，《書》增立〈大小夏侯〉，《春秋》增立〈穀梁〉，穀梁之學大盛。
50		甘露 4 年		
49		甘露 5 年		
48	元帝劉奭	初元 1 年	前 48～前 33	
47		初元 2 年		
46		初元 3 年		
45		初元 4 年		
44		初元 5 年		
43	元帝劉奭	永光 6 年		
42		永光 7 年		
41		永光 8 年		
40		永光 9 年		
39		永光 10 年		
38	元帝劉奭	建昭 1 年		
37		建昭 2 年		
36		建昭 3 年		
35		建昭 4 年		
34		建昭 5 年		
33	元帝劉奭	竟寧 1 年		王昭君與匈奴單于和親。漢元帝死，子成帝繼位，元后外戚開始擅權。
32	成帝劉驁	建始 1 年	前 32～前 7	
31		建始 2 年		
30		建始 3 年		
29		建始 4 年		
28	成帝劉驁	河平 1 年		
27		河平 2 年		夜郎國滅。
26		河平 3 年		劉向奉命校皇家圖書館群書，後撰《別錄》一書。
25		河平 4 年		
24	成帝劉驁	陽朔 1 年		
23		陽朔 2 年		
22		陽朔 3 年		
21		陽朔 4 年		
20	成帝劉驁	鴻嘉 1 年		
19		鴻嘉 2 年		
18		鴻嘉 3 年		

17		鴻嘉 4 年		
16	成帝劉驁	永始 1 年		劉向向漢廷獻出《列女傳》、《說苑》、《新序》等書。王莽被封爲新都侯,並被任爲騎都尉、光祿大夫、侍中,成爲皇帝的近臣。
15		永始 2 年		
14		永始 3 年		
13		永始 4 年		
12	成帝劉驁	元延 1 年		
11		元延 2 年		
10		元延 3 年		
9		元延 4 年		
8	成帝劉驁	綏和 1 年		
7		綏和 2 年		
6	哀帝劉欣	建平 1 年		漢成帝死,哀帝繼位,免去王莽大司馬之職。劉歆典領「五經」。
5	哀帝劉欣	太初 1 年		將建平二年改爲「太初元將」元年,改號爲「陳聖劉太平皇帝」。〔註 4〕
4		太初 2 年		
3		太初 3 年		
2	哀帝劉欣	元壽 1 年		景盧從大月氏使者伊存口授佛教,佛教開始傳入中國。
1		元壽 2 年		
1	平帝劉衎	元始 1 年	1～5	漢哀帝死,弟平帝繼位。王太后臨朝聽政,起用王莽爲大司馬,以元后名義執掌軍政大權,加號「安漢公」。
2		元始 2 年		王莽將自己的女兒嫁給平帝爲后。
3		元始 3 年		
4		元始 4 年		
5		元始 5 年		王莽毒死漢平帝,王太后命王莽爲攝政皇帝,祭神時稱爲假皇帝。
6	孺子劉嬰	居攝 1 年		王莽立劉嬰爲皇太子,稱「孺子」,年二歲,自稱「假皇帝」。
7		居攝 2 年		
8	孺子劉嬰	初元 1 年		王莽篡位稱帝,西漢亡,改號「新」,次年開始改制。
9	新朝王莽	始建國	6～23	

〔註 4〕哀帝即位後,久病不癒,天災不斷。有人說漢朝天運已終,要重新授命於天;又有人提出這是「漢曆中衰」,應當改元,以再受命。於是,漢哀帝便將建平二年改爲「太初元將」元年,改號爲「陳聖劉太平皇帝」。但改元不到兩個月,就取消了改號,復稱建平二年。哀帝改元絲毫沒有改變漢朝衰落的局面,社會危機卻日益嚴重。

表 3-1　宣帝婚姻表

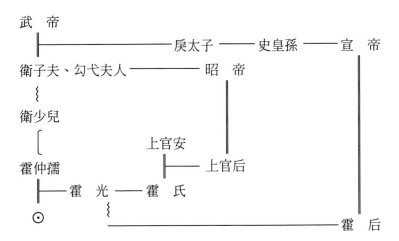

註　‖：夫妻

　　　｛：兄弟姊妹

　　　〔：私通

　　　——：子女

表 3-2　中山衛姬婚姻表

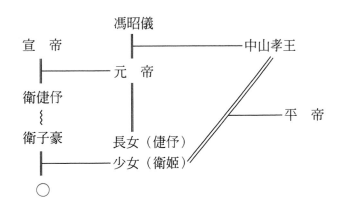

註　‖：夫妻

　　　｛：兄弟姊妹

　　　——：子女

表4　歷代后妃制度表

朝　代	后　妃　制　度　概　況
傳說時代	一正妃、三次妃、舜帝只設三妃。
夏	十二夫人。
商	三十九妃。
周	一后、三夫人、九嬪、二十七世婦、八十一御妻。
秦	太皇太后、皇太后、皇后、夫人、美人、良人、八子、七子、長使、少使。
西　漢	太皇太后、皇太后、皇后、夫人（姬）、美人、良人、八子、七奉、長使、少使。武帝增：婕妤、娙娥、容華、充衣。元帝增：昭儀、五官、順常、舞涓、共和、娛靈、保林、良使、夜者。
東　漢	太皇太后、皇太后、皇后、貴人、美人、宮人、采女。
三國‧魏	皇太后、皇后、夫人、昭儀、婕妤、容華、美人、貴嬪、淑媛、修容、順成、良人，明帝增：淑妃、昭華、修儀、減去順成。
晉	皇太后、皇后、三夫人（貴嬪。族人、貴人）、九嬪（淑妃、淑媛、淑儀、修容、修華、修儀、婕妤、容華、充華）、散職（美人、才人、中才人）。
南朝‧宋	皇太后、皇后、三夫人（貴妃、貴嬪、貴人）、九嬪（淑妃、淑媛、淑儀、昭儀、昭華、昭容、婕妤、容華、充華），明帝時：皇太后、皇后、三夫人（貴妃、貴嬪、貴姬）、九嬪（淑容、淑媛、淑儀、昭華、昭儀、昭容、修華、修容、修儀）、五職（婕妤、容華、充華、承徽、列榮）、散職（美人、才人、良人）。
南朝‧齊	皇太后、皇后、三夫人（貴嬪、夫人、貴人）、九嬪（修華、修儀、修容、淑妃、淑媛、淑儀、婕妤、容華、充華）。
南朝‧梁	皇太后、皇后、三夫人（貴嬪、貴姬、貴妃）、九嬪（淑媛、俶儀、淑容、昭華、昭容、昭儀、修華、修容、修儀）、五職（婕妤、容華、充華、承徽、列榮）、散職（美人、才人、良人）。
南朝‧陳	皇太后、皇后、三夫人（貴妃、貴嬪、貴姬）、九嬪（淑媛、俶儀、淑容、昭華、昭容、昭儀、修華、修儀、修容）、五職（婕妤、容華、充華、承徽、列榮）、散職（美人、才人、良人）。
北朝‧魏	皇太后、皇后、左右昭儀、貴人、三夫人、上三嬪、下六嬪、世婦、女御。
北朝‧齊	皇太后、皇后、三夫人（弘德、正德、崇德）、上三嬪（光猷、昭訓、崇徽）、下六嬪（宣猷、凝暉、宣明、順華、凝華、光訓）、世婦、御女、才女、采女。
隋	文帝初置：皇后一、嬪三、世婦九、御女三十八人。獨孤皇后死，始增貴人三、嬪九、世婦二十七人、御女八十一人。煬帝設：皇后、三夫人（貴妃、淑妃、德妃）、九嬪（順儀、順容、順華、修儀、修華、修容、充儀、充容、充華）、二十七世婦（婕妤十二、美人、才人十五）、八十一御女（寶林二十二、御女二十二、采女三十七人）。
唐	皇太后、皇后、三夫人（貴妃、淑妃、德妃）、九嬪（昭儀、昭容、昭媛、修儀、修容、修媛、充儀、充容、充媛）、二十七世婦（婕妤、美人、才人各九人）、八十一御女（寶林、御女、采女各二十七人）。玄宗增四妃：賢妃、惠妃、麗妃、華妃。
宋	皇太后、皇后、貴妃、淑妃、德妃、賢妃、宸妃、淑儀、貴儀、婉儀、昭儀、婉容、順容、修容、婕妤、美人、才人。

遼	皇太后、皇后、三妃（貴妃、賢妃、德妃）、九嬪（昭儀、昭容、昭媛、修儀、修容、修媛、充儀、充容、充媛）、二十七世婦（婕妤、美人、才人各九人）、八十一御妻（寶林、御女、采女各二十七人）。海陵王增：元妃、姝妃、惠妃、宸妃、麗妃、淑妃、昭妃、溫妃、柔妃。
金	皇太后、皇后、五妃（元妃、貴妃、淑妃、德妃、賢妃）、九嬪（昭儀、昭容、昭媛、修儀、修容、修媛、充儀，充容、充媛）、二十七世婦（婕妤、美人、才人各九人）、八十一御妻（寶林、御女、采女各二十七人）。廣帝增七妃：姝妃、惠妃、宸妃、麗妃、昭妃、溫妃、柔妃。
元	大皇后、皇后、貴妃、眞妃、淑妃、麗妃、婕妤、麗人、才人、順儀、淑華、淑儀。
明	皇太后、皇后、皇貴妃、貴妃、賢妃、淑妃、莊妃、敬妃、惠妃、順妃、康妃、寧妃。世宗設九嬪，明未尚有選侍、才人、淑女。
清	皇太后、皇后、皇貴妃（一稱懿貴妃）、貴妃二、妃四、嬪六、貴人、常在、答應。

表 5　歷代公主制度表

朝　代	公　主　制　度　概　況
傳說時代	堯有女娥皇、女英。舜之妹戱手，之女宵明、燭光。
夏	不詳。
商	湯有女帝乙歸妹。
周	王姬。戰國稱諸侯之女爲公主或君主。
秦	始稱帝王之女爲公主。
漢	自此帝王之姑、姊妹與女兒皆稱公主。諸王之女稱「翁社」。
三　國	公主。
晉	公主。
南　朝	公主。
北　朝	公主。
隋	公主。
唐	公主。
宋	公主。徽宗時改稱爲「姬」，公主爲「帝姬」，郡主「宗姬」，縣主爲「族姬」。
遼	公主。
金	公主。
元	公主。
明	帝王之姑稱「大長公主」，帝王之姊妹稱「長公主」，帝王之女稱「公主」，親王之女稱「郡主」，郡王之女稱「縣主」，孫女稱「郡君」，曾孫女稱「縣君」，玄孫女稱「鄉君」。
清	太祖：皆稱「格格」。爾後：中宮出者爲「固倫公主」，妃嬪出者及諸王女育宮中者爲「和碩格格」。